数字营销系列

数字品牌
新商业、新媒体与新口碑

余来文　朱文兴　苏泽尉　甄英鹏 ◎ 著

企业管理出版社
ENTERPRISE MANAGEMENT PUBLISHING HOUSE

图书在版编目(CIP)数据

数字品牌:新商业、新媒体与新口碑 / 余来文等著. -- 北京:企业管理出版社,2020.12
ISBN 978-7-5164-2316-5

Ⅰ.①数… Ⅱ.①余… Ⅲ.①网络营销—品牌营销 Ⅳ.①F713.365.2

中国版本图书馆CIP数据核字(2020)第261448号

书　　名	数字品牌:新商业、新媒体与新口碑
作　　者	余来文　朱文兴　苏泽尉　甄英鹏
责任编辑	郑　亮　黄　爽
书　　号	ISBN 978-7-5164-2316-5
出版发行	企业管理出版社
地　　址	北京市海淀区紫竹院南路17号　邮编:100048
网　　址	http://www.emph.cn
电　　话	编辑部(010)68701638　发行部(010)68701816
电子信箱	emph001@163.com
印　　刷	河北宝昌佳彩印刷有限公司
经　　销	新华书店
规　　格	170毫米×240毫米　16开本　17印张　244千字
版　　次	2020年12月第1版　2020年12月第1次印刷
定　　价	65.00元

版权所有　翻印必究·印装有误　负责调换

前言

伴随着2020年直播带货进入快车道，新媒体几乎构筑了整个互联网营销的版图，数字化的品牌营销已经不知不觉进入下半场。

谁能抓住这一次下半场的风口，谁就能抢先稳固品牌发展，深入品牌再造。上半场被动陪跑，下半场重新掌舵，商业世界风云变化。

互联网上半场，很多没听说过的互联网品牌入场，各种做爆款、抢入口、挖流量、建口碑，玩得风生水起；商业模式开始重塑和颠覆，新零售、社群运营、工业互联网、数字化价值链等陆续随着资本闻风而动。局内人在眼花缭乱之中为了不被时代抛弃不得不疲于奔命紧抓救命稻草，热心于各种各样互联网的新玩法，却往往忽略了整合而流于形式。一直在追赶，从未能超越。

新品牌芸芸兴起，传统品牌改革创新，残酷的市场竞争下，我们必须要好好思考：为什么被动？如何才能有胜算？

互联网时代，每个人都能为自己发声，每个人都能成为焦点，每个人都可以张扬自己的个性，这就已经颠覆了传统的按部就班和层级教条。回归本质，互联网始终只是一个工具，我们需要使工具为自己所用，而不是被工具牵着鼻子走。如何用好互联网这个工具呢？答案就是——品牌。

互联网商业大战一直都是围绕着品牌的塑造与积累来进行的，任何的商业行为，最终都是为了围绕品牌来积累品牌资产、扩大影响力及增加客户忠诚度。尤其是在进入互联网下半场后，新的商业业态又开始发生颠覆与创新，用户越来越关注品牌所能提供的"价值"，以碎片式扁平化的"内容"转化成为对用户具备价值的"口碑"，召唤"品牌"更精准地创造价值，满足用户需求。

召唤品牌自我升级，引领品牌价值再造，我们已经找到了方向，那就是数字化运营。

数字品牌，引领互联网下半场的新商业模式。优秀的商业模式解决了"能提供什么价值""凭什么你来提供""能否持久引领"这三个核心问题。新商业模式能够为品牌摸清前路，厘清发展主线。

数字品牌，引领互联网下半场的新媒体场景。品牌在新媒体下源源不断地打造精品内容输送给用户，有用户就有黏度，有黏度就有了可持久发力的战场，而在战场上让用户感受匠心内容、有价值的灵魂，必须依赖品牌，否则都是新奇花哨的夜空烟花，一闪而逝。

数字品牌，引领互联网下半场的新口碑粉丝。粉丝因为一次利益或者一次偶遇而接触品牌，但是要想留住粉丝还得依靠品牌本身。为粉丝提供具备价值、情怀、归宿、品质的输出，就是品牌再造的胜出关键。

为了助力企业找到一条适合自己创新发展数字品牌的可持续路径，本书系统梳理了数字品牌的竞争主轴。

（1）互联网下半场的机会点及移动互联网时代的品牌管理方向。

（2）数字品牌重塑下，用户的价值、互动、生态、策略的构建。

（3）数字化品牌下的传播受众多元化特性解构。

（4）四个维度（品牌资产、电商品牌、互联网品牌和产品品牌）的运营策略。

（5）回归本源，品牌管理的全流程。

本书重点提炼了具体方法及对应案例分享，切实提高和驾驭数字品牌运营和品牌再造的可实践性。

放眼未来，面对互联网下半场的全新时代，我们有信心迎难而上，用好数字化品牌的利刃提升企业的实战力。

在写作过程中，感谢詹丽珍、刘可、何婉诗、周雯珺、林佳敏等同学参与本书相关章节的资料整理工作。特别需要说明的是，本书学习、借鉴、吸收和参考了国内外众多专家学者的研究成果及大量相关文献资料，并引用了一些书籍、报刊、网站的部分数据和资料内容，尽可能地在参考文献中列出，也有部分由于时间紧迫，未能与有关作者一一联系，敬请见谅，在此，对这些成果的作者深表谢意。限于作者的学识水平，书中难免有疏漏，敬请广大读者批评指正，使本书将来的再版能够锦上添花！如您希望与作者进行沟通、交流，扬长补短，发表您的意见，请与我们联系。

联系方式：eleven9995@sina.com；zhenyingpeng@163.com。

2020年10月10日

目录

第一章 互联网品牌时代

第一节 互联网下半场的机会在哪 5
一、变化的消费者：品牌意识的颠覆 5
二、变化的产业链：跨界的赢者通吃 10
三、变化的品牌商：传统品牌战略被挑战 18
四、变化中谁还有机会 22

第二节 移动互联网时代的品牌特点 27
一、搜索营销：释放无限商业价值 27
二、口碑营销：人人都是信息源 30
三、情感营销：践行"品效合一" 35
四、在线支付：无障碍消费"快车" 37

第三节 移动互联网时代的品牌管理 38
一、品牌塑造：形成利剑出鞘之势 39
二、品牌传播：附加一体化驱动力 45
三、品牌运营：紧握"布局+创新+团队" 48
四、品牌管理：连通"价值+效率"管道 48

本章小结 53

第二章 品牌再造

第一节 品牌价值再造 59
一、用户思维——从"我"向"我们"转变 60

  二、大数据思维——"我们"化的品牌定位 61
  三、互动思维——"我们"化的品牌文化 63
  四、产品思维——"我们"化的品牌体验 66
  五、品牌思维——"我们"化的品牌生存/头部品牌 69

第二节　品牌互动再造 70
  一、多维互动内容：告别审美疲劳 70
  二、多维互动形式：与用户一起玩 71
  三、多维互动媒体：多元化品牌传播 73
  四、多维互动效力：多效点拿下用户 75

第三节　品牌生态再造 76
  一、借助品牌链，撬动产业链 76
  二、品牌整合产业链 79
  三、品牌延伸产业链 80

第四节　营销策略再造 82
  一、娱乐化策略 82
  二、场景化策略 83
  三、人性化策略 86

本章小结 92

第三章　品牌传播

第一节　数字化品牌传播受众的变化 97
  一、受众角色的变化 97
  二、受众决策特征变化 99
  三、受众决策流程变化 101

第二节　数字化品牌传播主体的多元 104
  一、个人主体：每个人都可以是IP 104
  二、企业主体：赋能品牌生命力 107

三、城市主体：城市品牌突围 ... 111
　　四、国家主体：国家品牌全球化传播 ... 114
第三节　数字化品牌传播构建的特性 ... **116**
　　一、品牌个性化 ... 116
　　二、品牌人性化 ... 119
　　三、品牌生态化 ... 123
　　四、品牌持久化 ... 125
本章小结 ... **130**

第四章　品牌运营

第一节　品牌资产运营 ... **138**
　　一、品牌资产基础点——建构资产 ... 138
　　二、品牌资产保值点——危机管理 ... 142
　　三、品牌资产增值点——社群管理 ... 152
　　四、品牌资产激活点——保持品牌生命力 ... 156
第二节　电商品牌运营 ... **162**
　　一、电商品牌运营要素 ... 162
　　二、电商品牌化营销 ... 165
　　三、电商品牌提升 ... 168
第三节　互联网品牌运营 ... **174**
　　一、品牌定位与设计 ... 174
　　二、品牌形象和个性 ... 178
　　三、品牌传播 ... 180
第四节　产品品牌运营 ... **187**
　　一、品牌产品延伸 ... 187
　　二、品牌产品打造 ... 189
　　三、品牌产品策略 ... 194

        四、品牌定价模式 195
        五、品牌定价策略 197
    本章小结 204

第五章　品牌管理

第一节　品牌传播管理 210
        一、品牌传播概述 210
        二、品牌传播方式 215
        三、品牌传播整合 219
第二节　品牌扩张管理 223
        一、品牌扩张概述 224
        二、品牌扩张的技巧 227
        三、品牌扩张的策略 231
第三节　品牌维护与危机管理 234
        一、品牌经营维护 234
        二、品牌自我保护 234
        三、品牌社会维护 236
        四、品牌危机管理 238
第四节　品牌资产评估与管理 245
        一、品牌资产概述 246
        二、品牌资产管理 247
        三、品牌资产价值评估 247
    本章小结 253

参考文献 254

第一章
互联网品牌时代

互联网最大的优点在于拥有大量数据，从与消费者沟通、交易到最后的评价都有详细记录，这是企业宝贵的财富。

—— 三只松鼠董事长　章燎原

【学习要点】

☆了解互联网时代的特征

☆了解互联网品牌发展新趋势

☆区分口碑营销与搜索营销

☆认识在线支付对品牌的影响

☆结合企业发展，谈谈如何对品牌进行管理

开章案例

虎邦辣酱：逆袭辣酱品牌的一匹黑马

1. 企业简介

虎邦辣酱品牌是中椒英潮辣业发展有限公司（以下简称中椒英潮）旗下的新派辣椒酱品牌。而中椒英潮是由谭英潮先生开创于1992年的企业。企业成立的初衷是为带动区域农业经济，形成以辣椒制品加工为核心，集研发、封装、加工、出口为一体的农产品产业集群。但由于识别到互联网辣酱市场的发展机遇，中椒英潮于2015年开创了辣酱中的"网红"——虎邦辣酱，与实体营销不同的是，虎邦辣酱先后瞄准了线上外卖和互联网电商平台市场，一餐一盒的规格包装深受消费者的青睐。截至目前，虎邦辣酱的产品销售至全国20多个省，甚至远销海外，着实是辣酱界的一匹黑马。

2. 夯实外卖原生场景，实现电商场景叠加

（1）模式创新：定位"外卖+电商"场景。

互联网时代打散了客户集群于区域化消费的状况，致使用户流量分布广泛且分散，而企业想要让品牌脱颖而出就必须聚焦品牌的"亮点"。基于辣酱市场规模特点、产品特性和商业生态的新变化，虎邦找寻到辣酱拌饭的食用属性，且识别到该属性决定其更适用于"简餐"场景。于是，虎邦将品牌布局精准定位至"外卖+电商"模式。

（2）击破痛点：塑造"外卖标配"人设。

在"外卖+电商"模式下，外卖消费者大多已被虎邦拌饭所房获，一餐一辣酱，几乎是每一个食辣主义的标配。那么，虎邦究竟是怎么把自己塑造成"外卖标配"的呢？实际上，虎邦是击破营销痛点的高手。

针对三大痛点，虎邦辣酱成功开通了外卖营销渠道，成为辣酱界的一匹凶猛的黑马。

3. 强化产业链优势，渠道精细化延伸

虎邦辣酱始终将品质作为企业的生命，实现从种植、采摘、加工、封存到运输上架的全过程产销一体化，以自动化、高效化和监控化实现从源头到终端的全过程品牌品质管理。

虎邦辣酱的原料端位于配建有产区和冷冻库的山东、河北、山西等辣椒主产区。而在生产端，其拥有全自动化的包装生产线，为精细化的包装提供技术支撑。而外卖营销是虎邦辣酱的战略起点，其目标是让消费者充分认同虎邦品牌，从而使虎邦有机会带动并扩展更多的传统渠道，并将品质管理体系不断复制和延伸，强化产业链的品质优势。

4. 启示与总结

至今，虎邦辣酱并未停下探索"新零售"模式的脚步，其试图通过调研及实践分析，创造精细化品牌营销增长点，以实现虎邦辣酱的蓝图。

第一，精确的品牌营销定位。常年以来，在辣酱的实体营销赛道上，"一统天下"的是老干妈。但虎邦辣酱坚持"不走传统老路，不走竞争者的路"，于是，虎邦瞄准"外卖+电商"的空白市场，最终以精准的品牌定位实现弯道超车。

第二，注重渠道增值赋能。虎邦辣酱成功的关键就是能抓住营销痛点，为渠道赋能。虎邦并不是简单地把辣酱销售给外卖店，而是以附加的运营服务与商家建立牢固的战略合作伙伴关系，只要你的店铺卖虎邦的产品，那么你店铺的辣酱运营就由虎邦全包了。

第三，持续推广投入以产出创新。传统模式下，只需要锁定头部流量央视广告就能获得营销成果的时代早已过去。互联网时代早已与传统媒体营销模式分道扬镳。虎邦明白互联网品牌时代只有不断投入，才能持续创造话题，才能在品牌营销中基业长青。

（资料来源：作者根据多方资料整理而成）

互联网不知不觉地走进我们的世界，以承载信息为主的"三跨"之势——跨国界、跨文化、跨语言，颠覆着原本分散、间隔、遥远的社会万象。如今，计算机运算能力不断加快，大数据信息分析技术飞速发展，互联网的颠覆范围和影响力仍在不断拓宽与深化，新的营销传播模式层层迭代：短视频营销、微商、电商直播、网红带货……变化不止，机会沉浮。互联网正在跨过搭平台、抢入口、夺流量的上半场，继续走向演绎大平台、资源整合、个性化服务、创造数据价值等主题的下半场。

第一节　互联网下半场的机会在哪

范围宽了，消费者变了，传统的品牌意识是否依然适用？站在互联网颠覆与产业链重整之间的品牌企业，如何获得品牌地位？传统的品牌战略是否能顺势而为？互联网带来的还有哪些机会？互联网下半场让大家陷入对未来的思考，不同的人对互联网下半场有着不同的理解。但不可辩驳的是，互联网的互联互通性和颠覆性让企业处在机遇与挑战的矛盾"风口"。互联网正在击破传统企业营销和品牌构建模式，开启一个全新的品牌时代。

一、变化的消费者：品牌意识的颠覆

全新的互联网时代丰富了产品品类，构建了全新的消费者对接平台，使品牌触及用户的时间、成本和中间环节大大缩减。互联网"下半场"正以惊人的速度刷新着消费者眼球，导致消费者对品牌的认知也提升到新的高度。而企业想获取互联网下半场的"入场券"，关键就在于要与时俱进地发挥"品牌"的价值引领作用，给出深度吸引消费者的理由。

（一）新型消费行为：颠覆品牌意识

当迈进互联网时代后，不断地需求挖掘与创造、传统售卖方式的颠覆、生产成本的突破正在推动着消费者的观念发生变化。新时代消费者不仅关注多件同类型商品或服务的价格和效用，而且将消费体验、消费场景及消费情感等计入消费因素中。现今，大量的社区BBS放大了消费者的声

音,称消费者的需求是产品最直接的生产动力。消费者是品牌是否畅销的决定者,也是颠覆品牌意识的主人公。

1. 消费者购买行为大转变

消费者的消费观念和消费习惯随着时代的改变而改变,新时代的消费者有了更高的要求,致使新的营销形式不断涌现。这种趋势下,消费者进行消费时能获得企业的更多关注与服务,企业会积极主动地与消费者进行交互式交流并及时提供相应的售后服务,力求使消费者与品牌建立感情,使其形成对品牌的依恋或承诺,同时,口碑或观察性学习也可能会影响品牌情感、品牌承诺和品牌依恋之间的关系。

此外,互联网消费者接触到超越了传统单向的营销形式,出现了互动性更强、更好玩、更开放的电商直播、短视频营销和内容广告等,用户也更乐于成为参与者和分享者。从而使消费者形成了新型消费购买方式,如表1-1所示。

表1-1　新型消费购买方式

消费方式	产品特点	消费理由
迭代式购买	自然关注度	随着产品更新迭代的速度加快,消费者为了追求新颖与刺激,会不断对品牌下属的商品进行更新换代
系列化购买	有杀伤力	系列化的商品让消费者自成群体,为了保持某一相关的品位系列,就要让品牌成为生活的一部分
参与式购买	参与即代表购买	让消费者参与品牌的讨论、设计、意见发表等,潜意识里让品牌走近他们
冲动式购买	不一定是需要品	各种吸引人的促销方式使消费者在情绪冲动下进行消费

2. 消费者购买场景大转换

互联网的出现打破了时空的界限，无论是凌晨1点还是清晨6点，无论是在公交车上还是卧室里，消费者都可以进行网上购物并与商家进行信息传递。企业可以通过对海量且庞杂的购物信息的分析，有针对性地激发消费者购物的主动性和创造性。消费者购买场景变化方向如图1-1所示。

- 从消费的必需化到情景化
- 从消费的慎重感到即时感
- 从实体市场购买到虚拟市场购买
- 从区域购买扩展为全球化购买

图1-1 购买场景变化方向

（1）从消费的必需化到情景化。传统营销模式中，企业根据预测数据进行产品生产，从而营造出各种品牌应用情景来引导消费者消费购买。而在互联网思维的冲击下，消费市场上的需求就是生产者的销售卖点，企业是根据消费者的个性化需求而有针对性地创新品牌，品牌可以成为消费者想象美好生活的某一元素。在这种趋势下，消费者就从最早的功能式消费转变为品牌式消费，然后逐渐实现必需化到情景化的消费场景转变。

（2）从消费的慎重感到即时感。过去，由于时间与空间信息传递的障碍，信息传播是一个缓慢的过程，消费者与生产者之间信息传递与信息反应的速度会比较慢，促使消费更加慎重而理性。如今移动互联网的互联互通打破了时空的障碍，让市场交易变得方便而快捷，消费的即时感会很强，消费者略一思考就会下单购买。因此，品牌必须抓住转瞬即逝的关注度，让消费者快速触电、快速决策。

（3）从实体市场购买到虚拟市场购买。互联网使消费者能够轻松地查阅到不同地域中同一商品的价格差异，在网上有着清晰明了的价格对比，虚拟的低价格购买逐渐抢占实体的高成本购买行为，即使最偏远的实体市场也逐渐被网络化。据此，品牌需要重视其特有的购买场景，对比市场的定价形式，形成价格优势，打通消费者的认知渠道。

（4）从区域购买扩展为全球化购买。互联网打通了全球产业链和供应链，很多消费者为了追求商品与服务的多样性，往往喜欢跨越区域到国外消费，越来越多的企业将目标消费者扩展到了全球。同时，消费者在全球范围内的活动日益频繁，甚至还出现了跨国购物游及海外代购。

3. 消费者购买行为大颠覆

网络消费群体随着互联网技术的发展，队伍也在不断壮大，追求新潮、绿色消费和追求体验逐渐成为人们主流的价值观。且消费者购买场景的转变在一定程度上影响了消费的购买行为，从而导致消费者的购买行为发生了诸多变化。

在互联网"下半场"，消费者行为发生了很多变化，企业的一场活动的运营能否取得最后成功，关键在于能否精准定位并深度挖掘消费者需求，并根据用户的实际需求来增加消费者的参与意愿。如果能成功地增加用户意愿，那么一定能带来用户流量与参与度的大爆发。因此，企业需要关注消费者的偏好波动，抓住消费者的"心"，同时配合网络营销工具，精准且高效地进行品牌推广和传播。

（二）重塑品牌意识：抓准消费者的"心"

在物质匮乏的旧时代，人们交换物品是为了基本的生活需要，注重的是商品的材料质地和使用价值。互联网时代的物质极为丰富，人们更加看重商品的"颜值"和品牌形象，这也就决定着史无前例的消费时代的到来。在这个消费时代里，传统的线下实体商城正在被线上虚拟化店铺所替代，传统的线下折扣活动正在被线上直播带货的促销所取代。企业的视野不再只局限于自身变革中，而应该抓住消费者的"心"，通过口碑效应、优质的产品和服务来树立企业品牌的影响力。

在网络化、数字化、数据化、智能化的驱动下，传统的线下消费行为已经不能满足所有消费者的需求，需要通过线上—线下连通的交互平台来实现新型消费。据此，线上—线下的模式催生了新的消费者需求。

1. 方便快捷

快节奏的网络生活让消费者更加重视时间的利用，方便快捷的购物方式是他们的首选。一个手机、一个平台账号、一条高效的物流运输线就能给消费者提供送货到家的服务。

2. 个性化推荐

相比传统的电视广告传播途径，互联网平台在大数据精准分析与定位技术的运用下，可以为企业提供有针对性的消费者数据，也为企业搭建了广泛的信息接收渠道。企业可以对既定的消费者进行个性化推荐，而消费者也可以避免选择困难症，轻松获得自己需要且喜欢的商品。

3. 供比较选择

互联网为用户陈列了所需要的商品信息，形成一个可供用户货比多家的消费平台。用户在决定购买商品前，可以先进行搜索，列选与对比目标产品的价格与款式，从而根据所需要的商品特性下最后的购买决策。其中，这些商品的特性如图1-2所示。

图1-2　商品的特性

4. 售后服务

商品质量的好坏会影响用户的购买体验，在互联网品牌营销中，售后服务已成为企业增加市场份额的重要一环。企业在塑造品牌形象的过程中，不能只热衷于价格的竞争，通过促销大战赢得消费者的青睐只能成功一时，想要更好地服务消费者，赢得消费者的信赖，就必须重视售后服务的质量。售后服务要求如图1-3所示。

图1-3 售后服务要求

二、变化的产业链：跨界的赢者通吃

微信冲击了传统短信与电话业务，支付宝冲击了银行业务，网约车平台出行冲击了实体出租，互联网几乎让绝大部分行业的界限模糊。可以说，互联网信息技术的深入与渗透，升级了传统的信息传播方式，很多行业实现从集中式向去中心化的转变，而去中心化模糊了行业界限，使产业链的加速融合成为趋势。产业的战略目光不仅仅聚焦在单个产品或单个平台本身，而是以公司品牌、产品品牌或平台品牌为核心进行延展，整合相关产业资源，打造全新的融合产业链。

撒切尔夫人说："混乱处我们带来和谐，错误处我们带来真实，怀疑处我们带来信任……"获得和谐、真实、信任的过程代表着潜能的释放，对自我的无限超越，其实就是无数突破和创新的过程。"跨界"如同一个体育竞技比赛中的运动健将，总是在追求新高度，将不可能变为可能，响应的就是从不可能中创造可能的实践。在产业链融合创新中，把"跨界"认认真真做好，脚踏实地且乐趣十足，那么品牌时代的从"营"到"销"将精彩纷呈，分外吸引人。

（一）趋势：跨界营销魅力无限

目前，依托于互联网这个大跨界平台，出现了数字技术、网络技术、传输技术等实际应用场景技术，反过来，这些技术又催化互联网向多元化、品质化与更高速化的方向变革。互联网的这一变革引领着消费者向分众化的十字路口前进，"多种媒体，一个声音"的传播方式早已无法满足用户的信息需求，市场营销的方向不得不转向跨界营销。

1. 跨界营销的本质

跨界是未来营销的必然趋势，想要乘上"跨界营销"快车，需要清楚什么是跨界营销。实际上，跨界营销就是"1+1>2"，各有优势的企业之间协同合作向着同一个目标携手同行，既满足双方的利益需求，又赢得市场和消费者的信赖，以较好的营销效果打造跨界合作新品牌。

用户在哪里，信息就应该出现在哪里，要想取胜，企业就需要走跨界营销的融合路子，以"1+1>2"的成效取胜。提到卖房，大家普遍想到的是通过烦琐的"排队—取号—预约—看房"程序。然而，在现在这个跨界时代，将房地产与网络平台进行融合营销，就是一次绝美的跨界转身。比如，万科牵手淘宝实践"跨界"新模式。万科的23个楼盘在淘宝网上的围观人数达百万余人，最终一个月内就做到了楼盘空仓的佳绩。百万余人，如果由线下售楼部接待，需要投入多高的成本呢？现在，万科利用淘宝网的高用户黏度，迅速吸引人气，轻松获得了大批精准的潜在用户群体，这就是跨界的魅力。

2. 跨界营销的原则

在抓住跨界营销的本质的基础上，跨界整合还需要明确资源共享、优势互补和价值转化这三大层层递进的原则。总体来说，跨界整合的本质就是资源共享，企业之间在资源共享的基础上，进行内部的整合归纳，实现优势互补，最终寻求企业之间因不同需求而产生的价值转化。跨界营销原则如图1-4所示。

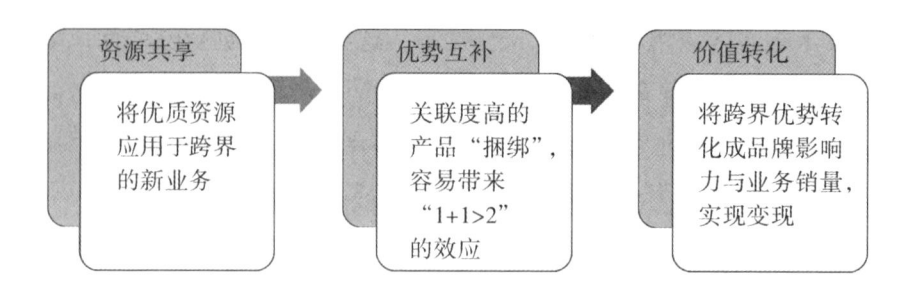

```
资源共享 → 优势互补 → 价值转化
将优质资源    关联度高的    将跨界优势转
应用于跨界    产品"捆绑"，  化成品牌影响
的新业务      容易带来      力与业务销量，
             "1+1>2"      实现变现
             的效应
```

图1-4 跨界营销原则

（二）变革：跨产业链资源整合

成功的跨界往往需要全新的思维，以冲破传统束缚之势，基于股权渗透、技术平台或同类粉丝进行的整合，力图给客户提供更全面的解决方案，为企业带来新的增长点。例如，小米、淘宝、顺丰、腾讯等都形成了自己的跨产业链生态体系。

互联网天生就有一种跨界整合的能力。从互联网上半场开始，已出现大量赢家通吃、跨产业链品牌整合的现象。某一行业的企业往往延伸到另一行业，行业的边界变得模糊，新的行业在行业的边缘成长起来。进入下半场，在数字化和协同化的驱动下，大平台、互联网入口将进一步加速整合，各种资源、行业间的结构洞将出现更多桥接资源者。

1. 跨界数据化：第一生产要素

数据化是跨界整合的基础和前提，数据化有助于消除跨界整合盲点，将跨界整合过程可视化和动态化，以供合作伙伴参考和对接，也为整合方案的改进和资源的匹配协调提供数据支撑，以此获得更优质的兼容性资源；此外，资源数据化还能加速多方跨界整合的对接速度，打造无障碍数据接口，建立融合界面和互动式经营场景，赋予资源方经营的动力。

2. 跨界协同化：产业链协同创新

企业跨界整合不仅需要"互联网+人工智能"科技创新成果提供的先进技术手段，更为重要的是要有一套具有协同创造思维的协同跨界整合机制，是企业跨界整合的协同创新活动，其要义是企业将各种资源要素创新整合，使之能够为了完成共同的任务或目标而进行协调或运作，实现这些资源协同效应。

（三）方向：以"跨界+品牌"整合产业链

"赢家通吃""强者更强，弱者更弱"的马太效应是互联网品牌扩张进程中滋生的特有垄断形式。"弱者更弱"是指在新领地、新规则下，弱势品牌生存空间逐渐被蚕食，逐渐沦为强势品牌的附庸，丧失发展主动权。"强者更强"就是能力强大的品牌以其特有的影响力不断打破旧规则，跨越行业障碍，形成利己的市场规则，占领新行业领地。强势品牌不断跨界、不断复制成功的背后，有资本的推动，有定位的准确，也有商业模式的精准。

能够不断跨越产业界限，很重要的一点是品牌影响力，即消费者对该品牌的认可度、忠诚度，助阵强势品牌增强扩张能力。在马太效应下，成功的强势品牌展现出强大的品牌关注度和行业扩张能力。尤其是平台类品牌，所属行业跨度大，进军新领域时，品牌影响力能快速延伸。那么，当一个强势品牌沿着产业链的方向或相关产业链的方向扩展时，其品牌就不断积累起对产业链的整合能力，实现"跨界+品牌"的全新变革形式。例如，顺丰从中国到国际市场，从速运、冷运到顺丰优选，再到顺丰家（虽然模式颇有争议，但其对快递最后一千米的布局也存在着积极意义），其品牌影响力沿着快递业的中、上游向下游逐渐延伸，大大拓展了品牌的市场领地。

（四）行动：借助产业链，撬动品牌链

互联网的下半场正在高举共享经济旗帜，整体融合人与信息、人与物、人与人、人与平台，实现共享的深度互联互通。再俯瞰谷歌、百度与腾讯等互联网巨头的战略布局，它们正以强大的资源整合能力促进产业链的融合，可以看出，我们已经进入了全产业链新时代。

1. 品牌撬动产业链

品牌以其独特的形式在消费者心中形成了选择偏好和价值偏好，从而给企业带来溢价，是企业实现价值增值的一种高附加值资产。强大品牌的形成离不开产业链的布局，当强大的品牌融入产业链时，便能以"强者更强"的马太效应进一步提升品牌高度，开阔品牌视野，获取全产业资源，最终撬动产业链。

确实，当品牌足够强大时，以其为杠杆撬动产业链，就可以依托品牌强大的整合能力，把所有被整合的资源统一在该品牌旗帜下，这是单纯地依靠资本、技术、原材料、人脉或信息撬动产业链难以比拟的。在品牌旗帜下，所有被整合的资源统一以品牌标准、品牌文化、品牌形象展示出来，并打上了品牌的烙印。例如，小米、苹果的手机，其所用配件也会被其他品牌所使用，但那些采用同样配置的手机却不能获得如小米、苹果手机那样的市场认可度，那是因为它们缺乏品牌所带来的品质保障和优越感。

2. 品牌全产业链营销"亮点"

产品与品牌有着相辅相成的关系，在一定程度上，产品的竞争受品牌的影响，品牌影响力大则产品的销量自然不会差。而品牌的竞争最终可以归因于产业链的竞争，因为如果失去产业链的支撑作用，产品和品牌就成为孤立无援的"小节点"，无法在竞争中立足。如今，移动互联网已颠覆了传统的价值链与供应链结构，在共享经济和互联网精神的推动下，企业有更多机会大量整合外部资源，促进产业链与价值链的重构。因此，明确

品牌全产业链的营销"亮点",向着"灯塔"出发就是不变的航向。品牌全产业链优势如表1-2所示。

表1-2 品牌全产业链优势

考察角度	品牌全产业链优势
降低成本	以其强大的市场控制力和话语权,可以通过议价谈判达到低交易成本和采购费用
实际应用	企业局部优势融合进行业,形成聚拢的整体资源,有利于控制产品品质,降低采购成本和中间环节交易成本,获取行业捆绑营销资源与高额垄断利润
产品品质	品牌全产业链模式影响着其他各个环节,对产品品质提出更多的要求,促进市场的品牌消费和品质消费的潮流
营销资源	以品牌为龙头,与产业链的各个环节建立深度利益联盟,共享同一客户资源、营销资源
垄断利润	企业集中发展附加值最高的品牌环节,并且把品牌的影响力由市场转向整个产业链,压低成本、提高品牌收益,从而获得产业链垄断收益

打造品牌全产业链是许多企业都想做的创新尝试,但由于缺乏一个具备产业链影响能力的强大品牌,故而这些企业往往会遇到内部资源一盘散沙的瓶颈。没有一家独大之势,多个几乎平级的自有品牌很容易因为竞争产生内耗,导致内部资源不能真正地整合。但品牌自有的文化凝聚力和市场号召力可以聚合产业链资源,逐步从深处整合资源。故企业应该把品牌价值链融入更广阔的产业链,把价值链的低价值部分外包出去,如传统的人力资源、研发、生产、销售、售后等,从而把精力集中于附加值更高的品牌部分,以期获得品牌全产业链的营销"战果"。

互联网品牌时代专栏1

小米：以"5G+AI+IoT"紧追超级互联网

随着互联网逐渐渗透至全球各个领域，相应配套的互联网基础设施也在不断完善。用户数量不断增加，互联网技术水平不断提高等都在使智能手机市场扩容，引领用户走进超级互联网时代。从移动互联网走向超级互联网的进程中，又将对传统产业形成一定的颠覆作用，许多传统企业纷纷觉醒，掀起了"用互联网思维武装自己"的全面学习互联网思维的热潮，而树立强势品牌是企业跟上超级互联网脚步的路径之一。

1. 公司简介

小米仅花费7年时间就从一个小创业团队逐渐成长为一家以硬件、物联网平台和新零售为核心业务的互联网公司。它于2010年4月正式成立，并于2018年在香港主板上市。小米自成立以来，一直致力于技术创新和生产"触动人心、价格实惠"的终极体验产品。此外，小米通过成功的品牌战略，已将产品业务扩散至80多个国家和地区，并与超过1.3亿台智能设备的物联网平台建立了联系。最终，它创造了香港历史上最大的科技股IPO，并成功地成为"红海"智能终端市场中第四大智能手机制造商。

2. 业务模式=手机中枢+IoT硬件管道+新零售

小米布局了以"硬件、软件、互联网"为核心的铁三项业务模式，以硬件为入口，依托新用户零售模式获取体验和转化，实现流量变现，再通过建立合作生态，最后形成平台型企业。业务模式如图1-5所示。

（1）手机中枢。

主张以硬件手机为中心，内核是各大衍生的MIUI、小米云、安全中心的应用，整个手机中枢应用体系是基于技术、性价比与高品质产品为核心进行外延产品拓展的。

（2）IoT硬件管道。

什么是硬件管道？在当下市场上流通的不仅是有价值的产品，还有产品背后的互联网服务时，实体商品就巧妙地成为连接虚拟化网络中用户的渠道。很长一段时间以来，小米都希望以手机为枢纽，将手机硬件打造成通往互联网虚拟世界的管道。只是手机不满足体积微小的要求，所以小米的物联网硬件流水线主要用于小米智能音箱、智能电视、盒子、翻译器及未来人工智能产品的生产模式。

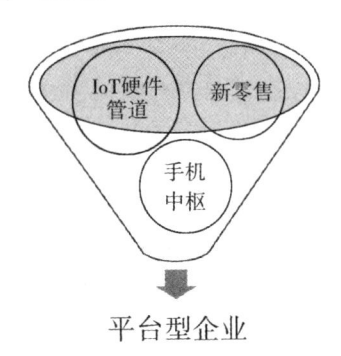

图1-5 业务模式

（3）新零售。

小米的新零售与传统零售有什么不同呢？新零售是随着互联网出现而产生的名词，新零售的"新"主要体现在利用互联网平台进行销售活动。小米在接触到互联网的那一瞬间就确定要迈进互联网的连接平台的新零售赛道。至今，小米仍然为成为巨头电商而努力。

3. 超级互联网=5G+AI+IoT

在雷军的带领下，小米敏锐地洞察到"互联网+"生态新趋势，雷军主张互联网的品牌核心就是口碑、集中、速度，即用最快的速度集中力量将产品做成让用户"尖叫"的极致产品，从而以饥饿营销激发消费者的期待感与参与感。于是，小米打造了硬件软件化的商业模式，构建手机中枢、IoT硬件管道和新零售品牌业务战略，并进一步明确了"5G+AI+IoT下一代超级互联网"的战略方向。

"5G+AI+IoT"的想法是小米在2019年提出的，其在论证方案可行性的基础上，明确战略的目标就是要深入贯穿至小米全服务能力体系系统中，为实现电商商业新高度而迈步。但战略方案中所提及的5G、AI和IoT不是割裂开的概念，而是强调整体的融会贯通，以5G、AI和IoT作为走向超级互联网的通道，通过这一通道可以把用户带入智能科技的生活领域。

4. 未来期望

无论是互联网还是超级互联网时代，智能手机都是链接的中心。小米坚定紧跟互联网时代的步伐，研发与落实超级互联网的基础设施。未来的小米，将在5G+AI+IoT的战略下，成为智能科技生活领域的创建者。

（资料来源：作者根据多方资料整理而成）

三、变化的品牌商：传统品牌战略被挑战

自改革开放以来，我国的消费市场已从传统的实体连锁发展为网络化购物平台，其中，出现了互联网品牌商的新队伍。中国正在以惊人的经济增长速度追赶美国，力图成为最具发展潜力的消费市场。但不断拓展的市场给品牌商带来惊喜的同时也依旧需要跨过不少障碍。一方面，在中国消费市场的增速开始放缓，人口红利和电商流量红利逐渐衰退的现状下，品牌商需要不断进行创新与再造来增长新动能，才能在竞争中立于不败之地；另一方面，新时代的步伐正朝着改变消费者的需求和行为特征前进，传统的品牌模式可能面临着过时的境况，因此，品牌商需要结合新技术的应用进行品牌再造，以满足新一代消费者的需求。

（一）观念转变：传统品牌观→互联网品牌观

随着互联网成为迅捷、方便的信息沟通渠道及数据互联的广泛应用，给品牌营销观念带来了很大冲击。具体可以从不同侧面来看其中的重大转变。

1. 以生产为中心→以消费者价值为中心

传统品牌观是把生产环节当作"靶心"，品牌方围绕生产这一中心逐步通过品牌战略、市场细分向消费者营销产品。传统品牌观如图1-6所示。

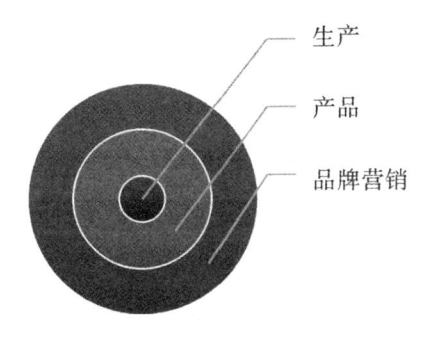

图1-6　传统品牌观

而互联网品牌观则以消费者的需求与价值为中心。在决定生产产品之前会先利用大数据技术等进行消费者需求挖掘，再针对目标客户为他们提供个性化的定制产品，如小米的研发参与。在传播分享期间会充分调动消费者的积极性，如利用点赞、分享、好评等机制鼓励消费者再传播。再如舒朗、红领的定制西服，在产品研发设计期间会邀请消费者参与互动。

2. 消费者思维→粉丝思维

传统营销中将消费者看作是为产品和服务埋单的利益相关者，企业与消费者之间的关系主要是服务，很少有企业重视并建立忠诚的情感联系。但互联网的出现使消费者的个性得到进一步的扩大，消费者不仅仅是购买产品与服务的消费者，他们为情怀、理念和价值疯狂，是主动狂热的个性化粉丝。有时粉丝购买一种产品并不是因为产品的本身价值和性能，而是因为喜欢、支持和拥护某个与产品相关的个人。因此，品牌在营销中不能只看到某一群体的大概轮廓，而应该看到生动、有情感、有偏好的个人。

3. 产品核心→价值核心

传统品牌观以提供高质量产品为基础，主要依托实体经济，品牌的附加值更多地体现在功能、情感与身份上。互联网品牌观以"为用户创造价值"为基础，依托的是虚实结合的经济，品牌的附加值更多地体现在情怀、资源、连接和归属上。

4. 区域品牌→小众品牌

传统市场由于时间和空间的限制，品牌的影响力常常在一个区域聚集。可以根据品牌影响力在全国各省、市、县划分出一、二、三线品牌，这时，企业要将自己的品牌做大，通常需要从区域视角努力。但互联网打破了时空的界限，无论何时何地，在网络平台上都能实现买卖，使区域品牌的概念也被逐渐淡化了，代之以小众品牌的概念。相应的一、二、三线品牌强调的不再仅仅局限在区域空间上，而是服务能力和品类覆盖。如一线品牌做整体服务，二线品牌做细分人群，三线品牌做产品配套。

可以说，互联网打破了大众媒体的垄断，信息愈加碎片化，消费者有限的精力决定着小众市场更易得到热捧。每个小众市场就是一个IP圈层，在一个圈子里被热爱的品牌，可能在另一个圈子里人们对其一无所知，每个圈子都可以形成自己的品牌。企业可以从小众品牌做起，逐步扩充产品线或推向大众市场。

5. 营销一元化传递→个性化聚合

传统的品牌营销注重品牌识别系统的统一，追求营销活动的一元化。既要把广告、公关、促销等传播活动统一在一个营销主线步调上，又要把品牌统一的信息传达给消费者。在这种形势下，传播内容是从品牌到用户的单向宣讲。

互联网时代，品牌传播由品牌单向的传递转变为消费者互动的聚合。聚合就是消费者带着某种兴趣或目的，对互联网的海量信息进行技术或人为挑选，从中获取更有价值的、个性化的信息，形成对某一事物的整体认知，其典型代表就是内容搜索。在这种情形下，消费者无须再被动地接受广告，品牌最终的形象也不是单向输送，而是通过互动建立在消费者的内心，如图1-7所示。

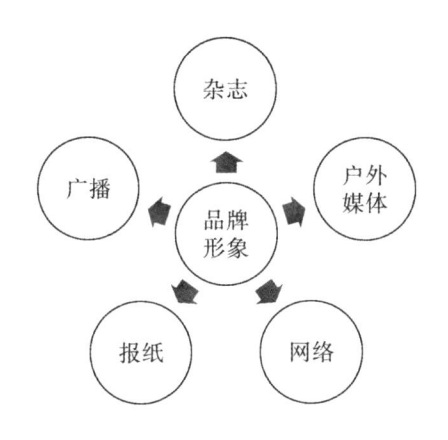

图1-7 品牌形象

总体来看，互联网使品牌观念发生改变主要从两个方面进行考虑，品牌商需要对市场主体观念进行重新认识。一方面，网络思维改变了经营者原有的营销思维方式、营销行为习惯等。今天的网络营销平台无论在体量还是速度上都已经超过传统媒体。另一方面，互联网思维影响着营销传播方式。在网络营销平台新特征下产生了许多新的营销模式，如短视频营销、平台精准广告、直播带货和软文推广营销等。

（二）转变趋势："互联网+"催促品牌再造

当企业为在消费市场站稳脚跟而想方设法地进行"互联网+"建设时，品牌建设似乎不是最急迫的。网络化与数字化带来的数字技术给品牌商带来重构商业模式、重塑增长动力新机遇的同时，也呈现给他们不得不面对的现实：互联网思维下引发的市场环境变化和技术变革使消费者的品牌观念早已改变，原有的品牌战略、品牌形象、品牌沟通方式都需要进行适应性调整，品牌再造迫在眉睫。

首先，在平台化与数字化的快时代信息传输下，传统的连接和交互方式无法及时、精准地对消费者的需求进行信息获取与分析。其次，传统的以线上电商、线下门店双渠道为主的渠道体系，不足以满足消费者方便快捷且高效的服务需求。因此，传统品牌模式不再能帮助企业品牌有更进一步的提升，品牌商需要借助互联网智能技术进行清晰的品牌定位和全新的品牌塑造。

1. 打造品牌个性化、专属化，无限延伸品牌链

随着移动互联网的不断发展，人们逐渐实现言论自由和个性释放，再加上数据分析的应用使挖掘区域化用户深层次需求成为可能。以前人们的需求和供给都是由企业来完成，现在人人都可以成为自媒体，人人都可以打造自己的品牌，逐渐向品牌个性化、专属化迈进，供给与需求有了很大的空间灵活性。如褚橙、三只松鼠等，主要针对小众化与个性化来打造受众群体偏好的产品，如今品牌链也在不断延伸和扩展，是典型的成功品牌商。

2. 用极致打造口碑，让分享走进品牌链

打造极致的产品或服务是每一个品牌商的终极目标，那么，什么才算极致？那就是让用户有超出预期的惊喜感，获得用户尖叫的认可感。这种认可需要品牌商为此花一定的心思和努力，需要对用户需求与偏好了解之后，在熟悉用户的基础上建立彼此之间的感情沟通桥梁，用心聆听用户的体验感受。情感营销是现今市场竞争中又一个有力的营销手段，成功的情感营销，不仅在产品使用上能让消费者愉悦，还能以情感的共鸣让消费者成为忠实粉丝。最终，品牌商就能收获一大群忠实的消费者，他们甚至会帮你的品牌进行分享和传播，为你带来更多的消费者，让分享走进品牌链。

四、变化中谁还有机会

近年来，互联网不仅颠覆了我们周围的许多传统领域，还给诸如品牌商、企业家等市场主体带来了发展机会。互联网+电视娱乐、互联网+餐厅、互联网+婚恋约会等"互联网+"模式让原本以单向为主的传播营销朝着多样化的互联网营销方向延伸。微博、社区等交流分享平台让人们以集群化的方式形成了专属化的IP圈层，开启了以社群圈为营销目标的紧密交

流与分享时代。

（一）互联未来式——平台进化

在互联网下半场，已经有多项智能技术开始协同应用于各个领域，多类的协同数字技术应用也在一定程度上带动平台进行转型升级，形成具有持续演进动力的平台生态系统。例如，大疆创新虽占据全球70%的无人机市场，但是仍然坚持打造开放式，利用协同技术实现云端开源，建立社群，经营粉丝，以图模式创新及软件技术生态的完善。可见，平台模式已经开始不断进化，向着更加开放的方向实现互联互通。

平台作为网络组织，平台创建主体、平台提供者、用户需求方及其他特殊平台是其基本构成要素。平台模式最早开始于2008年的PC互联网时代，此后，互联网上半场助推平台呈现出开放模式多样化的特点，但由于各公司的开放平台与其产品高度相关的特性，国内传统开放平台的市场也趋于饱和，呈现断崖式滑落，进入冷却期。但冷中有热，AI等前沿技术成为目前国内开放平台的又一热点。可以看出，由于互联网技术的不断进步和渗透的不断加深，平台的开放过程也处于螺旋式上升的趋势。平台进化如图1-8所示。

图1-8 平台进化

在平台模式不断发展的过程中，企业合作的范围无限扩大，需要互联网技术的协同创新作用来整合多方企业进入一个"无疆界"的竞合时代。就传统平台开放创新模式而言，主要分为内向型开放创新及外向型开放创新，但是两者都会在一定程度上重复平台开放创新的"黑洞"，所以选取互联网下半场主导的耦合型开放创新模式，即协同整合外向型与内向型开放创新模式,是实现平台主体协同发展的最有效的运行模式。

(二)互联优化式——组织价值网络优化

互联网的营销体系发生了很大的变化,普遍大众都进入实时分享平台,通过淘宝、天猫等平台进行网络购物,通过QQ、微博和微信等社交平台进行信息传递与交流,且这些交流分享影响着相互之间的购买决定,所以消费者具备决定品牌兴衰的话语权。因此,传统组织架构已经不再适用于消费主导的时代,企业需要借助互联网的力量进行组织价值网重构。

在互联网环境下,企业迎来了品牌发展的最佳时期。在互联网品牌营销中,企业可审视组织运行效率情况。而对企业来说,优化价值网络是组织实现高效运行与"智慧化"的必经之路。企业在优化价值网络,实现价值创造最大化的过程中,应充分利用网络优势改造这些价值网络上的关键环节,以下将重点从用户导向、产品结构和组织结构三个方面阐述其与价值网络优化的关系。价值网络优化如图1-9所示。

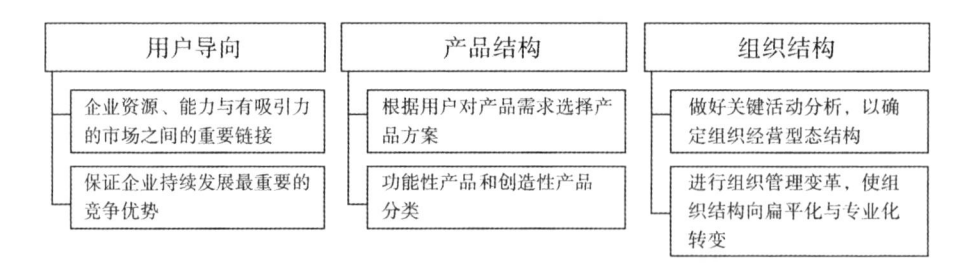

用户导向	产品结构	组织结构
企业资源、能力与有吸引力的市场之间的重要链接	根据用户对产品需求选择产品方案	做好关键活动分析,以确定组织经营型态结构
保证企业持续发展最重要的竞争优势	功能性产品和创造性产品分类	进行组织管理变革,使组织结构向扁平化与专业化转变

图1-9 价值网络优化

互联网品牌时代专栏2

三只松鼠:开拓电商品牌崛起之路

为什么有的传统企业不看好在互联网平台的推广营销呢?因为企业只看到互联网营销的静态收益率,而没用战略眼光洞察品牌营销变现效益。比如,在互联网上投资4万元做营销广告,结果只增长了8万元的销售额，ROI（投资回报率）比率为1:2，这种比率不符合企业的投资预期。那么，新零售的品牌商如果只一味地看重ROI，就会忽略营销带来的流量变现效益，故品牌商的长远眼光是决定其能否破壳重生的关键。

1. 公司简介

说到三只松鼠，想必每一个"吃货"都不陌生。三只松鼠是一家做休闲食品的品牌电商，其依托品牌、产品、物流及服务等优势于2012年在安徽芜湖成立。自成立以来，三只松鼠在数字化品牌战略引领下不断以IP化促进品牌多元发展，2019年"双十一"，其以10.49亿元销售额创造国民零食的电商"神话"，曾被《路透社》《华尔街日报》等称为"中国食品电商品牌的典范"。

2. "互联网+营销推广"商业模式

三只松鼠作为互联网电商崛起的新品牌在休闲食品市场中独占鳌头。其从2012年成立到现在的短短几年时间，广受85后、90后、00后的喜爱。它主要通过互联网营销推广形式，为品牌崛起之路打下坚实的基础。

（1）凭借互联网平台做推广。

三只松鼠识别到淘宝购物、天猫商城、京东等互联网平台是用户流量的聚集地，于是其果断围绕"三只松鼠"这一核心品牌推广坚果系列、果干和花茶系列、零食系列等多个主要产品组合，按点击付费的效果营销方式，迅速在流量变现快车道里形成一定的业务规模。

（2）流量端口实现品牌曝光。

三只松鼠认为网络平台的推广投资规模还有扩大的空间，其增加了3倍的投资费用并确定了营销的三原则：松鼠、坚果、低价。以竞争对手都无法理解的价格把产品展现在最佳位置，在用户量最多的时间段推出品牌组合，在短短一个月的时间里，其品牌快速蹿升与曝光，搜索流量稳居食品栏前位。

（3）O2O模式升级用户体验。

新零售为创新型商业模式开辟道路，随着电商竞争压力大和流量推广费用高，传统电商的线上销售逐渐被"线上+线下"的O2O模式所取代。"三只松鼠"也抢先在线下谋出路，但由于其已经树立了独特的品牌效应，它的线下之路会相对有优势。此外，它还从文化输入的角度出发，开设了以松鼠为主题的商业中心游乐园。消费者已然熟知三只松鼠旗下品牌的商品，当再看到实体店的商标和商品的陈列时，会激发他们的参与感与亲切感，加快消费者对实体店模式的接受程度。

3. 总结与启示

历数企业创新无非就两种：技术创新和商业模式创新。但由于技术创新的研发周期过长，企业想在短期内见到成效的愿望导致企业的创新天平向商业模式创新倾斜。由于互联网颠覆式发展的特性，初创企业往往需要在业务扩张的前期投入巨额资金，甚至通过大幅度补贴来获取客户。如果商业模式定位不准确，企业很可能由于市场开拓与客户积累的投入拖垮其资金链，因此，一个成功的商业模式方案对于互联网企业的发展至关重要。

三只松鼠总结：在网络平台推广的初期，可能企业的ROI会很低，在推广的上半个月销售额不会及时见效，需要一定的积累时间，但当积累到一定用户量时就会出现"质变"式猛涨。最终，三只松鼠成了淘宝和天猫坚果类目的爆红品牌，长时间稳居前三。可见，品牌商的长远眼光是决定其能否破壳重生的关键。三只松鼠正是在时代潮流前进步伐中，紧握"互联网+营销推广"商业模式的机遇，实现品牌崛起。

（资料来源：作者根据多方资料整理而成）

网络不仅仅是一个电商平台，它还是一个媒体，一个能够让企业通过门户网站、热点话题或者微博、SNS、贴吧、论坛、微视频等工具洞察消费者需求，做到及时、精准与高效。互联网的发展不仅仅为人类创造了更多的资源信息，还改变了人们接收信息的方式，增加了人们接收信息的渠道，信息透明化、营销互动性越来越强、营销方式逐日增加成为新时代的营销标记。由此，品牌营销的方式自然也发生了改变，而企业想要通过这个平台创造出更多的价值和财富，就要懂得互联网经济时代品牌营销的具体特点。

第二节 移动互联网时代的品牌特点

移动互联网的飞速发展和广泛应用，改变了传统品牌营销的模式，甚至对传统品牌营销方式进行大浪淘沙。传统的营销观念因为缺乏及时辨认接触对象的能力，所以只能用广告排期式的方法向消费者传达信息。即使有短信这个渠道，可是企业在发送短信时并不知道消费者所处的地点以及这个客户当下跟谁在一起，也就是说，过去企业的营销是一种盲目的营销。当移动技术逐渐成熟，加上用户使用手机的习惯改变，手机让消费者成为7×24小时随时在线的移动目标，企业对客户的行踪及其所处的场景有更进一步的掌握。现在的品牌营销更讲究即时、精准。

一、搜索营销：释放无限商业价值

互联网带来大量信息的同时也使受众接收信息的渠道趋于分散化，品牌商传统的"广而告之"的营销方式不再能聚焦用户的注意力，而需要采用定位精准和转化周期较短优势的搜索营销成为主流的品牌推广方式。

（一）搜索营销（SEM）：无可替代的商业价值

搜索引擎是网民在移动终端上获取信息的重要工具，截至2019年，我国网页搜索用户规模达到7.05亿人。这引起各大互联网巨头平台对搜索的关注，搜索营销成为品牌营销的新手段。2019年搜索营销巨头销售额分布如图1-10所示。

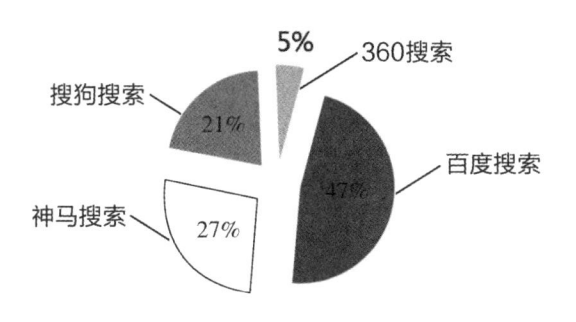

图1-10 2019年搜索营销巨头销售额分布

对品牌商来说，信息量的多少早已没有吸引力，那么想要让企业的商品和服务信息在众多的信息中成为抢夺用户眼球的焦点，搜索引擎有着无可替代的商业价值，具体商业价值可从四个方面来看，如图1-11所示。

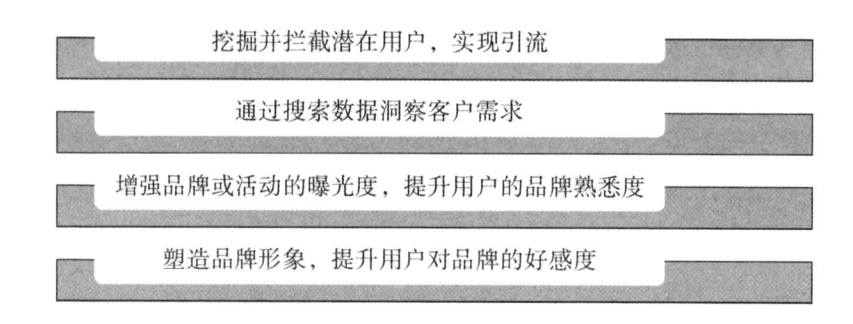

挖掘并拦截潜在用户，实现引流

通过搜索数据洞察客户需求

增强品牌或活动的曝光度，提升用户的品牌熟悉度

塑造品牌形象，提升用户对品牌的好感度

图1-11　品牌商业价值

在大势所趋下，搜索营销已经成为企业有效进行品牌营销和推广的一种新营销形式。其基本思想是让用户发现信息，从而通过咨询转化成交，其中，搜索引擎记录还可在一定程度上收集市场消费者的偏好，便于品牌商捕捉用户需求。

（二）搜索引擎优化（SEO）：互联网产品的标配

搜索引擎优化不仅有利于品牌推广，还有利于用户引流。网民在网上获取内容的主要方式有两种：被动接受和主动搜索。被动接受主要是广告的植入与轰炸。主动搜索对应的就是使用搜索引擎进行信息获取。当我们谈论搜索引擎时，最典型的就是谷歌、搜狗和百度这样的引擎巨头。事实上，搜索引擎作为互联网上最科学、最合理、最高效的信息链接渠道，几乎是互联网产品的"伴侣"。无论是网站还是一个小程序，哪里有人，哪里就有搜索，哪里就有搜索引擎优化。

可见，搜索引擎优化在互联网品牌营销中的作用。可以说，只要主动获取信息的方式存在，SEO就一定不会没落。利用搜索引擎的用户本身就带有流量属性。而在互联网上争取流量其实就是在各个平台上抢占入口，品牌商的搜索营销要确保自己的信息能在最佳地点和时间抓住用户的眼球，尽可能多地获得粉丝用户。

互联网品牌时代专栏3

焕发品牌眼光，助力企业打赢品牌崛起之战

企业的品牌之路并非都是一帆风顺的，品牌意识也不是"忽如一夜春风来"，企业需要了解的是品牌在消费者心目中到底意味着什么？实际上，品牌的形成也会像产品进入市场一样，经历幼稚、成长、成熟，到萧条、衰退，最后消失的过程。

1. 公司简介

伊利是创立于1993年的乳制品企业，发展至今，伊利每年要供给近11亿户家庭，每天要将1亿多份奶制品送至青少年和儿童手中。更重要的是，伊利集团作为大型民族企业，也是唯一同时为北京奥运会和上海世博会供给乳制品服务的企业。伊利现已进入亚洲乳制品企业的10强行列，从品牌的整个发展上来看，伊利以"创新驱动"和"国际化"作为品牌发展的两轮，以多元化战略和品牌塑造作为两翼，助推其多年来实现稳健增长态势。

2. 以优质品质开启稳步"快车"

对乳制品企业来说，食品的品质和安全问题始终是企业品牌建设的根基。伊利将品质视为生命，制定贯穿全球产业链的全方位、全过程、全企业的严苛的"质量领先3210战略"，向着100%安全、100%健康和全球最优品质的目标出发。

一方面，伊利利用互联网思维，建立完善的产品质量追溯程序。伊利的产品追溯程序可以完整地记录产品从奶源地至原奶运输，直至最后的产品上架的全过程，以数据跟踪技术提升食品质量安全风险控制的能力，做到品质控制的全面化、及时化和信息化。

另一方面，伊利注重奶源建设，提倡从源头开始。伊利以独特的地理

位置获得了纯天然的优质奶源基地和中国最大规模的优质牧场,规模化和标准化养殖基地保障了原奶在品质和产量上能稳定供应,更好地为消费者提供高品质乳品。同时,伊利还为欧洲、大洋洲、美洲等国家供应出口制品。截至目前,伊利已经通过了类似于ISO 14001的多项质量管理认证,将其对品质的态度直观地展现给消费者。

3. 以品牌飞轮挥舞品牌进阶"翅膀"

在引领中国乳业步入高质量发展之路的同时,伊利也在不断增长品牌影响力。伊利的品牌管理过程一直围绕一个中心话题:品牌在消费者心目中到底意味着什么。伊利整个全球化品牌资产演化过程可谓是多阶段、多步骤的。

在成为2008年奥运会赞助商之前,伊利的品牌影响力处于微弱状态,为了获得与奥运牵手资格,伊利以全方位的升级来迎接世界最高标准的检验,成功实现了从"心灵的天然牧场"到注重品牌个性的"为梦想创造可能"的品牌资产转换阶段。在2009年,又是同样的机遇,伊利为了达到上海世博标准,进行了多样化的业务模式,为2010年上海世博会提供液态奶、乳制品饮料、水果酸奶等全系列产品,在此次品牌升级中,伊利已经突破产品本身的范围,直接进入到文化品牌阶段。其响亮地喊出了大品牌形象口号——"滋养生命活力"。

4. 总结与启示

中国乳业在过去很长一段时间的品牌发展中,最突出的特点就是"快",俯瞰伊利的品牌发展历程,其生动形象地向乳业展现了一个"稳"字,由内而外地完成品质控制与研发创新,完成企业品牌从优秀到卓越的飞跃。

(资料来源:作者根据多方资料整理而成)

二、口碑营销:人人都是信息源

口碑营销是将分享融入营销的模式,该模式旨在以优质的营销内容赢得品牌口碑，从而让用户口口相传的一种营销方式。在网络营销竞争激烈的市场环境下，各个实行品牌战略的企业都应该试图寻求突破，生产丰富、有深度、高质量的品牌内容。其中，商品质量、品牌服务与推广文案都是影响品牌口碑的关键。

（一）延续口碑之"经"，升级口碑营销范式

口碑传播虽是一种传统的传播方式，却也是传播的未来式。过去，口碑营销主要是作为宣传活动是否成功的评价标准。当你的产品被消费者作为谈资，与朋友进行分享与推荐对象时，说明你真的成功了。然而，今天建立口碑的过程与过去不同。互联网互联互通化使人们能够在一秒钟内复制信息，并在短短几秒钟内将信息传播给无数人。这种品牌传播效应是多少广告轰炸都换不来的。可见，企业如果能用好口碑营销这一"利剑"，定可在品牌竞争中披荆斩棘。

1. 优质口碑激励式

在互联网营销中，传播内容的优劣可以直接影响口碑营销传播的效果。优质的品牌口碑会给品牌树立良好的形象，从而对产品的推广和销售起促进作用；负面口碑则会对产品的推广和销售产生消极的影响，在某种程度上会影响企业的形象和信誉，甚至会带来毁灭性的打击。如今，网民们对纯广告式的营销方式已经有了极高的免疫能力，企业想要达到良好的营销效果，就必须制造新颖的口碑传播内容，从而在一定程度上激励企业向前发展。

2. 数字化口碑升华式

目前，我国正在稳步发展数字产业化。数字经济已成为重要的生产要素，数字化伴随着互联网、大数据和人工智能等新技术逐渐走入人们的视野中，迸发出引领时代不断发展的巨大能量。从规模上看，2019年数字产业化增加值达到7.1万亿元。

在数字经济时代，网络技术开始迅猛发展，为企业进行口碑营销创造

了便利的条件。而数字化品牌营销最大的优势就是精准，其主要是根据大数据分析技术，让正确的信息在正确的时间点通过算法对接，随时随地发现营销推广点，从而对目标用户进行精准有效的口碑传播。

（二）口碑营销方法

口碑营销的最大意义是让消费者口口相传，因此需要有影响力的人将极致的产品体验分享给身边的亲朋好友。口碑营销的核心在于"用户"，企业只要吸引住了用户的眼球，慢慢地就能形成一个巨大的讨论区域，随时随地聚集各地的用户参与话题讨论，从而把企业品牌或产品变成茶余饭后不可缺少的话题。

互联网上的平台正是提供讨论的场所，无论是官网、博客，还是任何一个活动网站，都让消费者与消费者之间进行分享与讨论。不过很多企业在口碑营销引导过程中总会遇到多种多样的难题，从而否认口碑营销的作用。这是不对的，企业需要从自身的定位出发，寻找专属的口碑营销实战思路。

1. 制造吸引眼球的"亮点"

一个企业要想做好网络口碑营销，首先要打造出一个吸引眼球的"亮点"，而这往往是根据网民的需求来策划的。企业要从网民关心什么，最想看到什么，最想知道什么这三个方面入手，让更多的网民关注、讨论、评论某一品牌或者产品。比如，海底捞的核心是服务，其以优质服务打造口口相传的品牌口碑，它在成立之初就开始在网络上推广海底捞，传播其服务的体贴。的确，那些在海底捞吃饭的人，可以享受到无微不至的服务。对于在外就餐后剩下的菜，很多人觉得不打包浪费，打包很麻烦或尴尬。海底捞通过送西瓜的方式鼓励消费者打包，帮助消费者敞开心扉。此外，他们通过创造一个好的引爆点，开展线上线下的口碑营销活动，让消费者都意识到了口碑传播的力量。

2. 利用"亮点"制造优质口碑话题

在网络口碑营销中，单单只有"亮点"是不够的。口碑营销的核心在于通过话题让用户之间形成相互交流的模式，然后将企业品牌和产品宣传出去。如今最适宜制造话题的地方就是微博的"热门话题"了，很多企业通过发布用户感兴趣的主题内容来吸引用户眼球，比如，某一品牌或产品的口碑体验、使用效果、产品颜值细节等，一般很容易就能引起网民们的热议。

3. 选择合适的传播渠道

网络平台的大流量、多用户使网络传播具有无限能量，若选取平台的营销模式得当，定可取得惊人的效果。因此，企业在做网络口碑营销的时候，应该根据自身产品、目标对象和话题来选择一个合适的传播渠道。

4. 实时监控口碑营销的全过程

企业在进行网络口碑营销的过程中，要善于监控，以衡量口碑营销的效果。而监控的重点就是数据，因为数据是最能反映口碑效果的。不同的传播渠道，就有不同的监控数据。如果是通过微博操作，那监控的数据主要就是转发量、评论次数、点赞次数等。除了数据监控之外，互联网时代还需要品牌具备快速反应的能力。我们知道，传统的企业实践是缓慢的，需要领导来决定，这往往无法及时跟上信息的流程速度。然而，在互联网时代，信息流的快速传输需要品牌商以灵敏思维武装自己，及时回应用户的需求或问题，尽量不让负面口碑扩大化。

互联网品牌时代专栏4

"技术+直销"：金属3D打印品牌专家——铂力特

互联网技术创新与研发一直是我国所大力提倡的，在互联思维的驱动下，人工智能、数字技术等方面得以延伸，在航空、汽车、医疗仪器制造等制造行业呈现出不断扩大技术应用的态势。其中，3D打印产业正从起步期迈入成长期，作为三维模型数据技术应用的典型，其融合了计算机设计、数字模型构建、软件与数控系统应用和成形技术等，是新时代技术研发的一大创举。

1. 公司简介

铂力特公司是专注于研制3D打印技术的高新技术公司，其成立于2011年7月，成立至今，铂力特公司拥有广泛的3D打印业务布局，并形成包括金属3D打印设备在内的开发、生产、定制产品服务和相关工程软件开发生态链。截至2019年7月，公司拥有研发团队600余人，其中硕士以上学历占31%，研发人员占29.83%，铂力特强劲的科研实力支撑其成为领先的3D打印技术全套方案供应商。

2. "自主研发+合作研发"：创新的研发模式

作为高新技术公司，铂力特的技术研发能力无可厚非。公司经历了多年的技术研发创新及产业化应用，其3D工艺技术和生产能力已经达到世界一流水平。此外，其产品已经广泛应用于多个行业，特别是航空航天、医疗卫生、复杂零件的印刷等领域。但这些成就主要归功于其以"自主研发+合作研发"为核心开展研发模式，如图1-12所示。

图1-12　研发模式

铂力特以三大研发部门为主要"枝干"，各个个体项目为依附其中的"枝叶"。此外，公司基于研发资源、研发成本等方面的综合考虑，创新采取与大学和科研院所展开合作研发的方式，不断丰富研发技术成果。

3. "技术+品牌"：稳定的品牌影响力

品牌营销贯穿于所有企业成长的始终，哪怕是铂力特这样的高新技术制造企业的成长与扩张也无法脱离品牌营销的轨道。也就是说，3D打印技术在整个生命周期的价值还需要品牌营销来传递，进而在价值链的基础上形成完整的产业生态链。

与替代性强的餐饮业或服务业不同的是，铂力特因其在3D打印技术领域具有一定的竞争实力，和其合作的客户都是长期的订单，这使其品牌营销有稳定的影响力。铂力特的营销客户主要集中于航空航天、汽车制造、能源动力等行业下的企业群，公司相关的业务产品及服务主要是以长期直销方式为主，以代理德国EOS公司部分设备为辅，从而能够向用户提供"一站式"服务。必要时，公司还会针对定制化要求提供专属化服务，以确保部分用户的特殊需求得到满足。

4. 未来期望

铂力特融合"自主研发+合作研发"研发模式和"技术+品牌"营销模式，持续为用户提供金属增材制造与再制造技术服务。未来，铂力特将在金属3D打印行业持续创新，把技术制造方向瞄准数字化、自动化、人工智能，将3D打印更多的可能性用以满足未来更多的应用场景。

（资料来源：作者根据多方资料整理而成）

三、情感营销：践行"品效合一"

在任何时代，任何营销都离不开与人打交道，以消费者为主导的消费时代已来临。而在这个新时代下，影响消费者购买体验的不再是附着于商品的数量、质量或价格等因素，而更多的是在情感方面的共鸣和心理认同。

从营销的本质来看，真正的强大品牌不是在品牌排行榜上，而是在消费者的心中。成功营销就是抓住消费者的"心"，但这个世界上最难征服的就是人心。而目前，还不存在哪一家企业能以一己之力改变消费者的行为，营销人员能做的就是以情感营销的方式，向消费者抛出一个触发点，引导消费者产生情感共鸣，近而成为品牌的忠实用户。

（一）什么是情感营销

情感营销无处不在，甚至遍地开花。情感营销的本质是将情感寄于营销中，其是以情感沟通为出发点，通过最真挚的情感来激发消费者对商品产生购买需求，从而获得竞争优势的一种营销。而品牌是一种可感知的存在，同时，其也是一种留在消费者心中的东西，通过情感的共鸣来塑造品牌黏性，是品牌情感营销的真谛。

情感根植于现实，但却反映在每个人的心中，故情感是我们生活中不可低估的决定性力量。情感不仅可以创造出"魅力产品"，也可以创造出共情品牌，甚至创造出可感知的一切。许多公司的品牌营销策略都基于情感营销，可以说，情感营销正在构建一个以消费者为主导的情感经济时代。基于此，营销管理界一直力图寻找将情感力量注入营销活动的方法，企业经常通过情感渠道让消费者"日久钟情""从一而终"，进而激发消费者的购买冲动，使其拥有更高质量的品牌忠诚度。

（二）品效合一：赢在品牌营销起跑线上

品牌商与消费者达成心理上的共识也可谓是"品效合一"的形成过程。在情感消费时代，情感上的满足是决定消费者购买的关键因素，企业应该注重通过优质的情感内容与适应性的场景来引起消费者心中的共鸣，提升消费者忠诚度。

1. 情感+品牌=成功营销

基于"社会人"的思想，无论内心多么强大的人都不可能脱离亲情、友情、爱情等情感而独立存在，情感的共鸣是人们无法抗拒的力量。因此，在品牌营销中，将情感因素植入品牌内容，在契合品牌理念的前提下深度融合情感和品牌，便可通过情感共鸣提升品牌的亲切感。

2. 共情+营销=流量

很多品牌商纷纷赶上"情感赢营销"热潮，以情感营销作为流量变现的手段。品牌正是基于"情感是连通用户的弱点"这一观点挖掘用户流量。因此品牌商若要想以情感为手段达到营销目的，就需要以情感共鸣撼动消费者的心。这意味着情感营销是恰当的点入内心，而非过分的催人泪下。

据此，根据马斯洛的需求层次理论，人的需求从低到高可以看作是五个消费者市场。品牌商的情感营销可以从这五个市场划分出发，在需求众多的当下为品牌营销另辟蹊径，建立与消费者之间的共情触点。与消费者产生共情的方式如表1-3所示。

表1-3 与消费者产生共情的方式

共情方式	诠释	案例
场景化	可以从消费者所处的社交圈出发，营造熟悉的圈子共鸣	宝洁在母亲节来临之际，创意性地推出了"为母亲喝彩"系列场景活动
身份认同	弱化人们的孤独感，让消费者在分享产品相关信息时更有品牌认同感	知乎、豆瓣、微信、微博，我们总能在某个兴趣主页里邂逅与自己观点相近的人
利益共享	物质奖励的方式容易让消费者即时分享	人们对财富的渴望让"锦鲤"成为2018年度关键词之一
视觉化	图像的影响力在信息流中明显强于文字的影响力	微信公众号用图像解释社会、历史轻知识，吸引百万粉丝和阅读量

四、在线支付：无障碍消费"快车"

随着诸如淘宝、百度、腾讯等平台型企业的做大做强，逐渐打破原有的价值链与品牌链，将原本分散的品牌商都链接在大平台里。在大流量平台里，一个品牌想要获得线上知名度需要投入一定的时间和精力创造优质、吸引用户的内容，但这仅仅只是一个用户购物之旅的开始，当用户被吸引过来准备购买品牌下的商品且准备结账的时候，情况又会如何呢？最近的调查显示，14个最常见的放弃购物车的理由中，有将近一半都与在线支付平台方式有关。显然，在这种情况下失去一位消费者简直是一场灾难。在实体店中，这种情况就像是有人已经在排队等待缴费了，但就在要排到了的时候离开了商店。换句话说，他们想要给你钱，想要购买你的商品，但是就在最后一步的时候你失去了他们。

用户在利用购物网站进行购买交易时，总会弹出选择何种在线支付方式的界面。那么，在线支付意味着什么呢？在线支付中的"在线"是相对于线下实体而言的，在线支付就是指以支付宝、微信的第三方支付电子商务平台为支撑，为用户的网络交易提供线上支付渠道，用户只需轻轻点击相应的第三方支付平台图标即可完成支付。之后，第三方支付平台便会在一定期限内将电子货币汇至商家账户，以第三方平台作为保障，安全便捷。

品牌是企业获取市场份额的战略财富，在"互联网+"的大环境下，品牌的一夜成名不是梦。随着市场竞争变得越来越激烈，品牌在现代市场竞争中也将发挥越来越重要的作用。

第三节　移动互联网时代的品牌管理

品牌与产品价值不同，产品是企业通过投入一定生产要素而生产出来的具有价值且能满足消费者的需求的商品，而品牌则是附加在产品之上的可感知用户体验因素。在未来，谁拥有了品牌，谁就拥有了市场；谁拥有了强大的品牌，谁就将成为市场的主导者。

一、品牌塑造：形成利剑出鞘之势

移动互联和网络平台为品牌管理提供了新的工具和可能，品牌打造逻辑及方法已经产生巨大的变革。同时，也给网民的思维与需求带来了巨大的影响，许多传统企业也开始意识到网络对于品牌管理的重要性。企业都在不断地改变自己的宣传方式，从传统的"产品—经销商—终端—消费者"转变为消费者需求主导的"消费者—产品—经销商—终端"新路径。因此，品牌商想要在塑造专属品牌方面达到突破，就需要根据互联网消费者的特征，在消费者心中塑造良好的品牌形象。

品牌塑造作为企业营销的一种手段，是企业参与竞争的要素之一，那么，如何塑造一个好品牌，品牌如何使营销更有魅力呢？

（一）获得信任：塑造品牌的"利剑"

由于传播的媒介和内容的真假难分特性很容易给消费者带来不信任感，因此，品牌商树立品牌形象的过程其实也就是获得消费者信任的过程。在品牌营销中一般有三种形式能获得消费者对品牌的信任，从而塑造一个拥有庞大消费者群体的品牌。

第一种是情感营销。企业通常以代入感强的故事、追忆式的情景来唤起消费者的共情，从而宣扬品牌特点来获得用户的信任。第二种是通告式营销。我们知道，正式的新闻稿件与中央文件的可信力度几乎达到百分之百，而企业通过严谨的、正规的发通告形式来为企业产品或者服务进行宣传，给消费者一种很强的信赖感。第三种是技术征服营销。品牌商可以通过微信公众平台或者APP软件平台，为客户提供与产品相关的技术方面的知识，以专业化的形象增强用户的信任感。总的来说，无论企业想要通过互联网打造一个什么样的品牌形象，其核心都是通过良好的形象来获得消费者的信赖，因为只有在信赖的基础上，企业才能进行更深层次的推广和营销。

（二）"围猎"用户：品牌塑造的"安全绳"

互联网品牌不是你对消费者说什么，而是要听消费者说什么。互联网思维强调对用户的关注，用户才是品牌最终的埋单者。传统品牌通常是通过线下商店配售，商店的货架的有限性限制了消费者的可选择范围，从而可能导致消费者无法选到样式、花色、品质都符合需求的产品，或者看不到更具吸引力的产品。但是互联网改变了一切，互联网品牌营销已经由以企业为中心转变为以消费者为中心。得益于互联网的无地域、无时间限制展示，用户总能在上千种产品中根据自己的喜好选到目标产品。正因为如此，互联网品牌打通了用户与品牌商之间的营销链，消费者可以与品牌进行互动式交流。因此，互联网品牌营销必须以用户为出发点，让品牌与消费者成为朋友，才有可能通过互联网实现更好的销售

互联网带来的最大变革是增加信息交互交流频次与体量，从而拓宽产品或品牌的传播渠道。在这种趋势下，互联网品牌化成为塑造品牌的关键思维，那么互联网品牌化的方法应该是什么样的呢？互联网品牌时代不仅仅注重品牌的塑造，产品的本质优质也是一大决定因素。品牌与产品是唇亡齿寒的关系，品牌商需要用心灵去维护用户体验，达到从品牌端和产品端结合重塑的效果。

（三）分享思维：品牌塑造的"新帝国"

品牌推广是所有企业共同关心的话题。在分享经济模式引领下，落后的商业模式在一夜间更新换代，可以说，分享经济让传统商业模式发生了翻天覆地的变化，创造了一种新的品牌分享的营销模式。

每个时代有每个时代的机遇和挑战，抓住了时代趋势，则每个人都可以在不同的时代创造财富。在以前的时代里，人、物几乎是相互分离的，市场是一个割裂的状态，以至于经常出现供不应求和供过于求的企业危机。那我们这个时代的趋势是什么呢？互联网普及导致人们的生活方式发生了变化，许多商业模式都以平台化为基础，大数据、云计算等技术使人人参与分享，形成了以分享为商业基础的市场氛围。毫不夸张地说，分

享经济催生了品牌的生长，使品牌营销更加注重分享，人们可以实现如图1-13所示的分享行为。

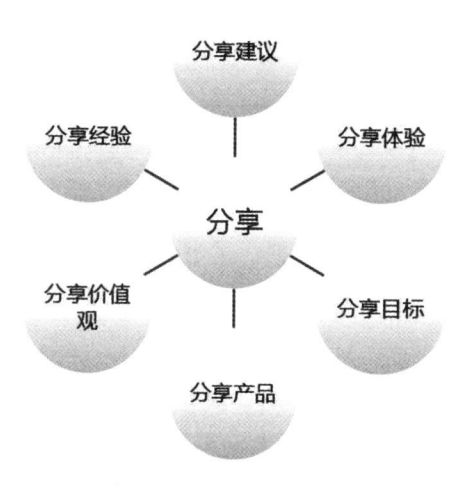

图1-13　用户网络平台上的分享行为

分享经济会成为互联网品牌时代前进与发展的潮流和趋势。这是因为，站在生产者的立场上看，他们烦恼盲目生产过后是否积压库存，用户是否会喜欢自己生产的产品与品牌。因此，生产者要做的就是利用大数据分析技术根据用户的需求"对症下药"。站在消费者的角度来看，市面上的产品都是因为个人所需而生产的，卖的产品也都是自己想要的，因为数据的分享已经拿捏好了自己的喜好，再也没有选择困难症了。这样一来，市场交易成本大大降低，可以说，分享经济模式通过数据技术将人与物进行连接，给了供需双方更多的自由选择，也从下至上推动了商业生态变革，提高了市场上品牌交易的效率。

互联网品牌时代专栏5

喜茶：时代的黑马

随着消费升级，在茶饮的细分领域，一个新的消费渠道——新型茶饮应运而生。喜茶、因味茶、奈雪的茶都各自获得了超过1亿元的融资。可以看出，近两年来，茶饮行业迎来了前所未有的融资高峰：2018年3月，奈雪的茶宣布了上亿元的A+轮融资；一个月后，喜茶宣布了4亿元的B轮融资；答案茶的2000万元A轮融资；鹿角巷的2000万元A轮融资。根据美团点评发布的《新消费、新市场、新方向——2019中国饮品行业趋势发展报告》，中国奶茶产业潜在规模接近1000亿元，与中国现磨咖啡市场规模大致相当。奶茶行业屡屡在微博上获得热搜，而喜茶也成了时代的黑马，这与其他茶饮品牌拉开了很大的差距，其背后的原因和未来的发展都是值得研究的问题。

1. 喜茶简介

喜茶HEYTEA2012年起源于一条名叫江边里的小巷，是芝士现泡茶的原创者，总部位于深圳。喜茶原名皇茶ROYALTEA，由于无法注册商标，故在2015年全面升级为注册品牌"喜茶HEYTEA"。2019年4月18日，获第八届"中国食品健康七星奖"。喜茶拥有芝士茗茶、当季限定、莓莓芒芒家族、满杯水果家族、波波家族、茶冰激凌、茶极客限定、喜茶热麦、喜茶食验室等系列产品。

2. 重视消费者体验，把重心放在研发产品上

喜茶走的是新潮饮品的路线，其目标人群是年轻人，因此其注重消费场景体验，喜茶的门店装潢可圈可点，门店是服务与体验最直接的体现，喜茶将门店都打造出年轻潮流的氛围，通过这样的设计，传达出比较年轻态的茶文化，还能提供一个比较舒适放松的喝茶氛围。喜茶同时还开了让女孩子无法拒绝的粉色店，还有霸气的黑金店，不同的消费场景可以适应不同的消费者，让每个消费者都能找到合适自己的空间。除了店面装修，喜茶在饮品包装和介绍上也花了心思，产品包装的设计，从图案设计到文案写作，都在诠释灵感与禅意。

很多年轻人选择喜茶，不仅因为它好喝，而且因为他们总能在品牌中看到用心。直到现在，喜茶仍然专注于产品开发。其他品牌在融资的时候都是加快开店的步伐，去宣传引流，喜茶则在每一轮融资中间，在主营业务上开发新的爆点性产品和新的品类。当其他品牌在提升品牌知名度，时

间和精力都花在了广告上的时候，喜茶的主要时间和金钱都花在了产品创新上，不断研究新配方、新口味，所以喜茶更新速度特别快，平均每月发布2款新品，时不时推出各种品牌周边，如手机壳、卡套、折叠伞、购物袋等，总能给年轻人带来新的惊喜。因此，消费者不仅可以从新产品中感受到它的真诚，也可以从每年的口味提升中感受到它的完美。

3. 研发小程序，开启数字化运营

喜茶在2018年推出了小程序"喜茶GO"，据喜茶官方披露，截至2020年5月，"喜茶GO"小程序的用户数已突破2600万人，回购率增长了3倍以上，门店80%以上的订单来自小程序，基于小程序的"买茶"习惯逐渐形成。如今，消费者用手机小程序下单是一种普遍的操作了，对喜茶来说，这一举措实现了下单、预约、外卖的一体化，也可以丰富喜茶线下门店的服务场景。

喜茶通过小程序接触到了大量用户，这为喜茶提供了准确的用户画像、产品销售量、区域分布、消费高峰期等消费场景和行为数据参考，这些数据对于喜茶产品研发和门店运营团队了解用户偏好和需求、计算订单时间消耗、监测门店运营具有重要意义。这样做的明智之处在于它可以直接掌握用户的数据，通过数据分析，一方面可以了解用户的喜好，指导产品开发；另一方面，便于掌握和预测销售量，控制采购成本。随着数据量的增加，对开店的选址也有帮助作用。据喜茶统计，近3万名消费者参与了年度饮茶报告和截图的生成，占比40.1%。

4. 利用互联网思维，加速数字化新零售战略

零售化似乎已经成为饮品竞争下半场瞄准的出口，一场竞赛早已暗潮汹涌。2020年3月，喜茶推出"喜小茶饮料工厂"，"喜小茶"在深圳开设了第一家分店。2020年7月，喜茶官方正式发布公告，并推出汽水产线，喜茶开始打入零售市场。这次，第一批饮料主要走健康路线——0糖0脂肪瓶装汽水。看到喜小茶的优势，不得不提另一种流行的也是0糖0脂肪的森林苏打水。和元气森林一样，喜小茶的饮料自推出以来就非常受欢迎。虽然只有西柚绿妍茶风味、桃桃乌龙茶风味及葡萄绿妍茶风味三种不同口味，但其在薇娅直播间首次销售，30万瓶已经销

售一空。可见，网红奶茶积累了足够的人气和流量后，品牌效应确实存在。品牌有影响力后，就成了一种简单的模式，开创了零售业的新局面。今天的茶饮不再是以前的模式了，茶饮品牌已不再满足于"堂食""外带""外卖"三种盈利模式，开始将目光转向下沉市场的新零售上，喜茶的子品牌"喜小茶"就是有意识地想在低价市场上分得一杯羹。这种销售模式打破了门店规模的限制，扩大了茶饮产品的销售范围，让更多的中小城市的人也能买到喜茶的产品。

除此之外，新冠肺炎疫情期间，喜茶也做了一件很有趣的事，就是在官方微博上发布奶茶制作教程，教困在家中的极度想念喜茶的粉丝们如何在家就能做出喜茶的经典奶茶，吸引了无数粉丝的关注，实现用户自增长。2020年，无论是个人还是品牌，在这个分享的时代，只有充分利用分享，才能获得更多的关注。这样看来，喜茶真的相当聪明，不是通过大规模加盟纵向扩张，而是通过口碑和与其他品牌的合作，进入更广阔的领域，在打造更强大的品牌的同时寻求更多的可能性，从而开拓与其他同类品牌的维度。

5. 发展总结

喜茶具备互联网思维，真正卖给用户的是概念，所以产品可以不局限于茶饮本身，也可以是饮料，甚至是品牌周边。事实上，喜茶一直在制定差异化的产品策略和组合拳效果，以覆盖更广泛的群体。这可能是这个品牌的利器。喜茶非常重视微信和微博平台上的用户运营，如果你打开喜茶的任意一篇推文，你会发现它的配图和文案都非常精致，这需要精心创作。与其说喜茶是一家饮料店，不如说是一个营销号。

据艾媒咨询报告显示，中国新型茶饮料市场规模超过900亿元。除了喜茶，还有知名的奈雪的茶、茶颜悦色等。不过，喜茶是最领先的，据悉，在众多投资机构的评价中，估值已达90亿元，将行业值第二的奈雪的茶远远甩在身后。很多人不明白，在同一个年轻群体面前，为什么喜茶会远远领先，除了数字化建设的优势外，不得不说，喜茶多年坚持产品第一的战略是长远的。品牌要想站稳脚跟，产品实力永远放在第一位。的确，产品应该做到最好，而且要长期这样做，也应该让产品为品牌代言，这样品牌才能走得更远。

（资料来源：作者根据多方资料整理而成）

二、品牌传播：附加一体化驱动力

当一款产品不再为用户和质量烦心的时候，就需要增加一些品牌传播"佐料"。品牌传播主要是通过用户群的力量，做到"一传十，十传百"的效果，关键就看用户对品牌的评价与认可度，而用户对品牌价值评价一方面直接受用户体验的个体因素影响，另一方面受到口碑营销、曝光度等外在因素的影响。因此，在互联网下半场的背景下，品牌商需要在充分挖掘产品特性的基础上，通过传播媒介增强与受众的沟通、互动，并升级用户体验。

（一）品牌传播：打造营销的"聚宝盆"

互联网产品相比传统产品来说，最显著的优势就是：流畅的网络流量和无线技术环境，保证了用户通过平台所进行的信息传播活动的完整度和流畅度，能够带给用户更好的使用体验。

当下，品牌传播成为拓宽营销渠道的主要方式，也是品牌商抢占用户资源的必胜法则。如果一个品牌能够利用互联网的传播力量融进全国几亿名消费者的心中，让消费者主动通过微博、微信朋友圈、广告、游戏平台、新闻报道等互联网社交工具进行分享，这就将在短时间内以"聚宝盆"之势形成一个品牌传播的大长链，带来巨大的销售规模。

（二）"传播+销售"： 形成品牌一体化的驱动力

当互联网以强大的打破地域与时间限制的能力正在让全球趋于扁平化的时候，品牌的多样化会埋没你的产品，此时，谁能以最精准、最高效的方式让消费者记忆与选择你的品牌，谁就是赢家。互联网时代的全渠道品牌传播与销售正是品牌商打造黏性品牌的最佳机遇。

1. 流量：品牌"传播+销售"一体化驱动力

在互联网时代思维下，无论是线下还是线上，每一个品牌项目都离不开流量，更别说精准流量了，流量被企业看作是销售与传播一体化的驱动力。因此，每一个成功的品牌商都需要利用"流量"——赢得消费者和赢得市场的重要"武器"。

随着今日头条、抖音、微信及微博等社交平台的兴起，各品牌商获取流量的渠道在不断丰富。网络平台为实体店铺引流，实体店铺也可以为网络提供本地真实流量与体验支持，引流成了一件可以交叉影响、共同受益的事情。引流特点如表1-4所示。

表1-4 引流特点

引流特点	引流方式
流量广布	一是借助专业化广告付费模式提高影响力；二是优质外链进行站外引流
流量提高	一是要找寻符合品牌的产品、活动、价值观或文化的内容营销；二是要重视内容质量，据此将获得的流量转移至品牌
流量精准	要选准导流关键词，以方便消费者搜索与关注，从而获取更多流量
流量变现	在适应性平台或内容中植入商家的广告，以更好的用户体验和流量获利

2. 数据化：品牌"传播+销售"一体化加速器

数据价值链是新时代下不断被提及的热门话题，数据技术的革新对品牌链中各个环节产生影响，重构成数据品牌价值链。传统企业进入电商，极易陷入数据的"大泥潭",从而片面追求销售额不顾及营销推广费用等,实际上,品牌赢家避免不了玩转数据,特别是在互联网时代,更离不开大数据的精准投放和精细化销售分析。

3.分享:品牌"传播+销售"一体化放大器

品牌传播是贯穿在产品销售的全过程中的,如果从每次销售中寻找品牌传播的机会,我们也会发现销售直接作用于传播一体化的一个重要举动就是"分享","分享"意味着一次销售可以传播成两次、三次……不断地形成分享裂变。那么,品牌商需要如何促进销售分享?

第一,分享需要情感动机。消费者对产品的满意度、对服务的满意度、对售后的满意度,都会影响他们的情感体验。满意,则分享正面信息;不满意,则传播负面信息;平平淡淡,可能就不会分享。互联网下半场,分享无可避免,我们必须关注,进而引导走向。

第二,分享需要利益动机。互联网流行的好评返现、免费使用让很多虚假分享充斥网络,但也从侧面证实利益会驱动分享。有好处,负面感受变正面感受,懒于分享变成积极分享,所以我们不得不在每次流程中自问"是否有促使消费者分享的动机",如给他们礼品、代金券、返现等好处。

第三,分享需要简化流程。简化分享流程是因为每个人都有惰性。例如,微信朋友圈、微信群、QQ群、微博、淘宝好评等完全可以每次分享一种,而不是每次都分享多个,让消费者觉得烦琐。

第四,分享需要借助圈层。不论线上还是线下,当同类人群聚集在一起讨论同一件事或产品时,其影响力会加倍。当我们举办品牌活动、专题讲座、直播互动时,可以把同类消费者聚集起来,引导他们正面发声,让他们公开分享,进而影响同类人群。

第五,分享需要借助平台。互联网下半场依然是平台主导,品牌方可以潜伏进这些平台,引导一些有关产品的分享或话题讨论;也可以通过利益引导，让老消费者发布一些有关品牌的分享；还可以公开与这些平台合作，开展品牌活动或赞助圈层活动，这是一种主动推进分享的行为。

三、品牌运营：紧握"布局+创新+团队"

近年来，凭借独特的互联网品牌运营策略，许多新兴品牌在激烈的市场竞争中上演着"大浪淘沙"，企业想要在品牌大战中获得领先的地位，就必须对品牌运营布局进行深度思考

（一）线上+线下=布局品牌营销

线上线下的O2O业务模式是品牌运营的一个渠道，通过微信、QQ、微博等平台进行品牌运营统称为线上活动；在实体店、面对面进行的品牌营销则称为线下活动。

线上线下的消费模式为用户的生活带来了诸多便利，企业在进行互联网品牌营销时，大多数企业都赶不上人们需求的变化速度。

（二）创新+团队=驱动品牌运营

网络环境的开放性、宽域性、交互性、平等性和共享性正在给品牌市场带来颠覆性的变化，使广大用户能够随时随地与不同地理区域的品牌商进行交易或订单咨询，从而形成动态的营销业绩增长环境。

一个优质的品牌经营团队是一个品牌能够取得较好运营成效的前提，而一个优秀的品牌经营团队首先要确保人才的储备，然后才能建立完善的品牌运作模式，同时在遇到品牌公关危机事件时，也需要能够将电商品牌危机化险为夷的人才。

四、品牌管理：连通"价值+效率"管道

塑造一个成功的品牌并不意味着企业即可高枕无忧，因为品牌的塑造、传播只是品牌管理的前期工作，决定企业长期发展的还属完善的品牌管理体系。因为只有懂得如何管理品牌，最大限度地发挥品牌效应，其在

高效的品牌管理体系下，才能集聚企业全体将品牌植入消费者内心。

（一）以互联网思维武装自己，明确品牌价值=品牌影响力

在互联网时代下，产品即内容，用户即流量，品牌即价值。品牌商需要以互联网思维武装自己，不仅局限于做好品牌推广营销，还应该明确品牌价值，让产品与消费者连接起来，这才是互联网连接一切的本质。

品牌的存在价值就是为产品与消费者搭建沟通的"桥梁"，而品牌管理则是在搭建"桥梁"全过程中调动企业的全部力量，使品牌在成长的全过程都能有效运营，从而为品牌影响力扩张打下基础。而品牌影响力存在于消费者对品牌的认知、感觉和体验中，是品牌商在互联网品牌塑造、传播和运营的基础上，力图以各种新型营销模式对自己的品牌、产品或服务等资源进行管理，从而满足消费者需求、实现盈利的方式。目前，互联网品牌管理的方式有很多。

（二）挖掘品牌价值，达到"1+1>2"的管理效率

品牌管理得好不仅能够升华企业外在形象，而且对企业内外部管理也非常有帮助。企业获得竞争优势的一大路径就是着力挖掘品牌价值以提升管理的效率，而突破效率最关键的就是摒弃传统粗放型营销，建立科学的品牌营销管理体系。

在传统营销模式下，企业组织内部不断上演着"螃蟹效应"，组织成员目光短浅而忽视长久利益，进而使整个组织逐渐丧失前进的动力，出现"1+1<2"的结果。目前，互联网的"互联互通"使销售市场向碎片化形式转变，营销方式也正从流量聚合型转向流量精准营销型。而企业必须明白当下商业的核心是用户和服务，一切都是围绕用户而建立的，市场部和品牌部二者皆有其存在的价值。市场部是最贴近一线市场和用户需求的部门；而品牌部能统观品牌全局，是了解市场需求、行业趋势和产品走向的关键部门。只有二者结合起来，品牌营销才能发挥最大的效用。

（三）由竞争到合作，打响用户专属化品牌营销战役

新型的互联网营销借助信息分享和传播让更大范围的用户了解自己的品牌与产品，以至于在这种"链接时代"下，品牌的竞争并不是完全对立的，而是由市场的实际、竞争者在市场中的地位、竞争者的态度等相互作用演变成的一种竞合关系。企业想要转变传统的竞争思维，必须开拓互联网时代的新型用户专属化品牌创新营销策略。

首先，识别用户需求价值差异化。企业要知道，不同的行业、不同的企业经营的产品不一样，他们所要服务的对象也不一样。例如苏宁易购，其经营的方向主要是电子电器类的产品，其目标用户群是知识分子、上班族、家庭主妇或者对电子产品需求较大的电器商等。

其次，精准定位目标价值需求。精准定位的目的是在做品牌营销之前，提高粉丝的精确度，从而更好地实现品牌营销活动。如果以模糊的定位进行推广营销，那么吸引过来的粉丝很有可能都是一些"僵尸粉"，而一个高质量的粉丝抵得上一群"僵尸粉"。因此，根据商业目标、产品特色或者经营模式来定位粉丝是很有必要的，因为这样获得的精准粉丝流量才能体现品牌营销的真正价值。

最后，提供专属化营销活动。品牌虽然归属于生产者，但决定其命运的却是消费者。无论是大品牌企业还是小品牌企业，在对目标用户和营销目的有了专业的、精准的定位分析的基础上，为目标消费者提供专属化的品牌营销内容，是一种很好的增强粉丝黏性的行为。

章末案例

红岭：大数据时代最牛的"裁缝"

在这个品牌大量过剩的时代，传统广告轰炸的以量取胜模式早已过时，互联网引发的系列革命正深刻地影响并改变着各行各业。传统企业面

对互联网发出该不该转型的疑问，如果你是一个不懂得利用互联网的品牌商，那么，你将会被自己封锁的生存模式所边缘化。而服装业作为互联网开发市场的第一阵地，自然也需要顺应信息互联互通时代的游戏规则。

1. 公司简介

青岛红领集团始创于1995年，作为中国服饰品牌的开拓者和先行者，红领集团为美国、英国、法国、瑞士等多个国家供应高档西装、衬衣等服装产品。红领将传统文化之精髓与现代时尚相结合，在传承"量体裁衣"品质准则的基础上，红领搭建标准化的研发中心、技术执行中心、生产应用车间及专业物理配送中心，深度融合互联网技术和海量数据资源以构建卓越高端的智能C2M定制平台。目前，红领凭借着精湛的工艺及专业的服务态度优势，已然成为最具代表性的中国民族服装品牌。

2. 品牌商转变：传统零售VS互联网营销

服装服饰产业堪称是互联网市场的首个阵地，品牌营销的机遇与挑战并存。拥有传统零售思维的品牌商大多以拥有的品牌"量"为优势，传统品牌营销论的是广告轰炸数量多、实体门店密集度高，但却忽略了市场环境变幻莫测会影响预测准确度，从而难以摆脱高库存问题。尤其是服装行业，品牌商上一年的春季就要预测下一年春季的生产和销售配比，如果仅靠市场的预测而决定面料和成衣的生产量，面对互联网下半场消费者流量分散、不确定因素多的境况，企业很难精确用户数量多少及用户是谁。

但其实在这个品牌大量过剩的时代，品牌真正的价值在于将创造的价值加以传递，也就是将所占据的"零售"资源搬运到消费者手中。

3. "互联网+工业"：搭建C2M商业生态

大家常说：流水线堪称复制线，生产的产品在质和量上都具有相似性。但在红领，实现了"量产"和"定制"兼容的传奇，同一条流水线可以生产出两件不同定制化的产品。而红领的传奇并非一时之风，早在2003年红领就开始思考如何形成"信息化+工业化"的新商业模式，其投入数亿元构建了具有3000人规模的实验室，专注研究传统制造业转型为大规模工业化定制的可能方案，最终成功实践互联网工业，搭建了全球化C2M商业生态。

所谓的C2M就是专属于客户进行个性化定制的平台。通过数据建模和搭建标准化信息技术采集系统，红领可以成功地将客户的个性化需求和用户流量转化为生产数据资产，完全以新的思路解决传统服装业高库存和替代竞争的问题。

4. 聚焦"三化"：培养核心竞争力

红领以其独一无二的"互联网+工业"新模式在制造行业声名大振，一波又一波的诸如万科、阿里巴巴等领军企业都纷纷赶往红领工厂参观。其为中国制造业提供了个性化定制"柔和生产线"：将大规模、工业定制、数据驱动和品质保障完美结合，以其强劲的核心竞争力向市场展现了一个"中国制造2025"践行者的形象。

（1）模块化：满足造型设计多样化。

模块化是大规模定制的基础与前提。就如早期的海尔洗衣机的生产就是将一个洗衣机拆解为25个模块，从而基于模块化实现大规模批量生产需求。红领则依据西服定制生产的特点，将西服拆解为领口、袖口、口袋和面料裁剪等多个模块，借助排列组合的原理在有限的选择里实现定制化，为大规模的个性化定制做好积淀工作。

（2）数据化：满足结构设计合理化。

数据化是互联网时代的主流趋势，也是红领西服定制的一贯思路。传统的量体师虽然有精湛的量体裁衣技术，但却难以摆脱人工成本高、量体数据收集效率低下的弊病。据此，红领在十几年的服装定制经验的基础上，把人体三维尺寸数据与布料的平面数据一一对应，利用大数据技术将量体师精湛的技术数据化。

（3）自动化：满足工艺设计高效化。

有了模块化和数据化，怎么能少了工艺车间的自动化。在红领的生产车间，实现了从传统人工密集手工流水线到自动化匹配样式转变，每一个环节的剪裁、搭配都由员工面前的小屏幕进行全自动指导。更重要的是，红领车间的全自动化具有可复制性，一般情况下，一套自动化系统在3~6个月内就可以复制到别处使用，这为红领规模扩张至全球打下了技术基础。

5. 启示与总结

价值决定思路，思路决定未来。正因为选择了一条特色鲜明的互联网工业发展道路，红领创新打造了"互联网+工业"新商业模式，该模式是智能技术提高工业效率的一种典型的工业4.0模范。

更重要的是，红领打造C2M商业生态。红领的C2M可谓震惊服装界，该模式主要有两大效果：一是精准价值创造方向，直接以用户的需求为出发点，并把用户需求划分为功能性、体验性和个性化三个方面，让用户先提出需求，避免了因市场预测不准而增加库存量。二是大规模个性化定制，一般的定制化服务都具有小批量且高价位的特点，但红领以规模化、数据化和自动化为核心竞争力，实现了大规模的个性化定制。

（资料来源：作者根据多方资料整理而成）

本章小结

互联网不知不觉地走进我们的生活，消费者变了、产业链颠覆了、品牌商也转变方向了。互联网不断向大家抛出问号：传统的品牌意识是否依然适用？传统的品牌战略是否能顺势而为？互联网带来的还有哪些机会？这使站在互联网颠覆与产业链重整之间的品牌企业抓耳挠腮，但大多数的睿智品牌商总能在荆棘中开辟新的道路，紧握搜索营销、口碑营销和情感营销等品牌策略，不断在互联网下半场崭露头角。未来，品牌将不断深入消费者内心，以竞合思维开启一个全新的品牌时代。

第二章

品牌再造

在今天的互联网竞争里面，最重要的还是用户的满意度，所以我们应当把焦点放在用户上。

——小米科技创始人　雷军

【学习要点】

☆品牌价值再造的思维方式

☆基于用户思维从"我"向"我们"的转变

☆品牌互动再造和生态再造

☆品牌营销的再造策略

开章案例

王饱饱麦片：开启谷物代餐新时代

2018年5月，王饱饱正式开始运营，同年8月入驻天猫。2019年"双十一"，9分钟之内，王饱饱的销售额就迅速突破1000万元，斩获"双十一"天猫麦片销量第一，当天销售额远超第二名300多万元。2020年，王饱饱天猫销售额已全面甩开众多资深老品牌，成功跻身为麦片品类的头部品牌。

1. 公司介绍

王饱饱是杭州饱嗝电子商务有限公司旗下的一个食品品牌，在一开始，王饱饱是想从麦片品类切入做一个可口、时髦、无负罪感的食品品牌。王饱饱在2018年5月推出产品，2019年9月荣获天猫二级冲饮类目TOP1，天猫麦片品牌维度TOP1。同年，王饱饱荣获天猫"6·18"产业创新奖。2020年4月，王饱饱已经完成了近亿元的B轮融资，而这次融资距离其A轮融资时隔不过短短5个月的时间。那么，王饱饱是凭借什么获得如此迅猛的增长，博得资本市场的喜爱呢？

2. 从用户痛点出发，从用户角度做品牌

王饱饱的创始人姚婧谈到创立王饱饱的动机主要有三个维度上的考虑，第一个是从用户出发，好吃不胖始终是用户，特别是年轻用户的一个痛点，所以健康的代餐食品有机会存在；第二个，麦片市场没有一个绝对的头部品牌留存在用户脑海中，类似于提起牛奶就想起伊利；第三个，在盈利结构上，麦片品类有相对较高的毛利率。

对于一个品牌的建立，找到痛点是基础和核心。痛点之所以是痛点，究其原因是用户的不满意。那么，用户对于食品的不满意在哪里？Z世代的年轻人在追求美食的同时，也期望食品能够养生、健康。所以对于他们而言，食品需要既好吃又健康，王饱饱从"非膨化、高纤维、0蔗糖"入手，解决了用户痛点。

当然，如果只是解决品牌痛点问题，王饱饱不会得到这么广泛的

关注。王饱饱同时还找到了产品的尖叫点，让产品自己会说话。据调查，60%的王饱饱麦片购买者是第一次吃麦片，那么王饱饱的独到之处在哪里呢？

首先，王饱饱实现了口味创新。打破传统的口味，从年轻人的角度出发，根据年轻人个性化口味的需求，开发了一系列新颖的产品，酸奶果然多烘焙麦片、肉松控烘焙麦片、抹茶魔芋冲泡麦片、元气弹烘焙麦片、蜜桃乌龙烤燕麦等，抓足了眼球。

其次，王饱饱还让食用变得更快捷。从年轻人现代化的生活习惯出发，王饱饱使食用场景不再受限制。传统麦片冲泡复杂，大多为大包装，使用复杂。王饱饱麦片做到了拆袋即食，配合小包装便携快捷。

最后，王饱饱提升了食品颜值。如果只是凭借健康与美味，很难完全赢得众多消费者的认可。时尚与高颜值同样是如今消费者选择购买的重要指标。无论是外包装的设计还是内容物的颜色搭配，王饱饱都下足了心思，也使消费者有了晒单的意愿。

3. 用互联网思维讲好品牌故事

王饱饱用3个月的时间走向台前且爆发成功的原因，在很大程度上归功于他们的营销策略——全域营销，内容为王。新消费品牌是综合实力的竞争，仅以好产品并不足以建立绝对壁垒。从微博起家的王饱饱，通过营销带来的投放效率和品牌影响力，是团队的长板之一。王饱饱的创始人姚婧表示，从营销层面来说，他们希望把品牌等同于品类。这样做将更高效，用户认知更加清楚。据调查数据显示，在天猫侧，80%~90%的用户是搜索"王饱饱"进店的，而不是搜索"麦片"。

4. 未来发展

在未来的营销策略上，王饱饱仍然注重品牌营销。而一定比例的效果营销，仅仅是出于防御性的目的。王饱饱团队之所以更侧重于品牌营销，一方面是希望提高用户的品牌认知度，复购仍然会选择王饱饱；另一方面是一个相对的软广，相比商业化浓度高的广告，用户接受度更高。

同时，王饱饱以销售额的固定比例进行营销投放，营销费用随着销售额的增长而增长。创始人姚婧表示，希望和用户一起成长，以3~5年的时间来沉淀一个品牌。公司的未来发展方向除了在麦片品类继续巩固用户心智，新品类的规划也在酝酿之中，毕竟公司最终的目标不止于麦片，而是要做一个适合年轻人的、潮流的多品类食品集团。

（资料来源：作者根据多方资料整理而成）

王饱饱的成功绝对不是个例，进入互联网时代，品牌塑造的过程早已发生了翻天覆地的变化。只有知道如何拥抱用户、转变单向关系向"我们"化的双向关系的品牌才能在互联网带来的更新换代中拥有立足之地。品牌在价值再造的过程中除了改变单向思维方式以外，还需要学习如何与用户进行互动，这个互动从内容、形式、载体、效力上都应该是多维度的，只有生动丰富的互动才能吸引用户。当然，品牌塑造不只是停留在吸引用户上，在有了用户的关注度之后，品牌可以借助品牌链，撬动产业链，从横向及纵向整合、延伸产业链。经过产业链的整合，品牌能做到的不再只是吸引到用户，而是让更多用户信服。互联网的更新换代是十分迅速的，所以营销策略的选择也十分重要，只有选择了正确的营销策略，才能提升用户的忠诚度。

第一节　品牌价值再造

在互联网时代，众多"王饱饱"的成功颠覆了传统品牌塑造、传播的过程。在过去，一个企业从塑造品牌到形成品牌影响力需要投入大量的时间和资本，但在如今，快节奏的生活加速了品牌塑造的过程。互联网为各品牌方提供了一个随时互动的大舞台，信息传播空前加速，甚至一些品牌可以迅速曝光，获得大量流量，一夜成名。移动互联网的快速普及，使用户能够高效地获取商品的信息。品牌价值的塑造不再是单向的，而是与用户互动的多向式。并且，在互联网平台上，一开始的格局就是全国范围，不受区域局限，需要切分的只是精准定位的细分市场，所以这是一种全新的挑战和机遇。在互联网时代下，品牌的价值如何再造，可以由用户思维、大数据思维、产品思维及互动思维进行启发。

一、用户思维——从"我"向"我们"转变

曾经，由于市场上的信息不对称，公司占据了市场中的主导地位。如今，互联网使信息传播变得更加快速，用户在市场上获得了越来越多的主动权，由此产生了"用户思维"。用户不再满足于仅成为被动的买家，他们会通过产品定制、参与设计、在线评论、社交互动、提供建议、主动选择等方式表达自己对品牌的参与。同时，用户也会通过媒体宣传、网络曝光等形式表达自己对品牌的意见。用户有了更多的购买选择——更多的信息源帮助他们获得选购知识，更多的全球产品帮助他们选择理想产品，他们也会用购买行为向尊重自己的品牌投票。如果品牌商家心中没有消费者，只是按照自我意愿规划品牌，然后想尽办法将自己的产品推给消费者，很有可能会背离消费者的购买偏好，从一开始就失去了市场。

用户思维可以从图2-1所示的几个维度出发，让每一个网民都能成为产品的体验者和推广者，将品牌和用户连接起来，建立无障碍桥梁，让用户参与到企业的品牌营销之中。

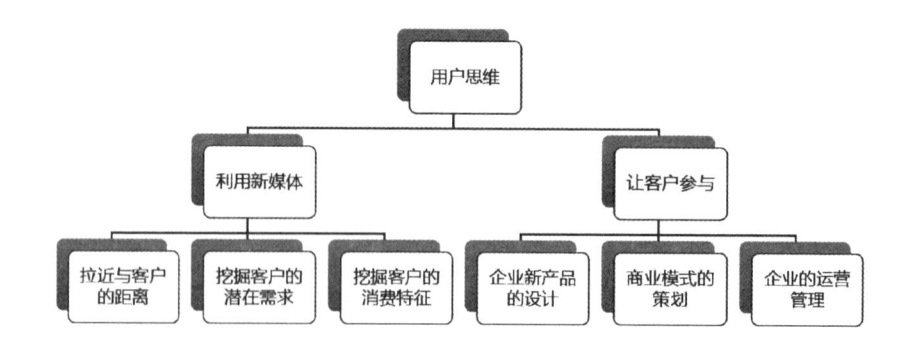

图2-1 用户思维概述

二、大数据思维——"我们"化的品牌定位

大数据思维是随着互联网、大数据等技术发展起来的互联网思维。因为网络让数据的获取更加便捷,因此企业可以通过大数据技术,对用户的消费行为、消费习惯、消费心理特征等数据进行精准分析,而"我们"化的品牌制胜秘诀,正是在于将用户的需求、爱好、价值融入品牌。

传统的品牌定位理论是以平面媒体、电视媒体为主导而诞生的。在过去,媒体广告具有费用高,刊登篇幅小,播出时间短,阅读频率低等特点。而如今品牌的塑造深受互联网带来的变革冲击,单纯的广告仅仅可以满足品牌宣传和销售渠道的拓展,难以从整体层面使其成为畅行互联网时代的卓越品牌。互联网为企业带来了创新的技术与数据平台,让品牌定位能够更加精准,通过大数据技术,企业营销人员调整了推广媒介,门槛低、费用少、覆盖面广的新媒体成为品牌定位的新平台。

所以,想要塑造品牌就需要清零固有的品牌定位传统认知,并从品牌战略的高度,利用大数据的思维,对品牌进行重新调研、审查和定位,打造品牌基因。在大数据时代,数据可以无时无刻地被记录下来,通过各种途径,消费者能获得许多与品牌相关的信息,这极大地影响了消费者的行为决策。大数据思维概况如图2-2所示。

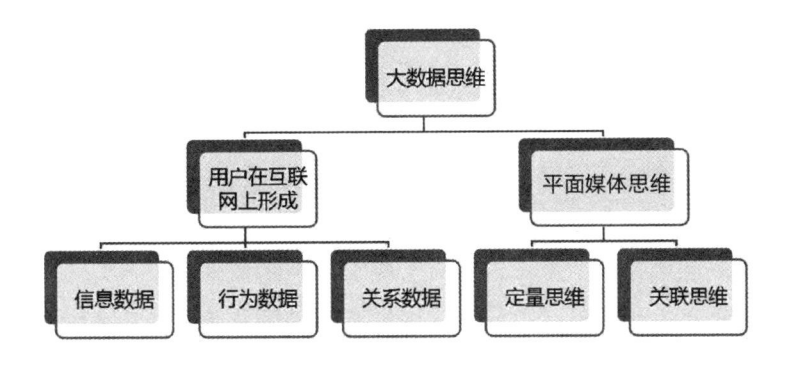

图2-2 大数据思维概况

品牌再造专栏1

完美日记飞速发展

完美日记是一家成立于2017年的国货品牌,被誉为国货之光,作为众多网红御用的彩妆品牌,成立仅三年多,完美日记就登上了米兰时装周和上海时装周,受到《时尚芭莎》等杂志编辑推荐,近日还被评为《ELLE》中国年度美妆之星"新晋实力品牌"。

1. 公司介绍

成立于2017年的完美日记,是广州逸仙电子商务有限公司旗下的美妆品牌。2018年5月,完美日记估值高达1亿美元,短短一年,其估值直逼10亿美元;2020年4月再次翻倍,达到20亿美元。2020年8月4日,《苏州高新区·2020胡润全球独角兽榜》发布,完美日记排名第351位。

完美日记能够在短短时间内实现快速发展离不开它的品牌塑造,三年多来,完美日记一直顶着国货的光环不断登顶,成为名副其实的互联网国货彩妆领先品牌。

2. 以用户思维,塑造品牌形象

完美日记是如何火起来的?一言以蔽之,完美日记充分抓住了由Z世代(95后、00后人群)主导的产业红利,所有品牌动作都围绕用户而进行。

首先,从广告投放渠道来看,完美日记经过调研,将广告投放在了年轻人聚集的抖音、哔哩哔哩(以下简称B站)、小红书等平台。这些平台大都在2017—2019年进入快速增长期,且相较于微博、微信等图文媒介,此类视频平台更有利于美妆内容的呈现。以小红书投放为例,完美日记自成立之初就注重种草社区小红书。当很多品牌还在为一两个达人的预算斤斤计较的时候,完美日记就已经通过不计成本的海量投放快速完成了种草、导流。

其次,从代言人来看,完美日记选择的代言人也是从用户的角度出发的，选择了一批年轻女孩推崇的新晋流量。2018年8月，完美日记公开了首个代言人：从热门网络综艺《偶像练习生》出道的偶像艺人朱正廷。虽然代言完美日记时距离朱正廷成名不足4个月，但这位1996年出生的"爱豆"还是很快证明了自己的带货能力。

最后，从价格来看，完美日记打的也是年轻人喜闻乐见的预算区间。完美日记从成立之初就有意强化"大牌代工"的概念，即联手迪奥、圣罗兰、阿玛尼、雅诗兰黛等国际彩妆大牌的代工厂，营造出产品质量不输大牌、价格却异常亲民的诱惑力。如它的小黑钻口红单支价格就只有79.9元，仅为迪奥、圣罗兰等大牌口红价格的1/4。完善而健全的中国美妆供应链系统，为国产彩妆实现质量与价格的平衡奠定了基础。

3. 发展与总结

总结来看，从渠道、定价到营销，完美日记团队固然展现出了过人的实力。然而更重要的是，完美日记将品牌价值的塑造与用户紧紧联系在一起。他们的幸运是赶上了一个由Z世代人群、视频平台及彩妆供应链共同构成的国货彩妆发展窗口期，但他们也抓住了Z世代用户的性格特点，融入用户之中，成功塑造了一个"国货之光"的品牌奇迹。

（资料来源：作者根据多方资料整理而成）

三、互动思维——"我们"化的品牌文化

在过去，人们聚集在一起相互交流就是互动，而网络时代对互动思维赋予了新的意义，即信息的双向互通。由于互联网的特殊性，单向式的信息流动发生了变化，互联网舆论的生成让品牌能够更清楚地看到消费者内心的想法。每个人都是互动的主体，每个人都有自己的不同见解和意见，这些观点的交流与融合能够为企业带来全新的面貌。互动思维在多个领域发挥作用，如图2-3所示。

```
                    ┌──────────────┐
                    │互动思维在多个│
                    │领域发挥作用  │
                    └──────┬───────┘
        ┌──────────┬───────┼───────┬──────────┐
    ┌───┴────┐ ┌───┴────┐ ┌┴──────┐ ┌─┴──────┐
    │技术的改革│ │公关问题处理│ │产品体验│ │产品的改善│
    └────────┘ └────────┘ └───────┘ └────────┘
```

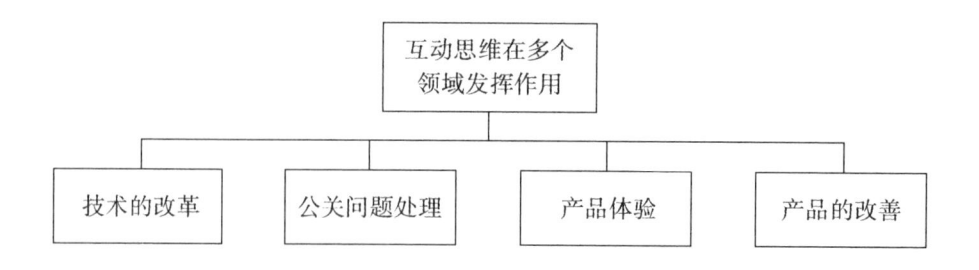

图2-3　互动思维在多个领域发挥作用

互动的典型特点是你来我往，不是单程旅行，而是往返同乐。仅把品牌信息发布出去，只是简单的传播，不是互动。互动一开始就期待回应，因此，要从沟通内容上就设置与对方互动的方式，显示出期待对方互动的语气和情感。例如，在品牌活动广告中加入"你希望有怎样的惊喜，留言告诉我们"，或者在品牌活动设计中有消费者参与投票的环节等。善于互动的品牌会主动寻找消费者的互动点，寻找消费者在互联网上散落的意见或建议，针对正面或负面的信息主动反馈，并且挑选其中有价值的互动制造话题，形成品牌关注点。这种积极的做法不断地反馈、再反馈，带动静态的传播转变为动态的互动，会大大激发品牌用户的活跃度和忠诚度。

无论是对一次主题传播，还是某个互动对象，沟通都不是单次行为，而是反复持续的过程。

沟通中可能有新的互动者加入。新的互动者中最意想不到、需要警惕的是跨行业的竞争者或搅局者。因为跨行业的合作、产品创意越来越多，充电器可能变成了暖手宝，手机会替代相机，卖房子的可能办起了养老院。如果不能保持多方面的市场监测，那些非传统竞争者就可能以意想不到的方式登陆品牌领地。如果出现了这一现象，持续的沟通可以暂时挽救一部分危机，品牌可以通过树立专业形象，适当调整产品策略，聚焦忠诚的粉丝。例如，在手机对相机的替代中，相机就变成了一部分发烧友、专业人士的装备。

品牌再造专栏2

易车：以超级用户思维强化互动

1. 公司介绍

易车公司创立于2000年，2010年在纽约证券交易所上市。作为中国汽车互联网平台企业，易车公司为中国汽车用户提供专业而丰富的互联网信息服务，为汽车厂商和汽车经销商提供有效的互联网营销解决方案。

2. 易车：以用户思维强化互动与连接，提升用户使用体验

在过去的10年，汽车行业发展迅猛，新能源汽车所占比例也逐渐增加，用户选车的要素已经发生了根本变化。这也是对汽车行业的核心判断力的一场考验，汽车行业也应该研究未来汽车如何营销，如何在汽车网站上打造自己产品。过去用户选择汽车更多以硬件（如电源、底盘等）为标准，但是如今用户渐渐转向以软件和服务为导向，这些服务将会和硬件捆绑在一起成为用户的整体选择标准。对于未来的汽车行业，当自动驾驶向无人驾驶过渡的时候，汽车的概念已经越来越弱化了。但是对一个公司和特定的产品来说，是否具有良好的交互性将成为消费者选车的一个基本标准。

如今，汽车经销商的价值也将会发生巨大的变化。过去构成经销商的核心竞争力是品牌授权、地理位置和资金。未来，经销商将会在新零售概念下有更多的实践，包括智能4S店的概念。新技术已经从根本上改变了用户与品牌之间的关系。过去，经销商是在商店里卖东西；未来，经销商必须要学会积极主动地营销自己。如何更好地利用互联网平台接触用户，与用户进行互动，是未来的大势所趋。

易车以超级用户的思维来分析用户，推出新版易车APP以后，易车强化了用户登录和注册的行为，所有在易车登录的人，他的身份、驾驶的汽车型号、行为踪迹及其在两款车型里停留的时间和比例等信息都会被平台获取。利用大数据可以看到很多竞品关系，但是这只能分析出这两辆车是否有竞争关系，但是对于特定的用户，其偏好程度、每一个车型的偏好度

比例是完全不一样的，只有利用超级用户的思维，登录用户的偏好、行为在后台才能被完全获取，易车利用这些信息可以清楚地知道每一个用户到底是什么样的行为路径。

3. 发展与总结

因为易车是一个低频的平台，所以快速识别用户画像，对于未来的留资效果、各种转化有巨大的帮助。目前易车的技术团队可以利用大数据实现秒级的画像识别。在技术的帮助之下，工具化内容实现了覆盖率上的行业NO.1。

（资料来源：作者根据多方资料整理而成）

四、产品思维——"我们"化的品牌体验

互联网让沟通突破界限。今天的用户，有了更多的情感侧面，对品牌的体验需求也更丰富了。当商家的一个小心机触动了你的情感带，你可能完全省略那些理性的分析，跳进了冲动的急流。对有些冲动型的消费，或有些更偏向情感型的产品，品牌体验本身的满意程度很有可能超越产品本身，直接影响品牌业绩。

"我们"化的品牌时代，强调的是品牌与用户的融合。如果品牌能够打造"我们"化的品牌体验，带领消费者进入品牌特有的购物氛围和文化风格中，让消费者从体验中感受到美，这无疑会让品牌这颗钻石更加耀眼。为此，我们需要从消费者的角度，重新梳理原有的品牌体验，将新的品牌价值转化为新的品牌体验，识别出负面评价，填平空白，完善基本功能体验，设计情感冲动点，增加超值满意点，实现"我们"化的品牌体验。

首先，要提升用户的产品体验。产品是品牌体验的核心，它是消费者购买的主要目标。如果产品本身有问题，品牌体验就会成为无根之木。"我们化"的产品体验围绕着用户对产品的功能、使用方法、操作流

程、购买便利性、价格、质量等展开。所以，做好品牌体验的基础就是确保产品优质。提高产品体验对于单一产品品牌来说，可采取不断提高产品质量、完善改进功能、降低成本的方法。

其次，要提升用户的服务体验。好的服务尊重用户的个性化需求，让人们购买产品的过程舒服，间接促进购买和重复购买，甚至包括分享和口碑传播。服务体验涵盖售前、售中和售后，特别是一些软件类产品，购买很简单，购买后的调试、使用、维护等服务直接关乎产品的使用体验，不专业、不及时的服务很可能让好的产品动不起来、卖不出去。

最后，要将体验进行标准化。品牌体验不是随意的，它只有保持稳定规范的表现，才能让消费者保持稳定的期待，并促进重复购买。因此，品牌体验需要经过设计细化，达到标准化，才能给予消费者始终如一的感受。特别是当品牌有大量终端门店或发展连锁加盟时，只有标准化才能快速复制，获得市场认可。我们建议，品牌管理者应该把品牌体验中需要的任何物料信息、行为符号都整合成一致信息。

品牌再造专栏3

欧派家居：将品牌感受植入消费者心中

1. 公司介绍

欧派家居成立于1994年，是中国家居行业的龙头企业，20世纪90年代初期，欧派将欧洲"一体化厨房"概念引入中国，开创中国现代化橱柜的先例。欧派家居以整体橱柜为旗舰，整体衣柜、厨房电器、现代木门、定制床上用品、壁纸、商用厨具等为舰队，是一家综合性的现代综合家居服务提供商。

2. 欧派家居：个性化设计提升用户体验

欧派家居深耕橱柜行业20余年，自成立以来始终坚持以用户需求和体验为导向，自欧派家居橱柜+战略升级以来，欧派橱柜率先提出"五大系统、三大空间"厨卫、餐饮一体化解决方案。

欧派家居的设计中，处处体现着个性化。在欧派家居的设计师看来，个性化主要取决于客户。客户的层次、职业、内涵不一样，对家居的需求也不一样，设计师在做设计的时候应该考虑用户的职业素养。例如，老师就要体现文化、育人为本的元素；居家的话，女主人可能在厨房更多，设计的时候就要考虑操作度，操作台、吧台的尺寸根据个人身高限制来定。个性化的定制要体现出因人而异，必须多了解客户，针对客户做适合他的设计，体现以人为本。

3. 欧派家居：品牌价值重塑，颠覆传统终端

欧派家居因全面的服务及个性化的设计，赢得了上半场的全屋定制，成为家居行业的龙头企业。而现在，欧派家居开启了全屋定制的下半场——把握及解决消费者的痛点。在欧派家居的体验店中，你可以看到"收纳的不仅仅是物品，更是家的故事"这样能够引起用户情感共鸣的话语。在卧室前，温暖动人的语句让人温馨——"定制一个家，把感人的爱情故事，变成美好的现实"。书桌的一角，暖色的椅子上方的墙壁上写着一首温馨的诗句——"一个幸福的家，是舒适的、美丽的、健康的、有趣的、充满爱的，拥有这样的家，就是最好的生活方式"。

欧派的体验店根据不同的风格将方位划分为多个空间，消费者可以轻松地选择自己喜欢的风格，目标清晰，不会迷失于杂乱的产品中。消费者进店时，不会被销售人员紧跟发问，消费者在逛店的过程中，不会受到与隐私相关的询问，也不会被各种推介干扰，但只要消费者一回头，销售人员能够快步上前轻柔地介绍产品。欧派进入全屋定制的新方向旨在终端打造轻松而愉快的购物环境，始于对解决消费痛点的探索。如今，定制家居行业增速放缓，渠道红利效应不断减弱，同质化竞争严峻，定制家居正经历严峻的洗牌期。而作为定制领头羊的欧派通过换赛道，或将打开全屋定制下半场。

4. 发展与总结

欧派家居跳出复杂的营销手法、激烈的价格战，在定制世界加剧产品同质化中跳出来，聚焦消费者痛点与需求，专注于产品和服务，开启全屋定制下半场营销模式的变革。

（资料来源：作者根据多方资料整理而成）

五、品牌思维——"我们"化的品牌生存/头部品牌

很多时候品牌塑造像一套装扮，完成以后感觉披挂齐全，却不一定能在T台上大放异彩。作为企业，需要的不是"别人有的我都有"，而是"我的这一项比别人的强"，是一种闪亮市场的效果。

诚然，企业追求的根本效果是高附加值、高效益。但结果无法直接控制，我们只能通过控制关键点来控制结果。所以，当进行品牌再造时，需要把握再造互联网时代高附加值品牌的三个关键点，让品牌在市场中更有生存力，套用互联网的最新说法，即争做"头部品牌"。

如何做到头部品牌呢？

第一个关键点就是品牌必须有看头。有看头，主要是指在用户接触到品牌的第一眼，就让用户一见钟情。

第二个关键点就是让用户有想头。如果在初次相见时被用户多看了两眼，那一定不要忘记制造让用户惦记的机会，那就是价值，即让用户感知购买就会获得更好的体验，错失就是遗憾。

第三个关键点是让用户有买头。从"想"到"购买"，需要消费者采取实际行动。行动的关键就是利益。如果说价值是虚的，是还没有得到的，利益就是消费者购买后可以立即获得的。

第二节　品牌互动再造

互联网导致传播环境、传播方式发生巨变，一个广告"广而告之"的时代彻底过去。大众媒体式微，窄众媒体兴起，传播更个性化、精细化；消费者觉醒，单向的传播走向多向的沟通互动。品牌传播不再是企业的单方面行为，而是从单向走向多向的过程。在这个过程中，互动主体不止一个。除了企业方，还有潜在的消费者，另外，互动双方会被第三方观察、考评，被利益相关方参考决策。互联网影响越深入，信息曝光和获得越容易，社会参与积极性越高。

一、多维互动内容：告别审美疲劳

互联网时代的品牌互动进入了争奇斗艳的时代，更酷、更炫、更抢眼、更有情怀。

要使品牌形象动起来，就要紧扣"什么人，说了什么话，做了什么事"，抓住互动的主角、内容和事件。也就是说，要让主角动起来，让内容动起来，让事件动起来。互动可以从图2-4的几个方面入手。

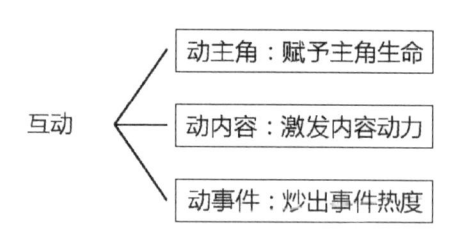

互动
- 动主角：赋予主角生命
- 动内容：激发内容动力
- 动事件：炒出事件热度

图2-4　互动

第一，互动之间应赋予主角生命。从企业的立场出发，以品牌为核心，随着每次沟通的具体目标和内容不同，沟通的主角也应该随之变化。参与互动的主角可能是人物、商品、技术，也可能呈现为风景、活动，甚至动物。每次互动的主角应灵活切换。当新品发布时，互动的主角就是新产品。

第二，互动应激发内容的活力。生活节奏加快，人们能够静下心来仔细阅读的机会变少了。同时，新的诱惑增多，人们应接不暇。这推动着品牌必须进行短、平、快的灵活沟通，每个字、每句话，都希望有抓人眼球的神奇力量。

第三，利用事件炒出热度。所谓事件营销，其炒作点就是具有新闻效应的事件。品牌可以通过直接策划参与或赞助、评议、对抗事件的方式获得大众关注。互联网时代，品牌可以借助事件营销充分放大品牌的影响力。

二、多维互动形式：与用户一起玩

互联网时代不断涌现新的传播形式，娱乐化与多媒体化成为营销推广的大趋势。例如，抖音、快手。互动性更强、更好玩、更开放，用户也更乐于成为参与者和分享者。传统单向的传播形式远远不能如此快速地获得关注，我们需要跟随用户兴趣，采取多向化的传播形式。

多向化的传播形式，即在传统传播形式的基础上，侧重补足互动性强的传播形式，充分发挥传播互动性，并对多种传播形式加以整合运用。

网络直播具有直观性、即时互动性和代入感强等优点。随着更多用户加入，直播平台也开始细分。细分让传播分散，也更精准，我们需要根据品牌属性、传播主题、目标人群，有针对性地选择直播平台。直播的内容要按小板块、慢节奏进行，方便用户随时切入。

品牌再造专栏4

天鹅到家：内容+创意给予用户互动式体验

2020年10月，全国领先的家庭服务平台天鹅到家因在品牌升级中以极具影响力的品牌再造获得了强势破圈效应，受邀参加第十三届金投赏国际创意节。天鹅到家自成立以来就致力于为用户提供高品质的家庭服务。基于不同家庭的多元化、精细化需求，天鹅到家逐渐发展出保姆、保洁、月嫂三大类、数十余种服务，并运用人工智能、大数据分析等技术快速匹配供需双方，满足供需两侧需求，让优质家庭服务延伸至生活的方方面面，成为全国1500万户家庭共同的选择。

1. 公司介绍

到家集团成立于2014年7月，2015年10月，到家集团从阿里巴巴、平安创新、KKR联合投资，募集资金3亿美元。到家集团由天鹅到家、快狗打车两大业务公司组成。经过五年的不断创新和坚持，到家集团在各个重要细分品类都做到业界领先，孕育出两个估值超过10亿美元的新"独角兽"：天鹅到家和快狗打车。

2. 天鹅到家：破圈营销成天鹅到家品牌焕新亮点

作为家庭服务领域的领军企业，天鹅到家在品牌焕新时并未局限在自身领域，而是结合代言人官宣、送一亿元现金券感恩季优惠活动、企业家大佬站台、近百家蓝V品牌联动及主题歌发布等多个创意事件及互动话题，通过创新的营销方式将品牌升级大胆玩出界，将用户触达、品牌认知和行业影响力打造出极佳的破圈效果。

2020年9月9日，天鹅到家官方发布了一条重磅悬赏微博，用极具诱惑力的奖品清单全网寻找#天选幸运鹅#，带有"幸运鹅"字眼的话题，不多时就吸引了大量网友围观。紧接着，一众蓝V陆续在此条微博下评论转发，纷纷道出自己提供的"礼物"，并表达了对"幸运鹅"的宠爱。一天后，微博大V、KOL等也纷纷加入了转发的阵营，转发这条微博时，无一不透露着对这份大礼的垂涎和对天鹅到家的好感。

3. 发展与总结

作为全国领先的家庭服务平台，天鹅到家一直关注用户日常需求的变化，总能第一时间洞晓用户的内心。品牌业务决定了天鹅到家有着天然的与用户沟通的优势，在这几年与用户的朝夕相处中，天鹅到家逐渐成长为有温度的家庭服务企业。正是因为这样的品牌基因，坚守"以人为本"的初心，天鹅到家才打造了这样暖心的多维度营销互动。

（资料来源：作者根据多方资料整理而成）

三、多维互动媒体：多元化品牌传播

互联网时代，各种各样的新型传播方式在不断发生变化，传播主体从传统媒体几家独大到新媒体百花齐放，消费者的注意力也转向多样化的新媒体，企业自然需要随时关注新媒体，用好新媒体。

品牌可以通过搭建好的媒体平台，让自己在网络上拥有主动权、控制权、话语权。这些平台包括官方网站、微博、微信公众号、抖音号、今日头条号、百度百家号等。

1. 官方网站

根据用户兴趣与品牌传播需求，品牌可以开辟几个固定的传播栏目，如产品知识、用户社区、品牌活动、行业前沿、品牌新闻类，保持一定的更新频率，结合用户热搜话题、阅读偏好进行内容优化，保持内容的互动性。

2. 微博

微博可以做矩阵式账号布局，包括不同功能定位的公司号（如品牌类、客服类、销售类）、个人号（公司领导人、技术人才、销售人才、市场公关人才）。公司主号做活动、树形象、发布官方信息，其他账号配合宣传造势。

3. 微信公众号

微信公众号也可以做矩阵式账号布局，包括不同功能定位的公司号（如品牌类、客服类、销售类）、个人号（公司领导人、技术人才、销售人才、市场公关人才）、不同类型的微信群。

公司号做形象，通过活动和优质互动维护客户。微信个人号"拉粉

丝"和做个性化互动。微信群对粉丝作分类管理，制定微信群管理规则，定期开展活动，设置互动话题，不断增加粉丝并维持粉丝活动。

4. 公众平台型自媒体

公众平台型自媒体有头条号、百家号、抖音等。这些平台每一个都有一定方式增加粉丝和提升品牌影响力。众多自媒体平台依托于各APP自有生态体系，具有庞大的流量基础。

同样，除了做以品牌为主导的品牌账号外，还可以号召企业内的领导层、专业人士、市场人士及爱好自媒体的同事参与构建自媒体阵营，并制定一定的激励机制。

品牌再造专栏5

九阳：多元化渠道互动，推动品牌传播升级

九阳，国民豆浆机品牌，在中国几乎人人皆知。近些年来，根据用户的个性化需求，九阳推出基于不同消费人群、不同市场定位的产品，深入挖掘市场容量，保持了公司产品占有率的稳步提升。

1. 公司介绍

九阳公司的前身为山东九阳小家电有限公司，成立于1994年。九阳凭借技术、营销、品牌优势在豆浆机市场稳居第一品牌的地位。

2. 围绕用户体验创新，多元化渠道跨界融合

互联网时代下，九阳的品牌定位和传播方式也在发生着改变，其品牌定位和传播方式趋向于年轻化，品牌在多个平台上增加了媒介渠道推广力度。通过运用5G移动互联新技术，配合使用短视频、在线直播、内容种草、深度体验等新兴传播渠道，精准对接目标消费者，同时九阳还可以与粉丝、用户、消费者进行高效互动沟通，进而不断提高品牌影响力，增强用户对品牌的认知度、忠诚度和选购意愿。

为适应互联网时代翻天覆地的变化，九阳公司正积极与各大主流直播平台进行合作，及时抓住了在线直播的营销风口机会，拓展了更为宽广的

传播渠道，搭建完成了线上、线下全渠道的直播体系。

线下渠道也是品牌不可或缺的一部分。九阳正在积极为线下经销商及导购员线上直播带货赋能，将直播营销的硬件设备和直播攻略手把手地教给经销商和导购员。2020年上半年，九阳的线下渠道直播近20万场次，超过2000名导购积极参与；在疫情逐渐得到控制之时，九阳第一时间组织复产经营，并通过举办线下活动及店铺直播方式盘活私域流量，抢占存量市场。

3. 发展与总结

在以国内大循环为主体、国内国际双循环相互促进的新发展格局背景下，九阳将继续以用户为中心，以需求为导向，推出更多适合Z世代消费群体的产品。未来，九阳品牌将继续坚持"定位厨房，升级厨房"的发展战略，将通过多品牌、多品类、全球化协同发展。

（资料来源：作者根据多方资料整理而成）

四、多维互动效力：多效点拿下用户

如何提高传播效力？高效的传播需要预先设计增效点，通过多个增效点能够提升传播力。

第一，可以以触点设计传播。有效的传播需要设计，以便精确抵达消费者感知外界的几个通道。每次消费体验都会涉及若干品牌接触点，其中包含的品牌信息，直接或间接地影响着消费者的购买决策。

第二，可以以情怀直达人心。粉丝经济时代，如何走进粉丝心里，成为品牌获得人心的方向。成功的品牌一定是与目标受众产生了共鸣的。我们常说的品牌情怀或者有情怀的品牌，其获得用户喜欢的内在原因正是制造了情感共鸣。当一个品牌宣传表达出消费者内在的价值观，而不是仅仅表达出产品优势时，更容易获得情感共鸣。

第三，以趣味快速引爆。娱乐化的时代，不好玩怎么行？有趣味，互动才有看点。有趣味，互动不再枯燥，反而变得好玩，在享受中吸引人们的关注。趣味作为一种风格，可以应用于广告、公关、促销。趣味元素不能固守于产品，它可以发散到与品牌文化相关的哲学中，体现生活的达观智慧。

第三节　品牌生态再造

在互联网时期，品牌面临许多新的挑战。一方面，品牌面临着互联网再造；另一方面，互联网时代竞争入口和万物互联的特性更容易造就产业间整合、胜者产业链通吃的现象，使传统品牌面临新的挑战。

当一个品牌经历了再造与传播打造，具备了一定的市场影响力之后，下一步，就可以考虑把品牌延伸到产业链上下游，形成品牌链。品牌链是品牌在产业链价值中的表现，它意味着要将品牌打造成一条锁链。

从品牌战略来说，当品牌成为一条锁链时，就可以链接品牌旗下的子品牌、子产业资源。品牌链中的各个子品牌、产品线，可以快速借势品牌的影响力进行背书，快速打开市场。例如，阿里系就是一条品牌链，它串起了阿里旗下的淘宝、支付宝、蚂蚁金服，同时，当阿里进军新零售时，它也提供了超出新生品牌n倍的市场启动能量。

一、借助品牌链，撬动产业链

当品牌链沿着产业链布局时，品牌影响力可以利用产业链资源，降低成本、内部策略组合、发挥品牌效应并进行客户整合，为品牌估值提供更多的想象空间。

当一个品牌可以整合相关的产业链，或者围绕同一类客户整合跨界产业链时，品牌就可以从"卖产品"转变为"提供整套服务方案"了。以手机为例，用户购买手机并不仅仅满足于通话，还需要各种软件服务，作为手机品牌厂商，发挥品牌优势，收购、研发或联合开发相关的软件功能，可以更好地满足消费者的整体需求。

当品牌的影响力足够大时，就不必局限于一款产品或一个企业，它可以通过行业资源整合，将影响力扩展到整个产业链，形成品牌产业链模式。

品牌产业链模式是以品牌为整合旗帜，以资本、管理或技术为纽带，撬动整个行业资源，整合传统的上游原材料供应、中游生产加工、下游的市场营销为企业所用，降低采购和生产成本，并将利润较低的环节分给行业相关合作者，而以品牌名义控制利润较高的环节。

根据产业附加价值的微笑曲线，品牌和营销控制微笑曲线的右边，依靠对用户和市场的控制而获得高额利润，并能反向控制产业链上游和中游。

品牌产业链模式呈现两种形式，一种是以企业品牌或产品品牌为驱动，自建全产业链模式，全面控制产业上、中、下游，如中粮的"从田间到餐桌"模式；另一种品牌产业链模式并非每个环节都完全自己做，而是发挥众筹、共享精神，以品牌为旗帜，整合、控制产业链的资源为企业所用。在互联网下半场，这种整合模式更聚焦于品牌自有的附加值，具备快速拓展市场的能力。

当品牌不具备全面自建产业链的实力时，就必须具备品牌产业链营销思维，从产业链整体的高度看待所在行业，将品牌自身特色融入整个产业链，调动行业资源为品牌所用，进而控制资源。

如果想以一个单一品牌调动整个产业链资源，那么品牌必须做得专业、有特色，并且对某一市场环节有影响力，能成为产业链的重要一环，对上游原材料形成市场控制，对下游销售形成品牌优势，这样才能调动产业链资源为品牌服务。

品牌能够撬动产业链，前提是品牌要足够强大，能控制市场的某个环节。当然，强大的品牌不是凭空而来的，其表现在营销环节上，是重视品牌建设、有高度的市场认知和忠诚度；表现在企业经营环节上，是有远见的发展战略、健康的资本、核心竞争力和人才团队等。

许多企业都想通过产业并购建立自身的产业链，但往往会遇到内部资源一盘散沙的问题，其中一个原因就是它们缺乏一个具备产业链影响能力的强大品牌，多个竞争力不相上下的自有品牌很容易产生内耗，内部资源不能真正地整合，而品牌自有的文化凝聚力和市场号召力可以团结产业链资源，逐步从深处整合资源。

移动互联网颠覆了传统的价值链模型，在共享经济和互联网精神的推动下，企业有更多机会大量整合外部资源。企业应该把品牌价值链融进更广阔的产业链，把价值链的低价值部分外包出去，如传统的人力资源、研发、生产、销售、售后等，从而把精力集中于附加值更高的品牌部分。

第一，对众多小品牌来说，做平台或产业链整合的难度太大，比较可行的办法是其自身成为产业链的一环，加入巨头生态，这样将会大大增加品牌的合作空间和成长机会。

支付宝只提供在线支付服务，却是网络交易产业链中举足轻重的企业，只因为它解决了网络购物中非常关键的支付安全和程序问题，成为产业链连接的基础工程是支付宝所采取的产业链嵌入模式。

产业链可大可小，小的产业链如大米产业链，扩展开是粮食产业链，再扩展开可以上升为国家农业战略。又如光伏产业链，扩展开可以上升为国家能源战略。产业链的长度和上升级别不同，整合的资源也不同。

第二，对品牌产业链来说，建议可以先从一个短的产业链开始，逐步上升，进入大的产业链，扩大品牌资源的整合能力。

传统产业链以生产工序为连接点，自然地分为上、中、下游，各自承担不同的产品生产环节，聚合成不同的产业带。大量企业不直接面对终端，受制于上游，或被下游拖累。

电商重构了传统的销售，把面对面的买卖关系轻型化，超越了时空限制，解放了重型资产。社交网络重构了熟人与交易，把人和人、人和企业、人和兴趣、人和产品等连接并媒体化、商业化。

另外，颠覆、重构产业链需要思考的关键问题是依靠什么来支撑颠覆。目前已经呈现的支撑点有：技术平台，如支付宝；新产品，如苹果的触摸屏；数字化，如腾讯对医疗行业的颠覆，淘宝对智能养老产业的颠覆。

二、品牌整合产业链

品牌整合产业链的协同效应也是品牌竞争力的来源之一。

任何企业都处在产业链的某一个环节上，为了提高产品及品牌的竞争力，处在产业链不同环节的品牌会努力进行产业链整合，向上延伸至原材料供货链，向下延伸至终端产品，目的是在该产业内获取高额利润。

产业链整合的次序一般是：横向一体化、纵向一体化、相关多元化、无关多元化。产业链扩张整合的方向因产业而异，根据产业的不同，可能存在跳跃或错序等状态。

首先，基于横向一体化产业链的品牌整合，其扩张方式指企业聚焦于产业链的某一个环节，同时在产业链的该环节存在着规模扩张的空间。借助品牌实现产业链的整合，不同于不同企业间的品牌联合，也不必全部借助企业自身的产业链资源，它相当于一种轻型整合，可与外部组织合作或参股，对内在联合体间形成资源共享，对外树立统一的品牌形象，实现品牌效应的放大。

其次，基于纵向一体化产业链的品牌整合的特点是该产业链环节的资产专用性强，产品的直接目标市场容量不大，但该产业上、下游产业间关联性大，可以互相牵制，因此向最终产品的市场的纵向整合，并且最终产品的市场容量大，品牌沿着产业链纵向延伸有利可图。

再次，在这样的产业环境下，品牌凭借专有资源可以成为整合产业链的旗帜，进而整合企业内外的资源，即使并非自有资源，也可以通过合作、联合等形式，使外部资源成为品牌的信息部、采购部、推广部、人力资源部、销售部等，从而大大减少企业自有资源的成本投入。

最后，基于无关多元化产业链的品牌整合的特征是原有产业的市场容量趋于饱和，且通常处于产业成熟后期或衰退期，逼迫企业转型或另寻出路;而意图扩张的另一产业虽刚刚兴起,但发展空间大,两个产业间虽然不存在直接相关,但也不存在排斥。

随着企业整合产业链的进程不断走向深入,品牌整合资源的能力越来越强,少数企业会以自身品牌为基点向外辐射,影响越来越多的相关企业,并逐渐形成一个生态圈,或者成为一个生态圈中不可或缺的角色。例如,围绕淘宝所形成的商家、消费者、培训、广告、物流、金融、推广等生态圈。

三、品牌延伸产业链

从企业战略层面出发,行业相关、配套相近的产业链,品牌效应更容易从A产品延伸到B产品。品牌在进行品牌链家族扩张时,要确保品牌成员间的关联、互补与优化组合,使整个家族的整体效用最大化。

当公司进行产业链延伸时,通常具有三种选择。第一,为新领域、新产品单独开发一个新品牌。第二,以某种方式使用现有的某个品牌。例如,"一牌多品"模式,企业出于构筑产业链条的考虑,进入上、下游的关联业务领域,实现产业一体化,但继续使用原品牌,这时,品牌将成为产业一体化品牌。第三,将新品牌与一个现有品牌结合使用。例如,主、副品牌模式。主、副品牌模式特别适合对传统品牌进行再造升级,可以在原有品牌基础上,通过副品牌再造,实现继承创新。

在品牌产业链的延伸上也需要注意一些问题,首先要避免过度追求延伸数量,忽视延伸质量。要控制核心竞争力,确保品牌的强势地位。其次要避免品牌延伸速度过快,资源分散。品牌延伸要稳扎稳打、步步为营。当然,避免严重脱离主营业务是非常关键的,特别是已经建立市场地位的主营业务。比较好的选择是将品牌延伸至主营业务的生态链环节或关联业务(同品类或有互补性);品牌要注意不要进行掠夺性品牌开发。品牌延伸应当有所不为,毫无边界的品牌延伸会稀释品牌资源,导致品牌定位不清、个性模糊。品牌在产业链内延伸的各个部分应保持高、中、低端的一致性,避免不同档次的产品线相互之间产生负面影响。

当然，要避免产业链的反向控制和排斥。一旦品牌在产业链内形成不得人心的垄断或强势控制，就可能面临其他合作方的联合抵制。另外，延伸产品与母品牌的差异越大，定位时越要优先考虑两者间的共同点，这样有利于品牌对外形成合力，也利于把母品牌的资源背书到延伸产品上。

品牌再造专栏6

金龙鱼：品牌下的全产业链整合术

20世纪90年代开始，郭鹤年家族凭借原料、资金、技术、管理等方面的优势，兵分两路合围中国食用油市场，造就了金龙鱼在中国食用油市场的龙头地位。随后，郭氏家族又将整合食用油产业链的手法复制到米、面产品上。30年来，金龙鱼已成为中国粮油市场第一玩家，其依靠品牌整合产业链的手法无疑值得国内粮油企业借鉴。

1. 公司介绍

金龙鱼是丰益贸易（中国）私人有限公司所拥有的食用油品牌。1974年，郭氏兄弟集团在中国投资了嘉里粮油（中国）有限公司，从此开辟了中国市场。2019年12月，金龙鱼入选2019中国品牌强国盛典榜样100品牌。

2. 米面产销一体化，整合产业链提升附加值

郭氏家族采取与央企中粮合作建厂的方式进入中国市场，继而与地方粮食局合资办厂扩大规模，金龙鱼在中国境内设立了161家控股子公司，在境外拥有18家控股子公司，22家主要参股公司和42家分公司，全面掌控粮油从前端的生产到中端压榨碾磨，再到后端的精炼销售全产业链。

粮油市场同质化竞争严重，但金龙鱼是占据各大超市卖场粮油区域核心位置的粮油品牌。金龙鱼进入中国市场30年来，以纵向一体化、横向规模化的产业整合手法，在同类产品中能做到让消费者由心动到行动的"高性价比"，在同质化严重的竞争中，金龙鱼产品市占率远高于行业第二，构建了难以超越的品牌壁垒。

米、面这样的大宗农产品，加工规模越大，边际成本越低，但只有加工量达到一定规模才具备副产品深加工的条件，从这个意义上来说，粮油产业本质上就是规模产业。

基于巨大的加工量优势，金龙鱼建造了水稻"订单种植—精深加工—产品品牌化—副产品综合利用—高科技产品研发"的循环经济模式，利用稻壳发电（生物质发电），并从稻壳灰中提取白炭黑、活性炭等高附加值产品；利用米糠提取高营养价值的米糠油，提取脂肪酸、米糠醋、米糠脂、谷维素等多种高附加值产品；米糠粕进一步深加工为多种食品、保健品的原辅料。

3. 发展与总结

金龙鱼旗下的品牌为数众多，其以"大品牌项目部+专门品牌运营部"结合模式运作品牌矩阵，大品牌项目部负责综合品牌的整体战略定位、企划、运营、宣传和推广，比如借力奥运赛事捆绑营销等重量级活动，而品牌部门，则立足不同产品特性进行营销推广，比如定位高端橄榄油品牌的欧丽薇兰，选择因"十二道锋味"火爆的谢霆锋做产品代言人，借助美食场景在年轻消费群体中塑造了健康、活力的产品形象。金龙鱼借助品牌的实力整合并延伸了产业链，根据世界品牌实验室2019年《中国500最具价值品牌》，金龙鱼的品牌价值高达398.54亿元。

（资料来源：作者根据多方资料整理而成）

第四节 营销策略再造

互联网时代的营销主要通过互联网技术实现信息的分享和传播，而互联网技术的高效传播性和信息交互性，让用户越来越容易获得大量信息，选择自己想要的产品。因此，企业如果想要在激烈的竞争中抢占市场，就必须开拓互联网时代的新型品牌营销策略。

一、娱乐化策略

互联网时代，消费者喜欢任何具备娱乐化性质的事物，企业在利用互联网进行品牌营销的时候要抓住这个特点，打造一套创新的娱乐化品牌营销策略。

娱乐化品牌营销的要点主要包括：第一，品牌要具有娱乐营销的精神。在营销过程中，要充分调动娱乐精神，通过创新的思维为用户营造轻松的环境，以娱乐的精神开展营销活动。第二，可以通过制造各种有趣的事件，让全民沸腾起来，讨论品牌，品牌才能得到流量。第三，提高用户的参与感。提高用户的参与感是娱乐品牌营销的一大利器，通过趣味性的操作体验能让用户沉浸在快乐之中。

娱乐营销"玩"的是人性，"玩"的是消费者的真实需求。每一次成功营销案例的推广，触碰到的都是消费者心中最痛、最痒的部分。表面上的浮夸，始终站不住脚，执行不到位，也会被公众吐槽。

在娱乐化思维指导下的娱乐营销，"玩真的"很重要。玩家要能实时把握消费者需求，创造关注点，对负面评论进行有效控制和调整，进而创造出"迷恋"的最佳营销效果。娱乐营销没有那么简单，要求在整个营销过程中，将产品内容化繁为简。换句话说，就是做最复杂的事情，呈现出最简单的效果。能让消费者喜欢和开心，就意味着被市场认可和接受。

二、场景化策略

随着互联网及移动终端的迅猛发展，传统单向式广告的营销方式已经逐渐式微，而基于场景的互动营销正在兴起。场景触发，强调即时互动，挖掘用户需求和痛点，达到品牌营销推广的目的，场景化互动营销已然成为当前营销方式的主流趋势。简单而言，场景化品牌营销策略就是企业为消费者提供各类场景，让消费者在还没察觉出的情况下就完成了购买行为。

那么品牌如何实现场景化呢？场景营销战略应从产品本身入手，通过场景构建销售渠道，实施情景的宣传活动，将产品与消费者连接在一起，最终完成销售。具体如何实现，我们可以通过以下方法完成。

第一，产品场景化。包装场景化，必须有一个耳目一新的包装。产品包装的创新性可以改变死板的终端形象，既能吸引消费者的眼球，又能够清楚传达出产品本身想要表达出来的诉求。产品的场景化还包括产品命名的场景化，即有一个让人看一遍就刻入脑海的名字。产品的命名要简单好记，容易理解。

第二，销售场景化。可以通过模拟真实的使用场景来实现，这个场景必须要有一个功能，就是指向性很明确的关联功能。这并不容易，需要对产品有一个很好的了解，了解它的功能，了解客户是否真实需求；另外，品牌也可以为产品的价格创建场景。让消费者看到产品和价格时，能够感受到这个产品符合自身的价值。简而言之，品牌设定的产品价格要符合消费者的心理价位或者社会地位的需要。

第三，传播场景化。对品牌而言，宣传效果是十分重要的，举个例子，凉茶类的饮料其实很早就已经出现了，但是为什么直到最近几年才出现爆炸式的增长？答案就是之前的宣传远远不到位。但现在王老吉打的口号是"怕上火，喝王老吉"，这种宣传直接穿透表面深入人心，直接有效表达诉求。

第四，渠道场景化。是将销售渠道打造为品牌信息的重要场所。在完成各级销售渠道的分销后，品牌可以在渠道的各个环节上创造产品的价值，从产品的宣传海报到产品单页，从工作场所布局到终端的表现等。简单地说，如果一个产品要成功，就有必要创造渠道的场景化。

品牌再造专栏7

以岭药业：开启场景化营销新模式

信息纷扰的移动互联时代，医药如何通过新的媒体方式有效传递产品信息成为各大药企关注的焦点。继2018年"探寻中国最温暖的地方"场景营销之后，以岭药业连花清瘟又重磅打造"医药+天气"春节场景化营销，创新性的结合"情感"和"互动"两张王牌，引发了用户的热捧。

1. 公司介绍

以岭药业由中国工程院院士吴以岭于1992年创立。以岭药业在吴院士的带领下，坚持市场为导向、以技术为中心的创新发展战略，使用现代高新技术研发中药、西药和生物医药。建立了"理论——临床——科研——产业——教学"五位一体的独特运作模式，形成了科技中药、国际制药、健康产业三大业务板块。以岭药业的影响力在持续增长，现已发展成为医药上市20强企业。

2. 找准用户痛点强互动，节日氛围大打情感营销牌

由于医药行业的特性，传统的医药营销往往是枯燥的教育型宣传模式。为了解决这一痛点，在2019年春节之前，以岭药业和墨迹天气联手在墨迹天气平台推出"干掉病毒"的线上游戏，墨迹天气针对连花清瘟的药品属性，结合天气大数据推出"感冒指数"，用以提醒易感冒人群可以通过连花清瘟预防感冒，同时在游戏环节及抽奖环节植入连翘、金银花等连花清瘟胶囊中包含的优质药材，通过应对感冒等场景获得了用户的深度参与和感知，抓住痛点强互动，总曝光量达463万次。

节日是各大品牌做情感营销的黄金时段，尤其是春节。春节是家人在一起团圆的日子，春节不仅仅在物质层面，它更是精神上的消费，是表达内心情感的一个重要时机。谁能深入人心，谁就赢了一半。

以岭药业挖掘独居老人、留守儿童、外卖人员这几类中国庞大的特殊人群，联合墨迹天气在春节期间推出视频《饺子，是每一个中国人的情怀》大打感情牌，告诉用户群体，温度不仅在于外界的物理温度，更是亲人之间、邻居之间、陌生人之间的温情，通过品牌表达自己的价值主张，满足消费者情感上的更多需求。墨迹天气作为拥有5.5亿用户的大流量平台，视频一经推出便引发了病毒式传播，短时间内曝光量就突破了256万次。此外，以岭药业以传统节日里的食物为洞察点，在多处情节设置连花清瘟产品的软性植入，拿捏得恰到好处不生硬，加深了用户对品牌的记忆度和好感度。

3. 发展与总结

以岭药业连花清瘟的场景化营销成功，离不开优秀的创意更离不开优质的营销平台——墨迹天气。"医药+天气"的跨界营销，产生了1+1>2的效应。一方面，连花清瘟是2018年OTC市场增长最快的感冒药，使用场景能紧密贴合天气变化；另一方面，墨迹天气"天气服务平台"的属性具有帮助药品品牌实现场景化营销的天然优势，春节期间的流感高发、夏日的炎炎高温、春日的多雨季节等天气场景，让墨迹天气能轻松走进用户的生活场景。且墨迹天气支持全球199个国家、20多万个城市及地区的生

活类天气查询，日查询次数过5亿次，结合天气平台属性针对感冒推出的"感冒指数"更是直接将连花清瘟的作用置于最合适的场景中，两者结合自然而然就会产生强烈的化学反应：既能为用户创造价值，也可将潜在的消费者转化为现实的购买者，促成品牌合作交易闭环，为本次天气化场景营销起了保障作用。

更重要的是，这种跨品牌场景营销不仅让以岭药业与墨迹天气有连续两年的场景化合作，成为OTC药品传播可供借鉴的经典案例，也让墨迹天气"天气+品牌"的运作模式成为业界标杆。从某种角度来说，这种营销模式也助力双方从品牌声量到商业模式探索的跨越，达成品效合一，让品牌赋能商业模式有了更多的可能。

（资料来源：作者根据多方资料整理而成）

三、人性化策略

传统的营销策略在满足人性化这个要求上一直有所欠缺，而随着互联网、移动互联网等技术的发展，企业对互联网思维有了深层次的理解，人性化营销策略也被企业重视起来。

品牌人性化营销是网络时代下的新营销理念，人性化营销是基于人性进行营销活动，充分满足人性的需要来达成公司经营的目的。因此，它也称为"以人为本的经营"。人性化营销是在交易中品牌与消费者充满温和关怀的沟通过程，它可以通过关心消费者来提升消费者情感价值。

人性化营销的作用不仅可以提高品牌的知名度，还可以提高消费者对品牌的忠诚度。品牌忠诚度有消费者行为的忠诚度和情感的忠诚度两个方面的内容。行为忠诚度是在实际行动的层面上，消费者可以持续购买某一品牌的产品，这种行为的产生可能是由消费者对这种品牌的良好印象引起的，也可能是一些与情感无关的其他因素，如购买冲动、促销活动、消费惯性、转换成本或者市场覆盖率高于竞争品牌等促成的。在情感层面上，情感忠诚度意味着品牌的个性与消费者的生活方式、价值观念相一致，品牌通过各种方式培养了消费者的感情，甚至消费者会因为支持了品牌而为之骄傲，并将品牌视为他们的朋友和精神寄托，从而表现出持续购买的欲望和行为。

企业人性化营销是在交易过程中品牌与消费者之间热情、体贴的沟通过程，它可以从关怀消费者情感的角度提高消费者的情感价值，甚至能使消费者认为购买过程是生命中值得留恋的美妙时刻。人性化营销反映了品牌为消费者提供了全面并充满人文关怀的高品质服务，强调与消费者建立长久的信任关系，从而培养消费者的品牌忠诚度。

品牌再造专栏8

合生创展：诠释全产业链优质生活运营商

在房企纷纷谋求转型的当下，一些富有前瞻性的企业将目光瞄准"生活运营商"这一领域，并探索更多可能。作为一家具有综合实力的领先房地产发展企业，合生创展将2020年定义为"品牌升级与深化之年"，在"优生活UP+——优质生活，美好加倍"新主题下，合生创展将不断改善用户体验和生活方式，提高产品价值，持续提高生活质量。不仅如此，合生创展自成立30年来，以"优质生活，完美体现"为目的，将国际生活理念引入中国，通过高品质的产品、配套运营和高品质的房地产服务，为业主营造全场景生活体验，推进城市生活升级进化，致力成为美好生活的创造者。

1. 公司介绍

合生创展集团有限公司（以下简称合生创展），成立于1992年，并于1998年在香港联交所主板上市。经过30年的起伏，合生创展在整个产业链上逐渐发展成为高品质生活运营商，合生创展的多元业务板块推动它的各领域并行发展，旗下地产、商业、基础设施、合生活、投资五大板块并驱发展，科技、老年疗养、文化旅游、教育、健康、金融、汽车等多元化业态优化布局，构筑了发展之路。

2. 推进"优生活"四大价值体系输出

合生创展将2020年定义为品牌升级深化之年。针对客户心理需求和产品发展趋势，合生创展从精益求精、追求品质出发，以配套、产品、物业、生活方式四个方面为突破点，分别提炼打造了"优质人居、优悦体验、优智服务、优乐共享"四个与价值观并行的全维度闭合服务链体系，全方面升级业主的居住体验。

作为全产业链优质生活运营商，合生创展致力于满足消费者更深层次的居住需求。近两年来，住宅板块全国五大区域联动持续回馈业主，践行品牌UP+的概念落地，在坚持内核的基础上继续深化升级，持续推进"优生活"四大价值体系输出。

近年来，房地产企业越来越重视社区服务的建设。从造好房子到造好生活，许多房企已经将关怀升级并延伸至精神情感层面。以合生创展为例，其在为业主提供一所高品质房屋的同时，也更加关注业主的社会和情感需要，使社区成为容纳更多生活梦想的载体，并在不同的场景中创造社群生活体验。

合生创展将2020年的"全国业主生日会活动"主题确定为"新生活·欢乐齐分享"。在2019年精彩的基础上，升级生日会业主的体验，并感谢业主。2020年还特别注重活动的仪式感和互动性，围绕活动主题，加强场景化营销，让每一个社区更有温度。

不仅如此，在公益活动上，合生创展还在升级用户参与的形式与体验感。每个季度合生创展都会推出不同的主题，持续推进"合你益起"系列品牌公益活动。例如，2020年5月开展以"合你益起，爱心助农"为主题的"以买代捐"扶贫助农活动，以实际行动提升客户参与度的同时践行社会责任。

在品牌营销方面，合生创展通过线上与线下不断优化营销体验，不仅推出线上售楼处和购房优惠活动，每季度还推出不同主题的购房庆典活动和一系列品牌互动活动。例如，2020年5月合生创展推出的富有互动趣味的"繁花盛放，约'惠'优质生活"购房节等，以引导客户多角度度地了解高品质生活价值体系的同时，为客户提供高品质的消费体验。

可以看出，通过业主人文关怀、社会责任、互动体验三个维度，合生创展进行了品牌互动和联合实施，在提升"优生活UP+"的过程中，活动规模和实施得到了深度升级。通过品牌的传播效应，推广了品牌文化，鼓励业主参与共享，实现品牌对全年龄段的关怀。

3. 发展与总结

在促进品牌再造过程中，合生创展展现出其远见和主动性。在战略规划方面，合生创展构建了一条包括住宅房地产、商业房地产、物业管理产业投资在内的全产业链。

合生创展同时在打造新的品牌MAHÁ，MAHÁ致力于成为"高端生活方式"理念拥护者、服务供应商和资源整合商，努力提高资产的运营价值。以北京的MAHÁ为例，MAHÁ通过提供五大范畴数百项"缦"式服务，满足业主精神领域、文化及情感层面的深层次的需求。如今，合生创展提供物业、资源、圈层三大服务，满足了高净值人群的生活向往。

合生创展往后将不断创新产品，通过系列品牌活动落地促进产品、服务的全面升级和品牌UP+的体验升级。合生创展将持续改善业主们的高品质的生活体验、人性化服务、完善的生活配套，引导业主们过上积极向上的生活。

（资料来源：作者根据多方资料整理而成）

章末案例

云米加码5G+AI，布局智能家居

继小米推出米家冰箱之后，云米也发布了自己的空调，互联网品牌加速进攻智能家居。

2019年10月21日，云米携手coKiing品牌在北京发布了AI空调新品，云米科技创始人、CEO陈小平介绍，coKiing定位高端AI科技家电品牌，其LOGO的皇冠设计也强调了其高端定位。至此，云米系列产品已覆盖冰箱、洗衣机、空调、净水器和热水器、烟灶、洗碗机、扫地机器人等60多个品类，囊括了智能家居的全部使用场景。

coKiing空调没有走性价比路线，而是以智能为主打，推出了4款挂机、两款柜机和两款中央空调产品，配置了红外热感慧眼、AI智能风、全屋温场感知系统，能够感知人体位置和不同空间的温度、湿度，内置AI算法自动调节温度。

此次发布的coKiing挂机价格从2999元到4999元不等，配备了智能语音功能的两款柜机的价格分别为7999元和9999元，两款中央空调的价格分别为9999元和16999元。

和米家空调只做家用不同，coKiing同时发布了中央空调产品，满足大户型用户的消费升级需求。2019年，小多联对家用分体机的分流正在加快，家用中央空调的价格加速下行，一拖四产品价格已跌破2万元，此次coKiing一拖三产品定价9999元，有望继续推动家用中央空调产品普及。

不过小多联的安装难度比挂机更大，对第三方队伍要求更高。空调的安装和售后服务是所有品类中最吃重的。陈小平说，公司已经对此做好了准备，将通过整合第三方资源提供可靠的空调安装和售后服务。

不仅是空调，云米还发布了首款VIoT 5G CPE（客户终端设备），采用高通5GSA/NSA双模芯片+WIFI 6芯片，支持独立组网和非独立组网两种模式，可以实现5G信号的全屋覆盖。这款设备解决了5G网络信号穿透性差的问题，在复杂环境中可以把5G信号转换为覆盖更广、穿透性更强的Wi-Fi信号或有线传输信号。最多可支持256个设备同时接入，让智能家居使用环境更加稳定。据云米5G业务负责人陈国丞透露，VIoT 5G CPE由云米技术团队自主开发，目前价格还未确定。

一家家电企业来做5G CPE，这本身就说明了连接的重要性。在陈小平看来，5G网络带来的不只是高速传输，更重要的是基于高速网络实现的AI、边缘计算和多点布局，技术的交叉创新下，智能驾驶、智慧医疗、人脸识别等许多过去难以想象的应用正在成为现实。以5G CPE为入口接入更多设备和内容，重新定义家电，现在正是时机。

2019年，白电行业中规模最大、盈利能力最强的空调正面临前所未有的变局，整个市场从高增长转向负增长。线下市场持续下滑，增量全部来自线上市场。根据奥维云网数据，三季度空调零售额同比下滑9.6%，较二季度跌幅扩大，为白电主要品类中跌幅最大。

继彩电和冰洗之后，空调终于也步入了成熟期，存量竞争成为行业主旋律。要吸引用户升级换代，需要为空调注入新的技术含量，除无风感、新风换气、自清洁等功能创新之外，搭载语音和智能化成为空调产品新的升级方向。格力、美的、海尔多家企业都推出了智能语音空调,并将其定义为高端产品。

云米推出coKiing同样将其定义为高端品牌,在硬件性能和软件智能两方面提升用户体验。据陈小平介绍,coKiing空调的开发经历了两年多时间,和合作伙伴共同打磨产品,产品采用松下变频压缩机,由国内主流厂商代工,达到2020新国标一级能效标准,并且加入了柔风技术、微静电除尘净化、72种送风模式等行业主流技术。

在陈小平看来,空调压缩机制冷的技术原理多年来没有改变,但在易用性和用户体验上仍有很大的创新空间,传感器和AI技术的进步让空调从用户调节温度进化为主动感知温度,真正实现了智能化、人性化。

coKiing空调通过室温传感器、声音传感器、AI热感慧眼多重传感器打造了全屋温场,让空调能够自动感应和调节温度与风向。内置人工智能算法允许空调自动适应多种情况,以睡眠场景为例,空调会根据场合和时间自动熄灯灭屏,在人入睡后会根据人体温的曲线变化智能化变温,用户再也不会半夜被冻醒。语音模块的加入使智能家居无须手机APP,实现了更加自然的交互。

互联网品牌推出高端品牌,在行业内还不多见。小米的红米,华为的荣耀都是向下走,而云米的coKiing则是向上走,用户能接受其高端定位吗?从用户分层来看,互联网上的主要白电品类客单价还在下滑,但同时客单价过万的高端消费人群也在增加,高端用户的网购习惯正在形成,就看谁有能力抓住并影响这部分用户了。

根据云米发布的2019年第二季度报告,公司二季度实现营业收入11.6亿元,同比增长63.6%,实现净利润0.89亿元,同比增长117.1%。在家电行业整体下行的环境中,云米依然保持了较高增速,毛利率26.6%,同比略有下滑,净利率7.7%,同比提高2%。

截至2019年二季度,云米用户数量达到230万人,比一季度增长了30万人。上半年公司相继推出了新款智能净水器和具备手势感应功能的烟灶产品,帮助云米厨房家电二季度收入达到3.5亿元,在所有品类中排名第一。

2019年,云米销售网络进入高速扩张期,第二季度云米已经拥有近2000家的线下体验店,上年同期这一数字为700家。云米在线下的高速扩张有助于减少他们对小米的销售依赖。但这也让公司销售和营销费用同比增长21%达到1.3亿元，占公司运营费用的62%。云米需要更多高毛利产品支撑渠道利益，进入空调行业变得顺理成章。

作为小米生态链企业，上市一年后的云米发布高端品牌被认为是公司独立进程的加速。对新品牌来说，IoT和AI技术对硬件的刷新意味着有机会培育新的用户。基于多品类布局，互联互通会带来更多的想象空间，比如空调可以和智能门锁联动，离家自动关闭空调。

随着AI和传感技术的进步，智能和语音模块将出现在越来越多的家电产品上，空调是最先应用的，也是用户接受度最高的，这对互联网品牌来说是新的机会。市场在变，用户需求在变，新品牌未来有更多机会切到属于自己的蛋糕。陈小平没有用云米品牌推出空调，而是孵化了全新的高端品牌coKiing，可见其对空调品类的期望值。未来coKiing是否会向其他品类延伸？这取决于AI空调的第一步走得是否顺利。

（资料来源：作者根据多方资料整理而成）

本章小结

品牌再造的制胜秘诀，重点是将用户的需求、爱好、价值融入品牌之中。真正善于生存在互联网时代下的品牌，就需要学会如何清零传统的品牌认知，从品牌战略的高度对品牌进行全新的定位、审查，实现品牌从"我"向"我们"化的转变。在品牌"我们化"的时代下，不会互动的品牌就是在演一出"独角戏"；善于与用户进行互动的品牌才能成熟起来，收获更加广阔的天地。当一个成熟品牌的影响力推广、扩展至上、下游或相关产业链时，品牌链的效力就能显现出来，其强大的品牌价值可以轻松整合资源，将产品组合成为强大的高附加值的品牌。当然，一个成熟的品牌要想在激烈的竞争中继续保持着优势，就必须开拓新型品牌营销的策略，学会运用娱乐化、场景化、人性化的营销策略，让品牌真正融入消费者之中，最终实现真正的品牌价值再造。

第三章

品牌传播

数字化是消费者和库存数据分析、人工智能、物联网和自动化最重要的基石。我们相信数字化是新零售的第一步，电子商务、RFID以至面部识别让品牌公司更了解客户和库存。人工智能可以进行客户分析、趋势预测，从而帮助公司在产品调配、营销和定价方面做出更准确的决定。

——招银国际分析师　胡永匡

【学习要点】

☆受众决策特征的变化

☆受众决策流程的变化

☆数字化品牌传播主体的多元化

☆数字化品牌传播构建的特性

开章案例

红星美凯龙：这个关乎所有人的万亿市场，终于要被激活了

1. 公司介绍

红星美凯龙家居集团股份有限公司是"红星美凯龙"家居装饰及家具商场的运营者和管理者。红星美凯龙家居集团股份有限公司服务对象为"红星美凯龙"家居装饰及家具商场的商户、消费者和合作方，通过经营和管理自营商场和委管商场来实现企业运营，目前是我国经营面积最大，所涵盖商场最多，地区覆盖最广的全国性家居装饰及家具商场运营商。

毫无疑问，虽然目前中国的家居市场规模和消费能力还不及美国，但随着经济发展，前景必然可观。

2. 运营概况

2009年，红星美凯龙以66家门店超越百安居，成为全国家居卖场第一，自此开始了长达10年的行业霸主之路。红星美凯龙在2019年发布了其2019年上半年财报，其中显示，在2019年上半年，红星美凯龙实现营业收入77.57亿元，同比增长21.7%，其中，扣除了非经常性损益后，净利润为17.13亿元，同比增长6.08%。此外，红星美凯龙还保持着充沛的现金流，账面货币资金高达83.41亿元。这样的成绩，离不开整个行业的向好。第一，2018年，我国人均家居消费支出为2694.62元，从这个指标来看，我国人均家居消费支出远低于同期的其他国家，其中，美国为6435.21元，英国为5399.62元，由此可见，我国家居行业发展空间巨大；第二，80后、90后已经成为消费的主力军，消费和审美升级，将会爆发出巨大的消费能量。庞大的基础市场规模，极具潜力的消费潜力，这是红星美凯龙能更进一步的基础。但是，不论环境好坏，终究是事在人为。红星美凯龙的今天，更多要归功于它不停地"折腾"，主动拥抱新事物。

红星美凯龙能屹立30多年，不是靠因循守旧、沉迷于过往的成功路径，而是因势利导、因时而变的战略思维。比如，近几年从传统卖场转型

为新零售,再到与腾讯、阿里巴巴合作,面对时代的日新月异,红星美凯龙的相应变化一直来得很及时。尤其是在2019年春季大会上,红星美凯龙发布了"市场倍增战略",明确涵盖了未来红星美凯龙发展和服务于行业的五大战略举措,第一次向外界明确传递家居行业未来发展的明确战略与预期。当时,在现场有一位业内人士这样评价:红星美凯龙对家居行业的洞察和未来趋势的把握至少领先行业10年。

3. 发展展望

在上海国家会展中心,红星美凯龙聚合集团所有业务板块和资源,启动家居产业的增长新引擎,追求战略升级,开创了市场的新格局,释放行业潜力。但对"市场倍增战略",它做了全面升级,既高举高打,又更为务实,发布了更多更好的解决问题的新工具,最终在四个方面做到赋能各方。

在秋季大会上,红星美凯龙又加大了对品牌、经销商的力度。根据数据显示,红星美凯龙在秋季大会上制定了高举高打1:1:1费用投入原则,并投入了3.5亿元,作为高举高打的专项资金,同时对全国商场的投入进行等额匹配,整合了各品牌工厂的费用投入并控制在等额的标准,用于对品牌经销商进行定向支持,精准帮扶。总体上看,红星美凯龙对全国商场都强化了管理,采用销售对赌的方式,对结果负责。可以看出,所有这些都是以品牌的销售倍增为主导,意在实现资源的真融合、强效果,从而做大品牌影响力。其实在此之前,红星美凯龙就一直通过种种手段,做强品牌形象和销售,比如超级大促、超级城市购、超级品类节等。流量红利时代早已过去,对存量的运营成了关键。

在如今,能够创造价值的不仅仅是好的产品,好的服务也同样可以创造价值,并实现带动客流、增加客户黏性及帮助经营等目标。因此,家居行业的销售模式必须要有所转变,从产品驱动的服务模式转换为服务驱动产品的销售模式。在服务方面,红星美凯龙向来重视,近年来更加强不少。例如,红星美凯龙每年都会发动全国商场,带领商户一起开展老消费者回访服务活动,比如在2016年举办的"倾听•百城百万消费者大回访",

以及在2017年举办的"更好的日常·家居保养免费约"等活动,都获得了很好的口碑。

(资料来源:作者根据多方资料整理而成)

互联网的发展,催生了新兴媒体的出现,更带来了一个崭新的时代。互联网传播迅速且范围广,连通了地球上的每一个角落,其信息源之丰富、信息量之巨大为全世界提供了一个丰厚的知识盒子。互联网兼容大众传播与人际传播,同时其互动性强的特点为各行各业的发展提供了新的思路。基于数字化媒体的品牌传播呈现出了不一样的风貌,不管是从受众还是从传播主体上,都有着不一样的定义与发展,随着信息交流速度的不断提升,企业的品牌信息也传播得愈加快速,怎样在时代洪流中展现品牌自身独特的定位与内涵,是我们需要不断学习和钻研的一门学问。

第一节 数字化品牌传播受众的变化

在互联网时代下,企业的营销方式与方法也在不断适应时代潮流,与传统方式下的品牌传播相比,数字化品牌传播处处体现着网络时代所赋予的新特征,从数字化品牌传播受众到品牌传播主体等,都呈现了不一样的特色。

一、受众角色的变化

在探究品牌传播受众前,我们不妨先了解一下什么是品牌传播。品牌传播是品牌所有者通过各种传播手段持续地与目标受众交流,最优化地增加品牌资产的过程。除此之外,品牌传播可以确立一个品牌的意义、目的及其品牌形象,与一般的广告传播相比,品牌传播具有一些独特的特点,总体而言,品牌传播具有信息聚合性、受众目标性、媒体多元性、操作系统性等特点。

品牌传播属于传播下的一个门类，其对象一般称之为受众。从不同的角度看，受众的诠释也有所不同，我们从营销角度上来观察，作为品牌的经营者，他最关心的是目标消费者，因为在品牌传播过程中，品牌可以打动消费者，同时也可以达到让消费者带动销售的目的，在某个角度上来说，这是一个相当通顺的逻辑，但从传播角度上看，作为品牌的传播者，因为当品牌能够打动其目标受众时，受众可以进一步产生对品牌有益的行为，所以品牌绝大部分会更为关注其目标受众，由此而出现的结果可能就不仅仅是带动企业产品的销售，同时还非常可能会引发其他行为。

关于数字化媒体时代下品牌传播的变化我们可以先从受众入手。

首先，从一般传播流程看，目标消费者是品牌产品的可能接收对象，而品牌的信息接收者是那些能够接触到品牌传播信息的一类群体，这两者是并不等同的，而很明显的是，品牌传播的受众应该是所有品牌信息接触者，也就是说品牌的目标受众应是任何可能使用或感受品牌的特定群体或消费者。

其次，从品牌传播的影响意图看，品牌传播的对象也不仅仅局限在目标消费者，而应该将视线扩大到受众，两者的实践观念并不相同，消费者强调的是对产品的消费，而受众则更多强调的是对品牌与产品的感受，存在着一个沟通的概念。所以，品牌传播受众是企业在就其企业品牌进行传播的过程中所涉及的接受群体。受众的分类有多种，若企业采取电视广告实现品牌的传播，则该类受众统称为观众，若企业采取广播实现品牌的传播，则该类受众统称为听众。

在互联网时代背景下，品牌传播受众的角色也在不断发生着变化，具体的变化主要体现在以下三方面。

（1）受众由被动接受大众传媒到主动掌控网络传媒。我们知道，在传统的大众传播中，作为品牌传播的受众，他们总是十分容易地处于被动地位，当企业在进行关于品牌的相关信息传播活动时，受众一般来说总是在被动接受所有的品牌传播信息，他们是没有办法同传统的大众传媒进行一个平等的交流的。而在数字化品牌传播中，受众原有的地位和角色发生了根本性变化，由于网络技术的先进化和普遍化，个人可以拥有创造或者设计发布消息渠道的机会，他们也可以按照自己的喜好通过各种渠道搜寻各类信息，同时他们还可以发布相关看法。数字化品牌传播不是如同传统媒体那般，由媒体向受众传递信息，传播方向仅为单向传播，而是变成了新型的交互式的双向传播。

（2）受众由信息反馈的延迟者转变为自主反馈的及时者。在传统的传播方式下，用户受众反馈少、反馈效率低等硬伤我们无法忽略，但是在数字化传播过程中，这些缺点我们可以有效进行克服。不可否认的是，数字化传播能够为受众提供更多发表言论与个人见解的机会，当然，传统的大众传媒也会开辟一个专栏来达成与读者进行有效交流的目标，但是，与网络媒体相比而言，这种优势就显得极为不明显，在网络媒体上，受众的反馈形式得到了极大的发展，同时受众也可以最大限度地在网络上进行信息的搜集和反馈，不仅具有高时效性，还有高效性，与此同时，受众的参与度与体验感会有所上升。

（3）数字化品牌传播受众掌握更多的传播技能。随着网络传播技术的飞速发展和逐步完善，与传统意义上的受众相比，数字化传播受众更懂得网络技术，对受众来说，使用网络既不像专业传播者那般要求高而精确，也不像传统大众媒体般信手拈来、应付自如。

总体而言，品牌传播经历了从"产品导向"到"受众导向"的演变，在"产品导向"时代，品牌传播强调目标消费者，品牌经营的成败往往取决于产品的功能和质量，但随着品牌象征意义的愈发重要，消费者在选择产品时日益重视品牌价值，所以品牌传播强调重点转向了目标受众。

二、受众决策特征变化

在人类历史长河中，人类一共进行了四次传播革命，第一次革命人类创造了文字，也因此实现了人类历史的传承；第二次革命人类创造了印刷术，这为人类实现知识和信息的传播创造了条件；第三次革命，人类进入了大众媒体时代，在这个时代里，大众传播与现代营销发展迅猛；互联网的出现标志着第四次传播革命浪潮的到来，双向沟通及去中心化使我们看到了新的传播形式正在慢慢形成。

在互联网时代，媒体普遍展现去中心化的特点，而与之相对的传统媒体时代则以媒体中心化为特色。在大众媒体时代，大媒体和大品牌处于控制着整体沟通的状态，单向性的传播就成了传播的特点，同时消费者接受传播后，记忆就会在大脑中形成，然后将记忆带到决策的场所，对于信息主要是被动接受。由于大众媒体控制形成单向沟通的特点，对消费者来说，详细信息是相对缺乏的，同时消费者要想获得有用信息，需要花费的成本就会相对高昂，所以消费者为了避免消费成本的增加，往往会选择依赖自己大脑中所储存的有限知识和影响，从而做出决策。在大众媒体时代，受众决策过程共分为五个步骤：兴趣、信息、决策、行动、分享。

受众的决策路径是单向的五个阶段，同时这五个阶段呈现递进关系，消费者在这五个阶段的决策特征表现不同。受众在第一个阶段基于被动接触对产品产生兴趣，然后消费者搜寻信息，在这个阶段消费者的决策呈现被动了解的特征，随后消费者独立做出决策并实施行动，最后消费者通过口头传播的方式分享消费体验。互联网的出现给了传播者与受众一个全新的思路，同时受众的决策特征也开始发生改变。

在互联网时代，品牌方获取用户体验和用户反馈体验信息就更为便捷和及时，品牌方可以借助社会化平台建立与消费者直接沟通的社区网站，在消费者完成消费后，及时主动跟踪用户的消费体验，及时做出反馈，同时消费者也可以快速在相应位置对产品的消费体验进行描述。由于反馈信息能够及时被处理，用户更愿意进行反馈，品牌方的及时处理也树立了品牌的正面形象，这样的良性循环有利于企业与消费者之间建立良好的关系基础，强大的品牌关系能够增加消费者对品牌的信任。双向沟通的交流渠道，不仅使信息的传播更有效率，还能帮助企业及时找准目标客户群体，形成品牌忠诚。

三、受众决策流程变化

随着时代的变迁，信息传播环境愈加实时化、扁平化和去中心化，受众接收信息的方式也在日渐创新，传统的受众决策路径不再适用，随着信息技术的发展和不同信息时代的不断迭代，受众的决策流程也在发生着变化，而与之相对应的品牌建设、品牌传播推广及相应营销手段也在不断升级。

受众决策流程的变化过程历经数十年，其中不少学者也提出了与时代发展相适应的决策流程模型。

1. AIDMA模型

AIDMA模型出现于1989年，由E. S. 刘易斯提出，这个模型是消费者行为学领域中一个很成熟的理论模型，如图3-1所示。

Attention 引起注意 → Interest 引起兴趣 → Desire 唤起欲望 → Memory 留下记忆 → Action 购买行动

图3-1　AIDMA模型

在AIDMA模型下，消费者们从不知情者变为被动了解者，再变为主动了解者，最后由被动购买者变为主动购买者的过程。第一个阶段是Attention，即引起注意，在这个过程中销售方会利用广告等形式让消费者了解其产品。第二个阶段是Interest，即引起兴趣，一般来说，销售方会使用精致的目录、有关产品的新闻简报来引起或提高消费者对产品的兴趣。在这个过程中，如果消费者愿意接受销售方对产品的展示，并进一步了解产品，对其产生兴趣，那么此时的消费者为被动了解者。第三个阶段为Desire，即唤起欲望，销售方通过对外在和内在因素的推动，唤起消费者的消费欲望，在这个阶段，如果消费者开始主动了解产品，表示消费者已经成为主动了解者，此时销售人员获取消费者信任并激发消费者的消费欲望将有利于交易行为的出现。第四个阶段是Memory，即留下记忆，当消费者表现出很高的消费欲望时，他一般会先选择再看看别家品牌的产品情况，而最有希望与其达成交易的那家往往是他记忆中影响最深的那一家。如果出现这样一种情况，消费者自身的经济能力不能满足自身的消费欲望，这时，他会选择压制自己的消费欲望，所以在此阶段，消费者还是属于被动购买者。第五个阶段是Action，即购买行动，如果消费者的经济能力可以负担起某样商品，同时他对该商品拥有强烈的消费欲望时，他就会采取购买行动，采购该商品，此时消费者变为主动购买者。

2. AISAS模型

互联网搜索功能的诞生让消费者获取信息更为便利，营销方式也开始发生变化，传统形势下的AIDMA营销法则开始显得描述不准确，营销方式开始向AISAS模型发展。AISAS模型是由电通公司提出的，是一个针对互联网与无线应用时代消费者生活形态的变化的全新消费者行为分析模型，如图3-2所示。

Attention 引起注意 ⇒ Interest 引起兴趣 ⇒ Search 进行搜索 ⇒ Action 购买行动 ⇒ Share 人人分享

图3-2　AISAS模型

对于受众的决策流程，也同样分为五个阶段。第一个阶段是Attention，即引起注意；第二个阶段是Interest，即引起兴趣；第三个阶段是Search，即进行搜索；第四个阶段是Action，即购买行动；第五个阶段是Share，即人人分享。该模型认为，关注和兴趣不足以刺激购买欲望，消费者会进入主动的信息搜索环节，与品牌深入接触。而最终的购买也并非购物的终点，对于购买体验的分享会对其他消费者的信息搜索和选择起到至关重要的作用。

3. 漏斗模型

根据市场研究公司Forrester Research在2007年研究报告的总结，消费者与品牌的关系可以分为五个阶段，被称为漏斗模型。这五个阶段是品牌认知（Awareness）、筛选和考量（Consideration）、好感（Preference）、购买行动（Action）和品牌忠诚（Loyalty），如图3-3所示。

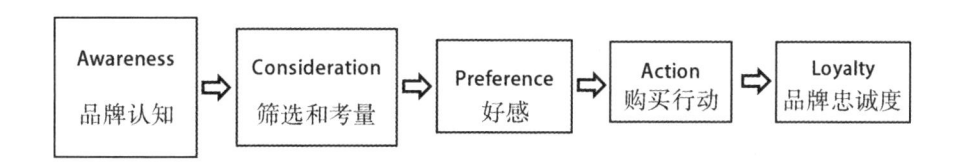

图3-3 漏斗模型

漏斗模型的五个阶段让我们可以看到消费者在进行决策时具有连续性、线性决策及自上而下决策的特点。品牌可以在每个阶段对消费者施加影响，然而消费者的每一步决策都是对品牌的一次筛选，只有进入认知领域的品牌才有可能最终被选择。

4. CDJ消费决策模型

CDJ消费决策模型是由麦肯锡公司在2009年提出的。到了2009年，消费选择日益丰富，受众的决策流程也不再与之前的模式相同，麦肯锡团队的研究表明，如今的消费者与以前不同，其决策历程如图3-4所示。

在考虑阶段，消费者在对购买决策进行思考时，会先想到一些更为常见和口碑较好的品牌。根据漏斗模型，消费者在这个阶段，会想到最多的品牌，传统的漏斗模型认为，消费者决策会经过这样一个过程，先获得一项产品的尽可能多的品牌，然后进行逐步筛选，最终确定购买的产品，但是CDJ模型认为，新媒体的发展和媒体与消费者之间所展现的作用愈发强大，消费者在最初形成消费欲望时就带有一定的品牌倾向，他们会选择不将所有品牌列出。在评估阶段，消费者会在零售商、测评人员等多方面去了解产品的相关信息，同时也会留意该品牌的竞争品牌，然后他们最初考虑的品牌范围一般会不断扩大。随着他们了解的信息增多，选择的标准可能会发生一定的变化，然后他们一般会考虑一些别的新品牌，同时剔除原先考虑的一些品牌。在购买阶段，越来越多的消费者到了店内才做出购买决策。在享受、提倡和互信阶段，消费者会与产品的系列联系人形成互动，加深与品牌之间的联系。

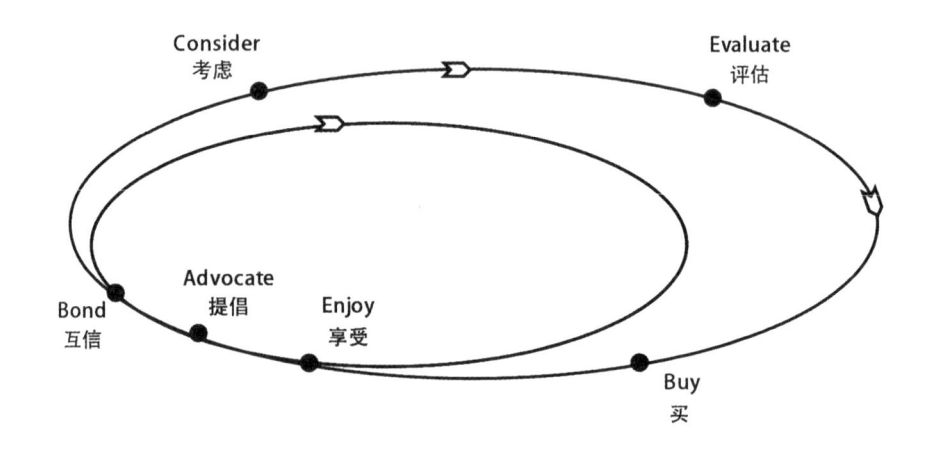

图3-4 CDJ消费决策模型

第二节 数字化品牌传播主体的多元

在新媒体时代，信息和科学技术不断发展，信息传播方式有了很大的改变，传统的信息传播途径已经不完全适用，不管是品牌传播方式、途径还是主题，都有了创造性的发展，许多方面都向着多元化的方向迈进。

一、个人主体：每个人都可以是IP

个人品牌是指个人的外在和内在所传递给大众的具有鲜明、独特特征的信息，能够引起群体的消费认知和消费行为。在互联网时代，信息的开放化使人人皆媒体成为可能，数字化品牌传播的主体也不再受局限，每个人都可以成为一个独立IP，展现自身特色与价值。与我们所熟悉的企业品牌相比，个人品牌略有不同，个人品牌以"人"为主体，是为了提升个人价值而塑造的，更容易被人信服和接受，拥有更高的忠诚度，其可以以营利为目的，也可以不以营利为目的，同时个人品牌直接代表自身，个人的言行举止无时无刻不展示着个人品牌，所以个人的气质涵养和思想观念就是个人品牌的内涵。若个人言行不当，品质败坏，引发争议，会直接给个人品牌带来不良影响。

个人品牌可以大力支撑产品品牌和企业品牌。在自媒体时代，个人品牌可以为企业省下巨额广告宣传费用。例如，万科的王石、小米的雷军等，企业家的个人品牌形成后，就成为他（她）所在的企业或企业生产的产品最有力的形象代言人。企业家在各种场合为企业免费宣传，甚至直播带货，这比请明星代言的效果更好。可以说，个人品牌在一定程度上可以成就企业品牌和产品品牌，可以大力促进企业品牌和产品品牌的形成与转化。

在这个"人人皆可自媒体"的时代，要如何塑造和维护个人品牌，使其带来效益的同时兼具影响力呢？利用自媒体构建个人品牌，必须遵循自媒体平台的规律。由于自媒体具有平民化、个性化、交互性等特点，所以个人品牌在自媒体上的内容生产应该与用户的兴趣和需求保持一致，通过持续的内容输出和话题运作来引起关注，从而形成个人品牌的知名度和美誉度。首先，确定个人品牌的风格并专注于它。人们之所以会持久地关注于自媒体上的个人，主要在于其能够源源不断地向粉丝输出特定风格的内容。在抖音、快手、微信等自媒体平台上，个人展示的内容五花八门，但大部分都是通过展示个体生活中特有的内容赢得了粉丝。自媒体上的分享，包括美食、健身、才艺等生活场景，都可以成为成就个人品牌的内容基础。随着自媒体上的内容的泛滥，打造个人品牌必须坚守自己的风格，把握好定位，拥有自己的专属标签，并且持久地生产具有特色的高质量内容。其次，要学会适当利用话题。个人品牌的构建还可以借鉴社会化营销模式，通过话题的运作形成爆款，引起广泛关注。自媒体既是一个不同个体聚集的空间，又是一个话题和观点交锋的空间。

品牌传播专栏1

薇娅：屏幕即渠道，内容即店铺

1. 个人品牌介绍

说起薇娅，相信大家都不陌生，薇娅曾经帮袁隆平推广水稻，1分钟卖出43万公斤；帮薛兆丰推销书，65000册瞬间售光。薇娅曾经就创造了一个让很多人惊掉下巴的成绩：一场直播，销售额高达7000万元！2017年，薇娅在淘宝拿下了一家经营一般的店铺，开始做"直播电商"。2018年，薇娅再创纪录，"双十一"后的两小时内，销售额更是达到了惊人的2.67亿元，全天超3亿元。2020年4月1日，薇娅成为全球首个直播出售火箭运载服务的主播，再度突破了大众对薇娅直播的创新能力和带货能力的想象。直播带货可以说是时下最热门的营销方式，在互联网时代下，每个人都可以是IP，薇娅就是一个很典型的例子，她通过网络直播平台推动产品销售，建立起自己的产品销售路线。从2016年创立之初，淘宝直播就走上了风口，2016年是中国直播元年，4年后的一场疫情更让直播带货叠加成席卷全民的商业浪潮和文化现象。2019年，薇娅和力士进行商业合作，双方合作拍了一个视频，作为视频的主角，薇娅以自己的成功经历和人生态度鼓励所有女性勇敢打破社会偏见，挣脱世俗的目光，勇敢活出耀眼的自己，触动了无数个正在拼搏路上的女性。

2. 品牌经营特色

薇娅为什么能够成功，其实可以从以下几个方面进行探究。洞察现代女性的心理，引发消费者情感共鸣。现代女性就像亦舒笔下写的：独立自尊，理性克制，既不矫情，又活得精致，可以浪漫，也可以现实果敢，有疯狂也有执拗，会退缩畏惧但终能勇敢向前。随着经济地位和社会地位得到提升，现代女性对自我的人生定位更加清晰，对生活品质也有了更高的要求，她们活得独立精致、勇敢上进，也渴望事业有成，获得更广泛的认同。品牌营销其实就是与消费者沟通，把消费者当朋友，通过轻松愉快的交流互动，最大限度地拉近与消费者的距离，精准地把产品特性传递给消费者，最终在短时间内勾起其购买的欲望。

借势直播营销，提升品牌好感度。在信息爆炸的当下，消费者的注意力极其稀缺，直播营销的本质其实是将注意力作为稀缺资源创造出的新的经济增长点。成功的主播们往往拥有大量的粉丝、关注度和信任度，占据传播渠道的优势，这对于品牌营销而言，正是宝贵的注意力资源。如今是一个物质极大丰富的时代，电商平台上各种商品琳琅满目，借助主播的影响力，实现与消费者的深度沟通，是当下实现品牌增值的一大途径。

3. 强大的品牌效应

得益于薇娅巨大的号召力和粉丝群体的超强购买力，2019年"双十一"预售第一天，力士花漾悦香鸢尾花谷香氛洗发露在薇娅直播间10秒钟引导销售93000瓶，轻松实现营销推广的目的，打通与消费者的沟通渠道，通过与消费者的零距离互动，把力士产品的卖点植入到消费者群体当中。除了与薇娅合作进行淘宝直播，在传播渠道上，力士还兼顾了微博、微信、抖音等大众热点传播渠道，全面占据社交媒体的高地，精准触达到更多潜在的消费者。力士官方微博和薇娅微博发布传播视频和视频拍摄的花絮，引发网友的热烈讨论，便品牌得到了二次传播。在力士与薇娅两者强大的品牌效应下，我们可以看到个人品牌发展的巨大潜力与空间。

（资料来源：作者根据多方资料整理而成）

二、企业主体：赋能品牌生命力

企业品牌在四种主体品牌中历史更为久远，品牌最基本的属性就是区分产品，早在古希腊、古埃及、古中国时期，人们就使用标记来区分财产或是不同作坊的商品。品牌是一种象征，但同时它又是十分复杂的内容综合体，它是品牌的属性、名称、广告风格等的无形组合。品牌最初是针对产品而非企业，之后由于经济的快速发展、市场的扩大，对于品牌的理解和发展有了理论上的延伸，品牌可以分为产品品牌和企业品牌，本书主要介绍企业品牌，企业品牌是指能够代表一个企业的标志，有时候公司名称可以被称为品牌名称，它传达的是一个公司的经营理念，也包含着一个企业的文化背景和内涵等信息。对一个企业来说，一个正面积极的企业品牌有利于企业的长远发展。首先，对生产者的作用是区分竞争对手，品牌是在长期的经营中和竞争对手产生差异形成的优势。不同层次的品牌产生不同的溢价，消费者认可特定品牌的质量、调性、风格、价值等愿意花更多的钱购买，没有品牌是很难有溢价产生的。同时，对新产品的导入会更加有利，当消费者对特定品牌和产品形成认可时，会对该品牌新推出的产品有天然的信任感。其次，企业品牌对消费者的作用是降低搜寻成本，消费者根据经验、体验和外界的信息圈定消费范围，是一种心理预购。如在生活中经常发现，在购买饮料时，消费者往往选择自己所熟悉的品牌饮品而购买，当此款产品没有时消费者才会将注意力放在其他产品上。

塑造一个有生命力、有影响力的企业品牌，需要从以下几个方面进行强化。第一，需要塑造具有生命力的产品品牌。企业品牌和产品品牌之间是相互促进的，好的企业品牌形象更有利于消费者信任旗下产品，好的产品也会提升生产该产品的企业形象。反之，企业品牌和产品品牌中的任何一方受损都会波及另一方。品牌是具有生命力的，企业要提升品牌建设水平，首当其冲就是要创建具有生命力的品牌，给品牌发展创造一个良好的生存和发育环境，这样的品牌才能让广大消费者保持对该品牌的热度不衰，才能让企业实现以品牌开拓市场继而提升产品市场销售额的目的。企业在创建品牌之前必须要做好全面的市场调查工作，在建设品牌的过程中还要做好对品牌老化问题的预防工作，以便让品牌在消费者面前总是能够呈现出年轻化、时尚化、亲民化的勃勃生机，总是能够对消费者保持着持续的吸引力。第二，在品牌建设中融入企业文化。在现代市场经济环境中，一个企业产品的品牌已不再只是单纯地给予这一产品符号性的标识，正是由于蕴含着丰富的先进企业文化元素，所以产品品牌才具有了某种强大的精神力量，引领了消费者先进的价值取向。在企业发展过程中，企业文化代表了企业的价值观和经营理念，是需要企业全体员工共同依循的行为准则和历史传承，而品牌则代表了企业产品的格调品位和独树一帜，是对企业价值观念和经营理念在市场经济环境中的传播和推介。所以，一个企业要想较好地发挥出品牌的市场拓展功效，就必须要在品牌建设的过程中把具有丰富内涵的企业文化融入进去，此举的深远意义不只在于对品牌附加值的提升，更在于对企业产品资源价值的拓展。第三，加强对品牌个性化特征的塑造。

品牌传播专栏2

七匹狼：狼系青年的崛起

1. 企业介绍

七匹狼集团于1990年创立，发展至今已成为一家以服装为主业，兼营股权投资及房地产文旅项目的综合性公司。2014年，七匹狼启动战略升级，确立了多品牌产业发展，秉承"用时尚创造美好生活，让生活充满创意和自信"的企业使命，把"创建千亿市值的时尚产业集团"设立为企业愿景。除经营自主品牌"七匹狼"男装、针纺、童装、高级成衣定制外，七匹狼还通过投资潮牌"16N"及全球顶级时尚品牌"KARL LAGERFELD"，逐步完善在时尚产业的布局。未来，七匹狼将继续以实业经营与投资并购双轮驱动，在时尚产业平台布局形成联动效应。

七匹狼对自己的品牌进行了准确的定位，并配合品牌文化的传播与适当方向的品牌传播。在2019年，正值中华人民共和国成立70周年，七匹狼以"中国狼，敢青春"这一主题向祖国致敬，与全民共忆祖国难忘的历史时刻，抒发"狼系青年"爱国之情。

2. 企业运营特色

2019年"6·18"期间，七匹狼号召亿万中国青年成为"够真、够野、够坚韧"的"狼系青年"。"狼系青年"代表着新时代的态度和品格，在不同的领域发挥着自己的力量。七匹狼激励有梦想、有担当的中国"狼系青年"成为以青春之我，创中国青春的"中国狼"，同时，将其秉承的狼性文化和精神进行了更深层次的升华。

深化品牌内核，势不可当的狼性风潮。近年来，我国综合国力不断提升，随着中国文化自信的愈加确立，国民的民族自豪感也在不断加强。许多国民品牌冲破桎梏，拥抱历史，跟紧时代的脚步，不断创新、扩展、裂变，逐步影响全世界。从初创企业到中国男装领军企业，七匹狼参与并见证了中国男装行业的发展与变革，如今消费者对服装的需求，已经升级为个性标签的展示、态度群体归属的展现。品牌需要不断修炼自己的内核，为用户创造物理价值、文化价值、服务价值，才能保持长青。

多元传播，全面解锁中国狼的"爱国姿势"。70年风雨兼程，70年砥砺前行，无数人靠着心中的狼性勇于拼搏，追逐梦想，成就了今天美丽的中国。七匹狼联合电影《我和我的祖国》带大家重温激动人心的历史时刻，为祖国加油打气。通过影片中呈现的历史瞬间，大家可以感受到祖国的变化与成就，强烈的民族自豪感油然而生。多元传播并举，七匹狼在微博推出了"中国狼，敢青春"的话题，邀请网友说出对祖国的热爱和祝福，唤起中国青年的爱国热情。"中国狼"是每一个为祖国走向世界之巅而挥洒青春，用一颗赤诚的爱国心奋勇向前的中国人。"中国狼，敢青春"主题活动引起了大众的关注与热议，权威官媒齐齐发声力挺，中国品牌的"爱国心"获得了网友的充分肯定。

3. 发展展望

七匹狼以多种渠道、多元方式结合，将"中国狼，敢青春"主题活动的各独立传播环境整合成为更强效果的协同组合，不仅提升了年轻消费群体的关注度和参与感，更是深化了独一无二的狼文化精神内核。精彩的创意融进年轻群体的社交平台，七匹狼做到了精准触达并与年轻用户形成双向互动。七匹狼作为中国男装开创性品牌，始终保持锐意进取、创新求变的狼性文化，砥砺前行。在消费越来越年轻化的今天，想要抓住年轻消费群体，需要用年轻人喜闻乐见的方式进行营销，让新的产品拥有更新颖的传播方式。期待七匹狼继续以创新构筑时尚，不断向世界发出属于中国时尚的声音。

（资料来源：作者根据多方资料整理而成）

三、城市主体：城市品牌突围

全球经济飞速发展，从前的对于品牌的概念与定义已发生改变，品牌不仅仅只隶属于商业范围，同时也更为深入地参与到其他领域中，城市品牌在这样的趋势下应运而生。城市品牌是一个城市在推广自身形象的过程中传递给社会大众的核心概念，其传播有利于让大众对城市的影响留下记忆，并进一步促进其发展。

一个品牌的梳理与传播不仅仅是企业需要关注的东西，在互联网时代，信息技术高度发达，信息的传播速度与城市之间的联系愈加紧密，城市的品牌树立与传播也显得尤为重要。现阶段，越来越多城市开始注重自身城市品牌的建设和推广，也为城市品牌的传播打造了诸多活动。当然，随着大众的精神生活愈加受到重视，公众对于许多事物的参与感也会增强，城市品牌可以说是一个城市珍贵的资产。城市品牌不仅是一个城市的形象，更是一个城市的名片。良好的城市品牌有利于提高城市的综合竞争力，吸引更为广泛的投资，也有利于促进城市更好的发展。

在大数据时代，城市在进行品牌建设与传播的过程中会面临更大的挑战、更加激烈的竞争、愈加激烈的资源抢夺，其中我们可以选择整合式的营销传播策略。整合营销策略是打造城市品牌特色的手段，当前城市之间的竞争愈加激烈，它们的竞争不仅限于GDP，还会考验该城市在大众心目中所展现的形象与最深刻的记忆，打造城市的特色和品牌特点。在我国大部分的城市品牌建设与传播都呈现出这样一个问题：没有特色和亮点。在这种情况下，我们需要寻求突破，整合式的营销策略是有所突破的，这样也更有利于我们抓住大众的注意力，同时，在信息化时代，城市在进行品牌传播时，需要注意针对不同的受众有的放矢，促进整合式营销效果达到最优。

那么在城市品牌传播上，我们可以做些什么呢？城市品牌建立的目的是让人们强化对城市的影响，进而促进这个城市的发展，那么，其中的品牌建设与传播就显得尤为重要。首先，在我们建设专属于该城市的城市品牌时，需要挖掘城市的独特价值并对其进行定位。一个城市的品牌定位会影响城市的品牌传播过程，对于城市内部，品牌定位是城市凝聚力良好的体现。从国家层面来看，品牌定位对于外来投资和贸易是十分有帮助的，同时也可以促进该城市旅游业的发展。因此，在城市想要进行品牌推广时，最先要做的工作是对其城市品牌有一个清晰而独特的定位，我们需要把一些鲜艳的、类型独特的价值挖掘出来并进行充分利用，以便形成公众对于城市的总体感知和评价。其次，进行品牌传播时要有传播内容的创新意识。城市品牌的塑造与传播关键还需依赖于城市的内容。当一个城市拥有优秀的城市内涵时，其品牌形象就会形成相当程度的优秀。城市在进行品牌建设和传播时，需要注意提高信息传播的影响力和到达力，然后，在传播过程中，需要有传播方式的整合意识。

品牌传播专栏3

抖音：与西安文化的碰撞

1. 企业介绍

抖音短视频，是由今日头条孵化的一款音乐创意短视频社交软件，该软件于2016年9月20日上线，是一个面向全年龄段的音乐短视频社区平台。用户可以通过这款软件选择歌曲，拍摄音乐短视频，形成自己的作品。平台也会根据用户的爱好，来更新用户喜爱的视频。

2. 创造性运营特色

从本质上看，抖音是一款贴合全年龄段的音乐短视频社区平台，它紧抓发展趋势，其中，与西安的合作效果尤为亮眼。2019年，西安网与西安市旅游发展委员会、抖音平台的开发公司策划以"世界的西安——中国文化dou动全球"为主题的系列活动，文化城市助推，定制城市主题挑战，邀请抖音达人进行深度体验，并创造抖音版城市短片来对西安进行全方位的包装推广，借助抖音打造现象级产品，用短视频向全球传播优秀传统文化和美好城市生活。

抖音官方公布数据显示，2019年"抖音"点赞最高的国内城市排名中，西安位居第八位，抖音播放量最高的景点排名中，西安大唐不夜城位居第一，钟楼位居第六。在抖音短视频的推广下，西安成为很多人向往的旅游目的地，旅游收入明显增长。2018年4月19日，西安市旅游发展委员会与抖音短视频达成合作，为进一步扩大城市知名度，将基于"抖音"的全系列产品全方位地宣传和推广西安的文化旅游资源。西安的很多景点和小吃都在抖音上拥有不少粉丝，描述西安城市特色的《西安人的歌》在抖音的播放量超过18亿次，这些具有西安本地特色的传统文化产品通过"抖音"走进了公众视线。

西安与"抖音"短视频的合作，带动了西安城市旅游营销模式的创新，使西安文化得到了更广泛、更丰富的传播，在一定层面上助推了西安旅游业的发展。同时，抖音用户别开生面地记录了自己在西安的旅行经历，通过抖音平台的分享让更多人能够感受并参与进来。对于西安来说，打响城市品牌，从历史古韵出发，结合互联网平台，拓宽了城市品牌传播的渠道，在推进西安品牌建设和品牌传播的过程中，把握了深厚的历史传统文化与优势。

3. 发展优势

经过一系列合作，抖音扩大了本身企业的影响力。这些优势体现在：

第一，丰富了城市内涵，塑造良好的城市形象。抖音短视频做好城市旅游营销的基础是不断挖掘和创造优质内容，高品质的内容是抖音短视频的核心竞争力，古城西安注重特色文化传播、个性化景点传播，以强烈的画面感和时代感吸引着游客。第二，拓宽了传播渠道，带来新的传播优势。媒介的性质直接影响着传播的广度和深度。传统的城市旅游营销只能借助于报刊、户外广告或广播电视等媒介，传播面窄，受众受到较大局限，传播效率低。第三，搭建共创平台，加强与用户的互动。抖音极力培养其社交属性，庞大的用户群体和全网触达的用户传播方式为西安旅游信息的传播提供无限可能。现代人的旅游期待不止于单纯的拍照游玩，而是追求深度体验，注重自我表达，在游玩及享受乐趣的同时，"善于创造，善于分享"。第四，实现了精准化传播，有利于城市品牌定位。

（资料来源：作者根据多方资料整理而成）

四、国家主体：国家品牌全球化传播

在互联网高度发达的今天，伴随着我国改革开放的不断推进，我国企业的国际化程度越来越高。增强中国国际影响力，需要塑造具有独特影响力的中国品牌。国家品牌是国家软实力的体现。从全球竞争环境分析，当前利益纷争频发，走出经济阴霾的动力很可能来自新一轮的技术革命与产业变革。这就说明了，国内自主品牌建设之路还需要继续推进，同时，我国品牌的国际影响力也要得到进一步的升华，这样一来，我们国家的品牌形象将会显得更为专业与突出，在国际竞争中也更具优势地位。近年来，我国在推进国家品牌国际化方面不断优化，我国品牌正在走出国门，奔向世界。

近年来，国家致力于推动中国品牌全球化、国际化，从"中国制造"到"中国智造"，从低端加工产业到高端技术创新产业，中国开始以一种

创造性的姿态奔向世界舞台。同时，对于中国品牌国际化传播的可能性，从国家政策中可见端倪。2016年公布的《中华人民共和国国民经济和社会发展第十三个五年规划纲要》（以下简称《纲要》）中，"品牌"一词出现10次之多。在《纲要》中，"加快培育以技术、标准、品牌、质量、服务为核心的对外经济新优势，推动高端装备出口，提高出口产品科技含量和附加值"等要求意味着中国需要进一步深化改革开放，这样一来不仅有利于外国品牌在中国市场进行良性的竞争，同样也有利于我国本土品牌"走出去"战略。当然，我国品牌的发展离不开中国品牌不断推进品牌的全球化建设。一个品牌的全球化有许多优势，对于企业而言，品牌的全球化有利于梳理企业的形象，同时降低企业"走出去"的成本，对于形成消费者忠诚度也多有好处，对于一个国家而言，国际化品牌的数量可以反映出一个国家的经济实力。

互联网时代的快速崛起，对我国传统工业造成了巨大的冲击，当然，在这个信息化时代，中国品牌的崛起之路会有所助力，在这个万事皆有可能的时代，中国品牌实现超越的目标也指日可待，与以前的对待方式不同，在这个时代，品牌发展需要另辟蹊径，中国品牌必须要放弃固守国内市场的心态，积极参与国际品牌竞争，同时在竞争中不断提高自身品牌实力与国际影响力。推动国家品牌进行全球化传播可以从以下几个方面进行。第一，在文化冲突下塑造品牌自身的文化感召力。很多人认为中国品牌在国际市场上的遭遇是因为文化冲突，但其实我们细细想来，因为中国的强盛，我们拥有强大的经济基础，在某种程度上说，这为我们中国文化的推广奠定了很好的基础，究其本质，我们可以看到，文化冲突这样敏感的词汇，这很可能是表象，一个品牌是否具有国际影响力和国际竞争力，更重要的还是看这个品牌是否具有强大的品牌号召力。我们国家很多品牌总是从本土化思维去进行品牌的国际化推广，这样一来，国外的消费者是很难对我国品牌及其产品甚至是品牌内涵产生认同感的。因此，品牌融入国际化的文化元素以及塑造能让海外消费者共鸣的元素是中国品牌形象需要改变的方面。第二，学会在中国文化中发掘、提炼能在国际市场中成长的元素，并将其塑造成独特价值。日本、韩国在进行品牌传播的过程中，他们是做得比较好的，他们会将本国文化融入品牌文化中，将其与国际化接轨，并因此而产生了巨大的品牌张力，所以，我们可以尝试着在中国文化中提炼有利的国际化竞争优势，形成独特的竞争价值。第三，利用中国国家形象的传播契机，大力推进品牌传播。对于中国品牌来说，应该借助这个契机加大传播品牌的力度，进一步提升影响力。

第三节　数字化品牌传播构建的特性

进入数字营销时代，为了更好地交互和传播，拉近与千禧一代的距离，我们更需要注重建立在数字化媒体基础上的品牌传播。随着企业间的竞争愈加激烈，企业需要赋予品牌更独特的内涵与意义，使品牌更具个性化、人性化、生态化及持久化。

一、品牌个性化

品牌个性是消费者认知中品牌所具有的人类人格特质，品牌个性是通过品牌传播赋予的一种心理特征，是品牌形象的内核。随着市场竞争的日趋激烈，产品的高度同质化，品牌日渐成为商家重要的竞争手段。同时，数字化品牌传播背景下，品牌个性化也被赋予了更丰富的内涵。

一个品牌在大众面前所展现出来的形象以及个性特点，有可能是活泼的，有可能是浪漫的，也有可能是温馨的……这些形象会通过你的宣传和推广传递给消费者，并在他们心中留下印象。往往一个个性鲜明的人更容易在人群中突围，同样地，在众多品牌中，一个有特色的品牌更容易让人们记住并留下深刻的印象。只有具有消费者所欣赏个性的品牌，才能为消费者接纳、喜欢并乐意购买，从而体现出其品牌价值。

企业在缔造品牌的时候如何体现品牌的个性化，这需要时刻抓住产品特性及消费者的心理。企业需要把握住消费者的心理需求，保持品牌个性与消费者个性的一致。在塑造品牌个性时，不能脱离消费者，不同的消费者有不同的个性，而消费者往往会选择与他个性相符的品牌，所以品牌在进行建设和传播时，需要注意品牌个性的选择和确立。但是，现在经常会出现这样一种状况，企业确定了产品品牌，然后广而告之，之后他们就不知道要怎么做了，所以就一个劲儿地告知它的品牌，生硬地向人们展示自己的产品品牌，没有认识到品牌推广的深层次要求，显然消费者根本不会接受与自己的个性不符，根本无法沟通的品牌。所以，做品牌，就必须要表现出这个品牌的内在素质，让消费者感受这个品牌的产品带给他们的感觉，并且让消费者喜欢他们所感觉到的，由此引导出对品牌的喜爱。

品牌传播专栏4

RIO鸡尾酒：个性化的品牌

1. 企业介绍

锐澳酒业（以下简称RIO）自成立伊始，就致力于鸡尾酒市场的开拓与建立，并在2007年，产品覆盖全国市场。源于在欧洲市场的成功经验，RIO在英国联合了专业的研发队伍，专门针对亚洲市场研发低酒精浓度饮品，成功将原始配方研制完成。同时，锐澳酒业深谙"质量是企业生命"的道理，严格执行质量管理体系，在业内率先通过ISO9002，ISO22000，HACCP等认证。作为国内唯一一家专业生产鸡尾酒的企业，RIO现已成为鸡尾酒市场的领军企业。

2. 运营特色

作为一个酒饮类品牌，RIO的品牌定位及目标消费群体显得十分与众不同，品牌定位准确，受众主打女性消费者。我们知道，在这个时代，新一线城市不断崛起，我国经济发展不断推进，人们的精神生活愈加丰富，随着女性角色在社会发展中的重要性凸显，她们的独立意识也在不断增强，职业白领也越来越多。当然，不可避免的是，女性在职场上的压力也日渐增大。面对压力，郁闷的情绪如何排解，多数人会选择喝酒，但对女性来说需要选择一款合适的酒。小酒微醺，释放心灵，能更好地抒发情绪。RIO鸡尾酒在品牌营销上，抓住了"女性"这个消费群体，通过一种文艺、清新的格调，来契合女性消费者的情感。

60后、70后，大部分都是为别人而活；而80后、90后，尤其是00后，他们是要为自己而活的。以前的人，选择别人眼中的"我"；现在的人，选择自己心中的"我"。这一点，在消费者的购买行为中体现得越来越凸显。RIO基本以女性年轻人为中心，瞄准的是年轻小女孩之间的聚饮用酒市场。RIO本质上属于酒饮料，算不得白酒，"饮料"属性才是其本质。因此，其真实定位其实是年轻女孩的社交用酒，因为这个群体的大部分都不像男性年轻群体更能喝白酒，但是聚饮等特定场合时又需要有酒精味的饮品来"体现这时的心情"，这就是RIO的真实功能所在，而年轻女性群体的聚饮饮品也就是其真正的市场定位。市场会经历三个消费时代：理性消费时代、感性消费时代和情感消费时代，而RIO将其品牌的个性化体现得淋漓尽致。

3. 个性化的产品系列

在RIO的众多产品系列里，RIO的微醺系列更体现了其品牌的个性化，针对特定的消费群体提供此类群体所需要的产品，并赋予不一样的品牌理念与个性。RIO鸡尾酒签约了周冬雨作为RIO微醺系列代言人，周冬雨在RIO微醺广告片《微醺恋爱物语》中这样说道：RIO微醺，想要给年轻消费者传达一个想法，一个人独自在家的时候，在自己轻松时刻，打开一瓶好喝的小酒，慢慢品尝，享受一个人的小酒，独处的小酒时光。喧杂的都市，繁忙的工作，都市人的生活空间越来越压抑，尤其是职场女白领更乐意去享受独处时光，也更容易接受低酒精浓度的日常饮酒方式，借此慰藉一下自己劳累的身心。

（资料来源：作者根据多方资料整理而成）

二、品牌人性化

人性化营销是新时代的营销理念，而所谓的"品牌人性化"就是依照人性来进行品牌理念设计，通过充分满足人性的需求来达到企业经营的目的。例如，海尔集团就提出了这样的口号：您来设计我来实现，意思就是由消费者来提出需求，消费者的需求由海尔来实现，这体现的就是人性化的品牌经营方式。

如今，科技飞速发展，人们在快节奏的环境中生存，这也就可能会出现压力过大的现象，情感失重，人们在感觉精神生活相对匮乏时，会更加渴望精神生活，于是，他们可能会通过消费来对精神生活进行弥补，从心理学上看，人都有这样一种需求，希望爱与被爱，他们都向往美好而幸福的生活，希望能够被关心、被尊重和被理解。所以，一个具有人性化的品牌能够更快地收获大众的关注，品牌的人性化蕴含着企业的理念、精神与文化，同时也隐透和表征着购买和使用该品牌的消费者的人格与追求。当品牌被赋予人性化的概念，就会显得更有亲和力和生命气息，当一个品牌具有人性化的特点时，它就会显得与众不同，具有鲜明的形象特征，这样一来，品牌有了"生命"，必然就有了更强大的吸引力、诱惑力和竞争力。

如今，中国的消费已经逐渐进入一个新的时代——感性消费的时代。在这个时代，消费者在进行消费时，不仅仅考虑商品和服务的物质意义，他们还会考虑品牌所蕴含的对心理需求的满足程度，总体而言，他们的消费不再是目的消费，而是手段性消费，他们不再只看生理消费，也会同时注重心理上的消费满足感。

企业在缔造品牌的时候如何体现品牌的人性化，需要在明确品牌定位的同时兼具品牌个性和内涵，还需要关注消费者的特性，品牌理念在个性化的基础上向人性化的方向发展。品牌人性化与个性化塑造离不开深厚的民族和企业文化底蕴，我们需要在塑造品牌的过程中发展和传承优秀的民族文化和企业优秀文化，这体现的不仅是一个品牌优秀的文化内涵，更是一个民族强大的文化自信。品牌的个性化能够得到很好的体现，然后在体现品牌个性化的基础上向人性化的方向发展。

品牌传播专栏5

奇安信——以人为本的中国网络长城

随着人类社会的高速发展，互联网已经遍布世界人民生活中的方方面面。全球计算机网络为我们提供了各种便利，越来越多的人可以使用互联网进行通信和信息交换。对每个国家的网络使用者来说，安全可靠地使用互联网而不泄露私人信息十分重要。今天，人们可以看到各种网络犯罪及有关互联网上被骗的人的信息。即使是大公司、银行、政府网站也可能会遭到黑客入侵。对个人来讲，个人信息的泄露可能导致诈骗等一系列行为的产生；对大型企业来讲，公司信息的泄露可能导致机密泄露或公司名誉受损等一系列行为；对政府来讲，国家信息的泄露可能会危及国家安全，扰乱社会秩序，损害公共利益。因此，网络信息安全问题就成了互联网社会发展之路上的重中之重。在这个大背景之下，许许多多的网络安全公司在世界各地成立，通过数年的发展，奇安信科技集团已经成为这个领域的一座高山。

1. 公司简介

奇安信科技集团股份有限公司（以下简称奇安信集团）是中国国内目前最大的网络安全公司之一。奇安信集团成立于2014年，集团主要面对的市场方向是网络空间的安全。奇安信集团不仅为各大企业提供安全服务保障，也为政府、金融等领域提供顶尖网络安全技术的产品与服务。凭借着公司对技术的不断探索与深入研究，同时拥有将技术完美运用到实际案例中的方法，公司逐渐成长为中国网络安全供应商的先锋。同时，奇安信集团已经与中国超九成的国家政府部门、央企、银行合作，并为其提供服务。同时在世界的其他国家，奇安信集团也开展了安全业务。

2. 以核心技术来带动全面发展

奇安信集团的前身为三六零集团的企业安全业务的主体部门，其在成立之时已经拥有在安全技术方面很强的背景。在分拆之后，奇安信集团将三六零企业安全集团与自身融为一体。同时，奇安信集团完美继承了集团的资产、业务、核心技术工作人员、技术，以及其他的义务与权力。同时，在分拆之后，公司从技术层到管理层并非像新公司一样对于这个行业还有所生疏，其从上到下都拥有着十分老到的经验。且员工们都有十分丰富的背景与工作经历。同时，奇安信集团在成立之时为满足客户对于安全在全领域的需求，定下了在全领域进行产品布局的方针，并且从始至终对于这一点进行落实，使得这一点成为奇安信集团的基石，也是最为核心的竞争优势。经过公司的多次商讨，奇安信集团为覆盖网络安全领域进行了更详细的细分，如图3-5所示。

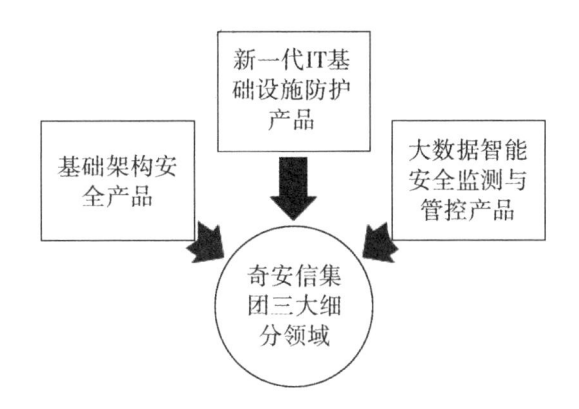

图3-5 奇安信集团三大细分领域

（1）基础架构安全产品。

在基础构架安全产品方面，奇安信集团同时在硬件与软件方面都进行了开发。在硬件方面，奇安信集团设计了代码卫士与零信任身份安全；在软件上，其围绕使用者身份、行为与应用在根本上构建了防御，同时可以使用代码卫士在软件开发与测试的过程中检查源代码的安全缺陷。

（2）新一代IT基础设施防护产品。

在这一类产品中，奇安信集团主要提供对于新型网络技术的保护，以泛终端业务、新边界业务、大数据业务等为主。在此类防护产品中，奇安信集团对于日常安全防护、终端防护、服务器防护、自动化响应防护、移动端口防护、主机防护、数据交互、私有/公有云之间的防护等起到了不容小觑的作用。其同样以软件、硬件、软硬一体等形式，灵活帮助企业进行防护。

（3）大数据智能安全检测与管控产品。

对于此类产品，奇安信集团利用自己独特的技术针对数据进行自我检测与快速响应。同时，通过SaaS、软硬一体或纯软件的形式为客户提供对于威胁的灵敏检测、态度感知与安全管理。同时，奇安信集团充分利用大数据与AI技术为客户提供充分的保障。

为完善公司的核心竞争力，奇安信集团在创建途中对一些在领域中有所建树的公司进行了一系列的并购。例如，在2014年收购了网神，在2016年收购了网康。这些收购不仅帮助奇安信集团获得了技术上的积累，同时也帮助公司得到了用户与市场上的帮助。

3. 与国字号合作，成为中国网络的长城

随着互联网发展的逐步增速与政企数字化转型的不断深入，这个时代的大环境发生了翻天覆地的改变。不仅是对于企业，政府在网络安全方面的需求也越来越大。传统网络安全对于局部的保护可能已经不尽人意，如果不能提供系统化、体系化的保护，客户将不会对其进行完全的认可。而奇安信集团则坚持全领域布局的核心竞争优势，在信息安全方面不仅仅是对点针对，而是对这千千万万个点汇成的这个领域进行保护。通过奇安信集团在多领域优秀的技术，公司慢慢地获得了更多与外界合作的机会。

4. 2B端与2C端之间的选择

在奇安信集团与三六零集团分家之时，业内对于网络安全业务进行了分析。对于三六零集团来说，所做的业务大多面向个人，而奇安信集团所面对的客户多为政企。在网络安全方面，2B端与2C端的差异甚大。对2B端网络安全的要求主要为保护办公与生产网络的安全，同时在企业的系统

方面也需要提供一定的保护，网络安全公司需要对企业独特的服务器进行优化，提供软件与硬件的服务。而对2C端网络安全的要求主要为保护PC或者移动端，安全公司需要对个人信息与个人系统进行保护，以防火墙或软件为主，不需要进行个性化优化。所以在最初分割的时候奇安信集团与三六零集团的业务重合度相对来说很低。但是我国的企业安全市场已经变成了新的蓝海。经市场研究表明，2020年年末时中国安全市场的规模预计可能达到43亿美元。所以从2019年开始，三六零集团重新组建三六零企业安全集团，希望在2B端与奇安信集团进行竞争。这对于奇安信集团来说可能是一个新的挑战，奇安信集团需要坚持其全领域产品布局的核心竞争优势，这样即便三六零集团拥有对于安全业务的基础，三六零集团也很难在2B端对奇安信集团造成威胁。但是奇安信集团仍需坚持对技术的研发，这样才能在网络安全业务的道路上越走越远。

（资料来源：作者根据多方资料整理而成）

三、品牌生态化

随着经济的发展和经济体系的进一步完善，企业愈加意识到生态化发展的重要性，生态化主要是从自然、社会、消费者、品牌自身出发，从各个方面探索生态化发展的意义及做法。品牌生态化也是如此，一个品牌并非独立于社会而存在的，它需要与人、环境等紧密联系。要发挥品牌的价值，需要塑造一个生态化发展的品牌，在保护自然、改善环境的基础上发挥品牌的影响力。品牌的生态化主要体现在以下几个方面。第一，环保化的广告。企业需要进行品牌传播，而品牌传播过程中涉及品牌理念等的展现，比较常见的品牌传播方式是广告，一般理论认为广告设计需要遵循的原则有真实性、社会性、针对性等，在绿色发展战略下，环保原则也是广告设计需要遵循的。广告媒体在利用自然资源时要注重环保；广告主要节约环保，不能铺张浪费；广告设计师在设计时需要环保，把资源利用到最大价值。第二，环境化促销。促销环境在一定程度上会影响消费者的决策，我们可以尝试将经营场所做出改变，让环境变得更加富有创意和舒适感，吸引消费者并能够刺激消费者产生购买行为，环境化促销的过程可以有效地使消费者与品牌产生情感联系，促使消费者享受品牌带给他的精神愉悦，从而有效传播品牌。第三，绿色化公关。绿色化公关是指企业以生态与经济可持续发展观念影响公关，同时会选择一种更为绿色环保的方式来进行传播活动，并以此来塑造品牌自身的形象。企业积极参与各种与环保和绿色有关的事务与活动，扩大品牌知名度，更好地利用品牌传播把品牌推广出去。第四，公益化事件。事件传播营销是通过一些重大的事件，为企业品牌建设服务。企业实施公益文化活动，在促进品牌生态化发展的同时，有利于品牌正面形象的确立。第五，正能量口碑。口碑对于一个企业非常重要，可以说口碑决定着企业的存亡，因此企业进行口碑传播是品牌传播必不可少的组成部分，在品牌传播时，就需要有正能量的口碑传播，这也是生态化原则的深入体现。

在引导品牌的生态化发展时，需要从自然、社会、消费者及品牌自身出发。首先，品牌传播需要与自然和谐。品牌内涵与产品性质要做到与自然的交汇融合，品牌的传播不仅是外部的物质要与自然融合，理念上也要与自然融合，如无印良品的品牌传播理念是活用素材本身的优良性来制作各种产品。其次，品牌传播要为改善社会做出贡献，品牌的生命是以社会为基托的，品牌的传播也离不开社会，品牌的传播能够带给社会良好的风气，也是设计品牌管理应该重视的问题。一个优秀的品牌不只是在推广品牌名称，还应该推广良好的生活、健康的思想。在进行广告传播时要把握住生态化原则，充分利用社会资源，尽最大可能减少对社会的污染，包括声污染、光污染。再次，品牌传播要以消费者为核心，品牌传播最终的受众是消费者，设计品牌管理者要站在消费者的角度来发现问题、研究问题，并对消费者的年龄、生活习惯等数据进行收集、整理和分析，预测他们的消费需求，并制订传播目标和执行计划，以这种方式所确定的目标和计划可以减少不必要的资源浪费，确定准确的目标消费群体。最后，要注重品牌自身的健康发展，品牌传播时要注重品牌自身的健康发展。一个品牌有萌芽期，有发展期，有鼎盛期，也有衰落期，设计品牌传播要遵循这个生态原则，在品牌传播中，根据所处时期选择特定的信息、媒介、传播方式以及相应的传播效果和传播反馈等信息，促进品牌的生态化建设。

四、品牌持久化

在数字化时代，信息快速更迭，人们每天接收的信息较之以往成倍地增加，为了更好地占领销售市场，企业的品牌需要在消费者脑海中留下长期的记忆和印象，这也使企业在塑造品牌时更加关注品牌的持久化发展。

品牌，如果仅就字面来理解，实在是平淡无奇。它是一种名称，也是一种标记，抑或是更多。菲利普·科特勒认为，品牌的目的是使消费者能够借助品牌辨认某个企业或某群企业的产品或服务，并使之同竞争对手的产品或服务区别开来。品牌在我们的生活中并不罕见，甚至可以说是无处不在。这些品牌，有的是新起之秀，有的是百年基业，当然，也有许许多多的品牌在产品的历史长河中起起落落，最后消失在人们的记忆中。从某一方面来说，是他们的品牌建设不到位，以至于品牌并没有实现持久化的发展。随着经济的发展，产品足够丰富，不管是产品的数量还是产品的种类，都足以让人们眼花缭乱，一般来说，这个时代，消费者总是拥有相当的购买能力，这时消费者就会遇到"自由—幸福悖论"。此外，在缔造品牌时要注意持久化发展，并做出相应处理，有利于企业的长远战略发展。

如何做到品牌的持久化发展，正如前面所谈到的品牌人性化，一个品牌的持久化发展，离不开准确独特的品牌定位及有深度的品牌内涵，同时，品牌内涵、品牌定位及品牌个性要方向一致，体现企业与品牌的特色。首先，品牌与产品一脉相承，消费者的产品体验感会直接影响其对品牌的看法和评价，企业需要注重产品质量。消费者选择产品，总是以上乘质量的产品为选择对象的。其次，企业应当追求合理的利润空间。追求合理的利润空间，既不是将利润定得越高越好，也不是将利润压缩得越低越好，许多企业认为，如果一个品牌具有吸引力，是因为价格昂贵，但是如果一味追求"精品"，就会使品牌远离大众而走入误区。最后，品牌的持久化发展需要企业制定合理的品牌发展战略。在现代品牌经营中，制定长远和科学的品牌战略，对我国各类企业来说是必要的，同时也是急迫的。由此可见，品牌战略管理对于构建一个持久化发展的品牌来说至关重要，努力制定品牌战略规划，这是品牌遏制衰退，走向名牌的关键所在。

章末案例

361°：不断升级的品牌建设之路

1. 企业介绍

361°集团是一家集品牌、研发、设计、生产、经销为一体的综合性体育用品公司，其产品包括运动鞋、服装及相关配件、童装、时尚休闲等多品类，集团成立于2003年，在致力于成为全球令人尊敬的品牌典范精神引领下，已经成为中国领先的运动品牌企业之一。一直以来，361°人怀揣着对运动、对企业、对社会"多一度热爱"的品牌信念，在"共享共赢"的核心理念指引下，为推动中国体育事业发展而不懈努力，并致力于成为全球令人尊敬的体育用品品牌。

晋江，这座位于东南沿海的小渔村依靠制鞋业，在改革开放后一举发展成为全国最富裕的县级市之一。晋江的辉煌不必赘言，只不过在后来的30年里，很多企业倒下了，当然也有不少企业逆流而上，在市场洪流中，占有了行业话语权。在这里就不得不提一下作为"晋江系"的361°，在这个过程中，它跻身到中国运动品牌前列，而且找到了一套属于自己的强悍打法。2019年8月20日，361°发布2019年上半年财务报告，财报显示，营收和净利润均有个位数增长：上半年361°集团营业额达到32.368亿元，经营溢利6.415亿元。而且根据财报数据可知，2019年上半年361°主品牌的单店收入为42.63万元人民币，相比于2018年上半年的39.95万元有提升，这是一个利好现象，因为在当下的零售消费市场中，零售效率的提升比门店数量更重要。总的来说，2019年上半年361°的营收和净利回暖，现金周转速率改善，门店收入提高，与2018年同期相比，整体状态稳定。这也直接刺激了361°股价的飙升，单日上涨幅度高达24%！创下行业单日股价涨幅纪录。361°能一如既往这么稳，关键在于它善于拥抱变化，变的是适应市场变化，不变的是坚持打造产品力。

2. 企业发展

361°一直都很低调，低调到很多人都忘了10年前，361°在强敌环视下杀出重围的精彩故事。361°成立的时候，刚好赶上了国产运动品牌的崛起。在晋江，前后有3000多家鞋服厂涌现了出来，将整个中国运动鞋市场，搅得天翻地覆，最后只剩1000家左右，361°在激烈的竞争中活了下来，从一家晋江小厂逐渐发展成名列前茅的中国体育用品品牌。2005年，361°入选"中国500最具价值品牌"。但早期的晋江鞋企，均起于"家庭联产、手工作坊"，很少有愿意上市的。这种模式对小鞋厂当然算不上问题，不过当公司进行规模性扩张时，缺乏现代化管理制度的弊端对于企业来说就十分致命了。2009年，361°果断打破了家族企业的观念，决定上市。对361°来说，上市不仅意味着获得大量现金发展业务，还意味着品牌形象的进一步推广。那一年，361°一路高歌猛进。零售门店增加了1400多个，业绩猛增161.7%，达到34.47亿元，利润飞涨253.2%。一年后，收入更是达到54.6亿元，净利润首次突破10亿元大关。同时，361°也成为第一家赞助奥运会的中国体育用品品牌，并多年持续赞助亚运会。2011年和2014年还分别赞助了深圳世界大学生运动会和南京青奥委会。361°还是中国游泳队赞助商，并大胆签下了尚未成名的孙杨。

3. 企业发展优势

（1）在产品上向更潮更极致发展。

2019年4月，361°联合著名建盏工艺师廖文兴推出"建盏"篮球鞋系列；之后，361°与《机动战士高达》合作推出联名系列，引发抢购热潮，在预售阶段就收获了超过6万的预订单。2019年7月，361°联合腾讯下属的逾5亿用户的国内第一枪战游戏CF，推出枪鞋系列。从这些被疯抢的情况能够看出，消费者是认可361°的变化的，361°的这些突破也着实令人惊喜。在产品技术方面，361°在过去10年里成果颇丰，自2015年来国际线共14款鞋获奖。2016年，多款361°国际线跑鞋获业界权威杂志倾力推荐；2017年，361° Sensation 2获德国版《跑者世界》四月刊颁授的"最佳首秀奖"；同年，SPINJECT和MERAKI系列跑鞋双双入选美国《跑者世界》2017 秋冬推荐跑鞋；2018年，中性缓震跑鞋SPIRE3，获得The Nordic Edition颁发的2018跑鞋大赏；同年，STRATA 2在《跑者世界》获得2018年稳定型最佳跑鞋推荐奖。2019年上半年，国际版跑鞋共三款获奖，其中Yushan在美国《女子健康》入选23双最佳越野跑鞋之一；Strata 3在美国《跑者世界》获得美国市场最炙手可热全天候跑鞋推荐奖；Meraki 2入选美国《跑者世界》当季最值得购买的22双跑鞋。高品质产品的背后是361°对产品研发的重视和投入，数据显示，361°科研投入在持续提升，研发占比高达3.1%，在361°有整整一栋楼是专门用于研发产品的。

（2）战略上开创多元化布局。

除了完善自主开发的产品，做出最顶尖的产品，361°成立了国际线，一开始就将国际线的研发团队放在有数十年制鞋历史的中国台湾彰化，还请来有"中国台湾运动鞋教父"之称的林炳煌操刀国际线业务等，多位行业精英先后加盟。除了国际线产品以外，361°还在童装领域发力。为稳固儿童市场品牌优势，361°在青少年运动领域做了大量布局：2018年，361°携手绿地申花联手打造青少年足球培训体系；2019年6月，361°儿童成为恒大足球学校的战略合作伙伴及恒大足球学校精英战队运动装备赞助商。这些合作不仅能够提升361°在童装产品上的设计、研发能力，更能提高其在儿童运动领域的专业性。最重要的是，能借助童装业务拓展获得更为庞大的用户基础，吸引未来的消费主力。另外，361°不停捕捉体育领域的新机遇。2018年，361°赞助了国内著名的王者荣耀冠军战队QG，happy，通过电竞吸引更多年轻人群。

（3）渠道上选择转变零售渠道，提升品牌形象。

在零售渠道方面，过去几年，为了应对消费升级，361°在深陷频繁关店的舆论压力之下，依然狠心关闭了一部分街边店，同时增加了同等比例的大型商场内门店。而且还将打造结合电竞、VR、互动、展示、售卖、体验、观赛、新零售等的主题门店新形式，吸引年轻消费者。相对于过去的街边店模式，这些改革将为门店带来更多客流，提升品牌形象。2019年，361°与穿越火线联名生产一系列产品，在扩大知名度的同时更深刻了品牌形象。361°X穿越火线联名产品上线以来俘获了众多潮流爱好者的芳心，其售卖模式让人们觉得耳目一新。品牌联动最开始时只是简单的"印个LOGO"，后来出现了合作设计联名款，再到线下主题店，各种产品跨界、渠道跨界、文化跨界的模式屡见不鲜。

公众的意识往往是滞后的，当人们开始注意到更年轻的361°时，361°的改变早已发生。而这些改变都是361°在为2018年年末提出的"品牌重塑"作准备。晋江鞋企30年，贴牌时代拼销量，品牌时代拼广告，扩张时代拼速度，消费升级时代，拼的是品牌力，而361°，从来不打无准备之仗。

4. 361°品牌重塑之路

近年来，很多国货品牌开始回潮，吸引年轻消费者。例如，百雀羚，一个80多岁的品牌，曾一度被人遗忘，如今却涅槃新生，重回国产护肤品老大的位置，在保有品牌历史底蕴的基础上，和年轻人打成了一片。其实，这在很大程度要归功于品牌重塑。同样，品牌重塑对361°意义非凡，品牌重塑能使品牌更具活力、适应力和竞争力。

为消费者赋能，引爆口碑。361°从来不以追求单一数量增长为目标，而是始终将消费者放在第一位。在产品层面，361°秉承"为消费者提供恰到好处的产品"理念，赋予商品恰到好处的功能、设计和世界级品质，多方面满足消费者需求，引爆口碑。在品牌上，361°不断宣传"多一度热爱"理念，将品牌理念具象化，让主流消费人群对品牌精神产生共鸣，同时通过营销活动，让361°的"热爱"落地化，让消费者能够清晰感知"热爱"。361°还将通过举办活动等形式，以全新形象切入各个不同的细分品类，驱动消费者投入到运动中去。

  创造商品文化价值。品牌是全世界的硬通货，是不可取代的无形资产，品牌的气质和品牌故事需要根据不同的时代，展现不同的吸引力，产品也需要有自己的独特精神内核，才能留在消费者心里。如果说过去的361°只一门心思做产品，如今的361°却真正开始探入服饰文化，用潮流化的语言来表达自己。在机遇和挑战中不断求变的361°，未来不会差。

（资料来源：作者根据多方资料整理而成）

本章小结

  本章从品牌传播受众的变化说起，详细向读者叙述了受众角色的变化过程，并对受众决策的特征进行归纳，与传统的受众决策相比更具备自主性和创新性。受众决策过程的变化过程，也体现了数字化媒体时代下品牌传播对受众决策的影响。从个人主体、企业主体、城市主体及国家主体四个方面的论述中，我们可以发现，在数字化网络时代，品牌传播的主体已经发生了变化，从传统的以企业为主体衍生出了其他方式，同时自媒体的发展也为以个人为主体的品牌传播提供了发展的平台。最后讨论了数字化品牌传播构建的特性，通过将传统的传播媒介构建特性与数字化网络时代下品牌传播构建的特性进行对比，对新的特性进行了详细的叙述，从中可以了解到品牌传播所具有的特性。

第四章

品牌运营

全世界没一个质量差、光靠价格便宜的产品能够长久地存活下来。

——华硕电脑大陆区总裁　徐世明

【学习要点】

☆ 品牌资产运营

☆ 品牌危机的产生与处理

☆ 电商品牌的运营

☆ 互联网品牌的运营

☆ 品牌产品的延伸和定价

开章案例

年销破百亿！国民饮料的这一小步，竟让它火了23年

1. 企业简介

优酸乳是伊利集团在1998年推出的液态奶子品牌，是一种拥有多种水果风味的产品。对90后来说，优酸乳应该是一个人尽皆知的品牌。在全球范围内，饮料单个品牌年销售额突破百亿元，就已经比较少见了，更何况是本土饮料品牌。优酸乳在这么多年内仍能保持如此的活力，主要是因为重视品牌的升级。品牌一直停留在同一水平，市场会将其抛弃，筛选出被市场接受的产品。23年来，优酸乳不断进行革新升级，从一个开创蓝海的品牌成为年销售额超百亿元的饮品。

2. 打造二次元品牌IP小优，联动品牌包装升级玩转趣味互动

从一开始，优酸乳的定位就很明确，针对年轻消费群体，扩大品牌影响力。一直在变的优酸乳从一开始的"我要我的滋味"到周杰伦代言发表品牌主题曲，再在2019年年底，选择练习生出道的陈立农。即使在现在，优酸乳也在不断进行品牌创新，追求时尚潮流。从前几年开始到现在，各大品牌一直在热衷于打造品牌IP。通过融合品牌自身的价值观及个性，品牌将以一种人性化的形象展现在消费者的面前，让品牌与消费大众的沟通能够包含更多的人格特色与情感元素，使消费者能够更加直观地认知品牌。同时，品牌IP本身具有的独立性，也给品牌IP商业化提供了更加广阔的扩展空间，为品牌未来发展提供了无限可能。

2020年的夏初时节，优酸乳通过高喊"夏日滋味优优优"的口号，展开了一系列新的品牌营销动作。用突出二次元形象的虚拟IP小优，作为品牌新的代言人，做出品牌升级的第一步。但是优酸乳并没有独立于自身视角构建虚拟IP小优的形象，而是在结合了当代年轻受众群体的个性特色及兴趣偏好后，选择各种夏日场景，如沙滩、冲浪、泳池等，来塑造整体形象，伴随着浓烈的夏日清凉气息，品牌形象定位一目了然。不仅如此，

为了推送小优更好的出道，推出了新包装"夏日滋味盒"，同时，也瞄准了青年的小众偏好，升级包装上线惊喜小优盲盒款，让购买更加具有期待感，让体验会更加具有参与感，让品牌更加具有黏性，给予消费者更加丰富的购物体验，同时还能增加年轻消费群体的好感。

3. 联合潮流偶像打造品牌主题曲，强势占位夏日场景打响品牌升级信号

从周杰伦的代言开始，优酸乳一直都有代言人演唱品牌主题曲的惯例。周杰伦的一首《手写的从前》，是多少80后、90后的回忆，多少人的青春都有这首歌萦绕在耳畔，在许多人的心中，这首歌弥足珍贵。陈立农与优酸乳合作的《夏日滋味》，无论是歌词还是MV，都充满着夏日清凉的味道，紧紧围绕着"夏日滋味优优优"的主题。通过与明星的深入合作，借助音乐的易传播属性，不仅能够打动核心粉丝，更加具有传播势能，展现品牌主张。不同于《手写的从前》，《夏日滋味》面向的消费主体为95后、00后，通过合作该圈层头部明星出新主题曲，继续深化品牌音乐基因，保持与青年在兴趣和精神上同频，创造一个属于优酸乳的时代记忆。并让品牌与夏日紧紧关联，深层绑定用户消费诉求，让他们更容易在夏日场景下联想到优酸乳饮品。品牌通过各种营销方式所集聚的大量流量能够帮助品牌拉开新的营销序幕，同时还能够增加品牌的体验营销，增加了场景在消费者心中的印象，达到了品牌营销的目的。

4. 多维跨界打造全新夏日音乐节，深化品牌与青年关系

近年来，跨界合作一直是各大品牌都经常使用的营销手段。2020年夏日，优酸乳通过与摩登天空跨界合作，共同打造"夏日YOYO草莓音乐节"。草莓音乐节曾被称为"最友善的音乐节"，音乐节包容、多元的氛围，受到大众的喜欢和支持。由于2020年情况特殊，人们只能通过线上的形式参加音乐节，但这种新颖有趣的方式也使更多青年人不断加入。多维跨界联合IP共创全新形式音乐节，在拓宽营销触点、辐射更广泛受众群体的同时，也能够使年轻群体借助优酸乳的平台进一步实现自己的音乐梦想，用多种方式来表达自己对音乐的热爱。夏日的炙热就如同人们对梦想的执着一般，能够激发出更加美好的火花，这种营销方式能够更好地区别

于其他的营销方式，实现更好的音乐营销，给青年创造了一个更具立体感和代入感的音乐节体验。这不但让所有音乐爱好者都得以冲破环境束缚，在优酸乳身上找到了一个重新连接热爱的枢纽，在云端近距离拥抱音乐节，也给音乐爱好者圈层抛下了一枚重磅炸弹，以兴趣和热爱为导火索，裂变话题激起更广泛的用户参与和关注。而且，通过瞄准青年兴趣偏好打造强交互、够时尚的营销体验。在情感和精神层面与受众同频，也让优酸乳得以强势占位消费者心智，深层绑定了与青年"同好者"的关系。

5. 优酸乳品牌升级的关键三招

一直以来，优酸乳都在不断进行品牌升级，其中很容易发现，优酸乳的品牌升级主要围绕三个方面进行，同步进行并且执行力强。

首先是年轻化，紧紧围绕年轻人喜好。年轻消费者是优酸乳首要沟通的对象。所以以何种形式与年轻人沟通，是重中之重。沟通形式，必须紧紧围绕年轻人的喜好展开。这一点，从优酸乳选择的代言人就能明显察觉出来。2009年，周杰伦如日中天，深受年轻人欢迎，优酸乳力邀其代言；2014年，韩国明星金秀贤势头正劲，优酸乳首度跨国绑定大热明星IP；2018年，又开启周杰伦&周冬雨联合代言……

而现在的代言人陈立农，当初在《偶像练习生》以第2名的身份出道，不仅青春、活力，更关键的是在年轻人中人气颇高。不难看出，优酸乳需要的不仅是明星，而且是受年轻人喜爱的当红明星。因为这些当红明星的粉丝群，与品牌目标用户产生了极大的重合。而明星粉丝们的自主传播，常常能深入到传统营销无能为力的亲密型社交媒体和线下社交关系，从而放大品牌影响。

从传播形式上看，优酸乳也一直在拓宽与年轻人沟通的渠道。"品牌+音乐"是优酸乳极其热衷的形式，从周杰伦的《手写的从前》到陈立农的《夏日滋味》，传播力都极强。再后来，"品牌+综艺""品牌+IP热剧"也提上日程，比如优酸乳2019年联手《乐队的夏天》，使其全新饮品优酸乳果果昔，在一众乳制品中脱颖而出。优酸乳推出小优，"品牌+虚拟IP"的形式，夏日悠悠与冰爽饮品的寓意一望而知，优酸乳与夏日形成天然搭配。很明显，这又是一条让年轻人理解优酸乳品牌文化的高效

135

途径。

其次是创新,把自己变成潮流。要想拉近与消费者,尤其是年轻人的距离,品牌要做的不能仅仅是迎合,更要会创新、引领,带给消费者持续的新鲜感。

第一,包装升级。2018年,锦鲤文化盛行,优酸乳顺势推出"锦粒盒",还在包装上采用了国潮画风,与年轻用户的审美和心理达成高度一致。2020年推出的"夏日滋味盒"和"惊喜小优盲盒款",都蕴含了夏日欢乐律动的特性,同样是通过包装表达品牌主张:夏日与优酸乳,气质相同,完美契合。

第二,互动创新。2019年9月22日,优酸乳在杭州开启线下轰趴馆体验,还原了三个不同时代的潮酷场景。这种带领消费者一起嗨的做法,在2020年也得到了延续——史上首个真人秀风格的草莓音乐节,让无数人在这个夏天,闲坐家中也能在线上嗨翻,享受冰爽的酸甜。相比单纯赞助或呈现出年轻人喜欢的内容、形式,主动为用户创造新鲜,玩在一起,显然能引发更深层的情感共鸣。

最后是破圈传播。跨界是优酸乳的常规操作,这也是品牌年轻化的有效手段。例如,2019年优酸乳联手天猫和飞跃推出运动鞋;与北海怪兽(MAGICBUS)、猫王收音机等联合推出潮流周边。优酸乳借势潮牌元素,加深年轻人对优酸乳的品牌印象。而且,跨界还能令品牌覆盖更多目标人群,突破原有品牌的场景流量,实现破圈传播。在充满活力的夏日,优酸乳的这次跨界,赋予了品牌更大的年轻活力。尽管这些品牌升级的举措看起来纷繁复杂,但实际上一切都在围绕着用户展开。它的本质,是要与年轻用户深入、有效地沟通。由此引发的用户对其品牌的好感度、认同感,相比其他手段,势必会更自然,也更长久。

6. 发展总结:品牌升级,企业的必修课

优酸乳的品牌升级,很值得借鉴。时代在变,消费者在升级,品牌也必须升级。不过,比起制造升级,品牌升级更艰辛,例如,美特斯·邦威、达芙妮、都市丽人、李宁……其中,只有李宁在前几年借助国潮元素及时装走秀,为自己贴上"时尚""潮流"的标签,才东山再起。相比之

下,农夫山泉的品牌升级顺利许多。从过去的电视广告,到包装设计上的借势营销,如与网易云音乐、故宫文化、《中国有嘻哈》的合作,常常能引来一波拥趸的自发传播。

优酸乳与农夫山泉可谓异曲同工,可以用一句话形容:你喜欢的样子我都有。甚至,有时还能为用户制造超预期的体验。所以品牌升级的路径很多,核心只有一点——以用户为导向。

23年来,优酸乳也正是抓住年轻人这一目标群体的需求,并持续不断地以年轻人乐于见到的形式进行沟通,实现品牌升级、焕新。有能力做出好喝缤纷的滋味,是优酸乳成为国民饮料的基本功。在此之上,通过洞察年轻人需求,将这份滋味融入青春色彩,持续赋予品牌年轻、活力,同样是不可或缺的竞争力。夏天的烦闷使年轻人更加喜欢追逐凉爽、畅快的感觉,而优酸乳所打造的就是这种年轻的方式,迎合了年轻消费者的心理,沟通形式则是年轻人喜闻乐见的二次元、盲盒、音乐、潮牌等。因此,此时的优酸乳,以饮品的身份出现在年轻人欢乐的夏日场景中,气质吻合,显得极其自然,锦上添花。

从"夏日滋味优优优"也能看出,现在展示在大众面前的优酸乳形象,可以说是时刻新鲜、潮趣有料、欢快律动、跨界多元,十分契合当代年轻群体的特性与爱好。但或许再过数年,为了与新一代年轻人拉近距离,优酸乳又会是另一副模样。消费者和市场的需求是不断变化的,因此品牌也应该不断升级和改变。

(资料来源:作者根据多方资料整理而成)

在电子商务和互联网蓬勃发展的时代,大量的电商品牌和互联网品牌涌现出来,由蓝海市场逐渐变为竞争激烈的红海市场。电商品牌应该采取何种方式来获取竞争优势并提升品牌价值是许多电商品牌面临的难题;互联网品牌如何在信息爆炸的时代给消费者留下清晰的认知是互联网品牌面临的难题。品牌运营是企业在竞争激烈的市场中获取竞争力的有效方式,良好的品牌运营方式能够有效提升产品价值，赢得消费者的青睐。

第一节　品牌资产运营

品牌资产是企业能够将有关于品牌的标识、名称与品牌联系在一起的一种无形资产，能够给品牌带来更多的消费者价值，提升品牌产品和服务的价值。品牌资产一般包括五个方面，品牌联想、忠诚度、知名度、认知度及其他资产，其中其他资产包括品牌专利、销售渠道及品牌的商标，都能够提升品牌的价值。

一、品牌资产基础点——建构资产

（一）选择品牌元素

品牌元素是指品牌中能够被消费者轻易识别出来，并且能够将品牌与其他品牌区分开来的设计特征。大多数强势品牌都适用多重品牌元素，而选择品牌元素的最终目的是让消费者在看到品牌元素时，就能够联想起产品的特征。选择品牌元素的六大标准如下。

（1）难忘度：消费者能轻易识别和回想起该品牌元素的程度；或者联想起在何时何地购买过该产品。一般简短的名称容易让人记住，如汰渍、多芬等都是难忘度品牌。

（2）意义性：品牌元素的可信性及与品牌相对应的产品类别、产品成分是否对目标消费者具有暗示性。

（3）喜爱度：品牌元素是否迎合当下的审美；在当下，给品牌取一个有趣的名字是一种趋势，同时对于现代网上购物来说，添加一个品牌网址能够给消费者的购买节约时间和精力。

（4）转换力：品牌元素是否有利于品牌的扩展。好的品牌元素能够促进同类或者不同品类的新产品的推出。例如，全球最大的购物网站亚马逊的命名，亚马逊是世界上流域面积最大的河流，品牌以此命名是意味着网站可以销售各种各样的产品，是代表着公司产品多样化的描述符号。

（5）适应性：品牌元素应该随着时代的发展，跟随大众的审美而做出改变，因此品牌元素应该及时更新。

（6）保护力：品牌元素应该具有法律效力，应该保护好商标权，不要一般化，而要具有特点。

（二）发展品牌元素

品牌元素对品牌的创建起着很重要的作用，是品牌创建必不可少的因素。在消费者决定消费的时候，对市场上的产品没有过多的了解，那么品牌元素就会成为消费者在购物选择中的关键影响因素，能够帮助消费者更快做出购买决策。但是，品牌名称也会对品牌定位有一定的影响，具有一定含义的品牌名称在增加品牌内涵或更新品牌定位时会起到一定的阻碍作用。通常来说，品牌利益越不具体化，品牌元素越抓住无形特征就越重要。

（三）设计全方位营销活动

消费者了解品牌是通过品牌接触。品牌接触是指消费者或潜在消费者对品牌、产品或者市场其他信息的关联体验，不论是正面体验还是负面体验，包括个人观察及使用感受、品牌口碑、与企业员工的接触、网络及电话体验、交易经历等。企业必须注重品牌接触的管理，同时还要注重广告宣传。任何品牌接触都会影响品牌在将来的营销计划及消费者对品牌的印象，因此营销人员应该尽可能多地创造出消费者与品牌的接触点，加强品牌资产的积累。

（四）内部品牌化

内部品牌化是指企业进行一系列的内部管理变革及完善各种规章制度在内部形成良好有效的企业品牌政策，使企业内部员工能够形成良好的品牌认知，加强企业员工对于品牌的熟悉程度，使企业的目标与企业员工的行为相一致，才能更好地实现企业目标，更好地服务于消费者，产生一致的品牌体验，保证品牌质量。内部品牌化主要有以下几个步骤。

第一，建立企业品牌导向。品牌导向是企业将品牌作为一种资源或者是战略实施点，通过建立、发展和保护品牌识别，并与消费者保持紧密联系，以建立雄厚的品牌资产来获取竞争优势。

第二，建设以公司价值观和愿景为核心的企业文化。企业的价值观影响着企业的信任度、道德判断及竞争行为等各个方面，是一种持久的信念，是企业行为的底线，指导企业的行动。

第三，完善人力资源管理体系。员工要对品牌建立起清晰的认知和理解，就需要对员工进行有关品牌的培训，加强员工的内部品牌承诺和员工满意度。这种有关于品牌的培训与普通的人力资源管理培训工作不同，这种以品牌为导向的人力资源管理培训需要以员工为中心，员工的满意度为最需要关注的重点，将员工当成客户，寻找他们的需求和欲望，从而进行人力资源管理，并建立和加强员工对品牌的内部承诺。

第四，建立以品牌识别和品牌框架为核心的品牌政策。品牌政策是企业用来指导员工行为的重要文件，通过明确的表达展现在企业员工面前，以规范员工的行为，同时明确规定了不同部门、不同品牌、不同产品之间的关系，形成一个整体规范的框架。

品牌运营专栏1

"三只松鼠"品牌资产管理

1. 公司简介

三只松鼠是一家以休闲食品的研发和销售为主要业务内容的产业链平台型企业。通过线上各种渠道来进行销售。经过三只松鼠数年的发展，它已经成为中国休闲食品企业的"独角兽"。同时，文化的塑造也是三只松鼠营销的重点。三只松鼠的影响力和竞争力已经在行业中处于翘首的位置，旗下包括三种松鼠形象"松鼠小酷""松鼠小美""松鼠小贱"，不断输出着三只松鼠的品牌文化和经营理念。

2. "三只松鼠"的品牌资产构建

三只松鼠作为能够发展成为国内森林食品领域知名度较高的品牌,离不开其对品牌的塑造和品牌资产的构建。

（1）构建传播载体系统。

在信息化时代,品牌传播的途径已经扩展了很多种,不仅可以通过图文传播,还能通过动画、视频、影视植入等多种形式来进行传播。三只松鼠已经在传播载体上形成了一个完整的体系,同时多元的载体能够相互连通,形成联动效应,增强品牌传播的效果。同时,相较于之前的形式单一的传播平台,通过之前的单一口碑传播发展到现今的多社群的分享传播,传播平台的形式也变得多元化。

（2）多元渠道共存。

在新零售的推动下,单一的营销渠道已经不能满足品牌的长久发展,多渠道布局才能实现可持续发展。三只松鼠崛起于互联网平台,在互联网资源的拥有上具有很大的优势,因此,三只松鼠近年来不断地致力于发展线下实体店,实现线上线下的融合。不仅如此,三只松鼠还通过举办线下活动,不断推出新产品和新系列,不仅可以增加三只松鼠的品牌知名度,还可以提升品牌趣味性。

（3）优化消费者服务。

三只松鼠与其他的电商品牌不同,其电商客服亲切地将消费者称之为"主人",能够帮助品牌缩短与消费者之间的心理距离,同时也能够让消费者感知到其在品牌文化中的位置。三只松鼠的客服不仅能够给消费者提供咨询服务,还能够和消费者聊关于生活、情感之类的话题,能够使消费者真实地感受到品牌对消费者的真诚感,触动消费者心中的信任和认同。三只松鼠通过这种消费者优先的场景化服务,快速提升了品牌的价值,增加产品销量。

（4）强调体验营销。

在竞争日益激烈的电商市场,消费者对电商品牌的需求越来越高,体验营销能够给消费者带来更多的消费体验,同时也能够为消费者提供多方面的营销视角。三只松鼠通过以体验营销为基础,来开发新产品、开展新活动，通过观察消费者在各个环节的体验感受进行改进，提高消费者在消费过程中的良好体验，为垂直类电商模式创造了新的发展机会和方式。同时三只松鼠还通过给消费者提供使用小工具来让消费者的食用更加便利，增加体验感受，增加品牌忠诚度和认可度。

（5）增加品牌趣味性。

体验营销给品牌提供了更多的运营手段和角度，三只松鼠在采用体验营销策略的过程中，通过结合"好吃"和"好玩"双重因素，提供一体化的综合性服务，将品牌打造成一个轻松活泼的形象。同时打造IP，通过IP对品牌产品进行进一步的宣传，能够帮助品牌在消费者的心中形成更好的认知和联想。卡通萌系形象，能够给消费者传递出一种休闲、可爱、森林的总体特征，让消费者认为品牌具有趣味性。好吃与好玩，让品牌融入消费者生活的方方面面，在消费者的内心形成良好的认知。

3. 发展总结

三只松鼠的崛起，除了企业自身的努力，积极塑造品牌形象以外，还离不开时代的机遇。通过电子商务的迅速发展，三只松鼠紧跟时代步伐，实施电商化的品牌资产管理，通过提供优质的服务和产品，在市场中获取了大量的市场份额，创造了电商品牌营销的一个新的传奇。

（资料来源：作者根据多方资料整理而成）

二、品牌资产保值点——危机管理

（一）品牌危机

在品牌的发展过程中，无论企业如何重视品牌的维护，仍然还会出现超乎意料的事件发生。如果企业不重视管理漏洞的发生，就会使这个漏洞越来越大，从而使品牌陷入危机。危机意味着危险与机会并存，如果危险处理得好，就会产生发展的机会；如果危险没有得到妥善的管理，就是造成品牌的衰退甚至消亡。

品牌危机是指在运营品牌的过程中，企业的管理出现失误或者员工在操作过程中出现失误而产生的品牌运营管理漏洞，致使品牌的竞争力不强、公信力下降，从而造成消费者对品牌的信任程度下降，销售量下降等现象。当品牌在遭受危机之后，消费者对品牌的印象会发生改变，同时品牌联想和品牌关系会朝着坏的方向发展，造成总体的品牌资产降低。

消费者在做购买决策之前，会根据品牌的形象及声誉做出筛选。如果品牌的形象和声誉有缺陷或者受到了损害，那么品牌联想也会受到损害；同样，品牌联想受到一定的影响，品牌产品的声誉和形象也会受到一定的牵连，因此品牌联想与品牌危机是紧密相连的。

1. 品牌危机是形象危机

品牌在出现危机时，一般会涉及企业的形象及声誉。过去，品牌危机会被当作是形象危机或者是声誉危机，许多人会将企业名称与品牌区分开来，在企业的形象出现问题时使用的不是品牌危机而是形象危机。其实，品牌危机就是形象危机。

2. 品牌危机是产品危机

品牌的核心就是产品，大多数品牌出现危机都是因为产品出现了问题。企业在质量上的把控不过关，造成消费者利益的损害。一般来说，如果产品出现问题，而企业没有进行妥善的处理，将会导致整个企业的信誉及形象受到很大的损害，甚至是企业的消亡。

3. 品牌危机是信任危机

当消费者对品牌的信任度下降时，消费者会认为企业提供的产品和服务没有之前的好，甚至是有害的。同时，还有可能会出现消费者认为企业没有履行好社会责任而认为企业不够诚信，从而产生信任问题，而出现信任危机的企业将不会在消费者购买决策的首选之列。

4. 品牌危机是公共关系危机

品牌的公共关系是指品牌与社会之间的关系、品牌与消费者之间的关系、品牌与员工之间的关系、品牌与其他利益团体之间的关系等。当品牌与其他利益团体之间的利益发生冲突时，不及时协调的话，将会产生企业失信的问题，品牌也会因此受到影响。因此，品牌危机也是公共关系危机。

5. 品牌危机是市场危机

在品牌出现信任、公关等问题时，品牌的市场将会发生波动。消费者的不信任会造成市场份额的大量流失，产品销售量大幅下降，利润降低，严重时甚至可以威胁到企业的生存和发展。

（二）品牌危机产生的原因

近年来，电商行业的迅速扩展，使许多电商品牌逐渐冒出头。当然同时也伴随着许多电商品牌问题事件的发生，这对电商行业的品牌发展有着很大的影响。品牌危机的形成有以下因素。

1. 产品因素

电商品牌不同于传统品牌，对于传统品牌，消费者可以通过线下的体验来感知产品的质量，从而做出消费决策。但是电商产品，消费者只能在购买产品之后才能得知产品质量。因此，品牌在产品宣传时，应该注意产品的真实性，不能虚假宣传。同时还要保证产品质量，在消费者使用产品的同时没有安全问题的存在。如果产品产生安全问题，很容易引起媒体及公众的注意，这对品牌的影响十分恶劣，很容易产生信任危机。因此，品牌危机的产生的一个重要因素就是产品质量。

2. 品牌因素

品牌资产是根据品牌在市场中的定位和目标消费者的选择，设计满足市场和目标消费者的产品，同时使消费者能够产生良好的品牌联想的过程，因此，市场和消费者共同决定了品牌资产的形成，消费者对品牌形成的联想的强度、内容是决定品牌资产价值的重要因素。品牌营销策略失误导致的品牌危机如图4-1所示。

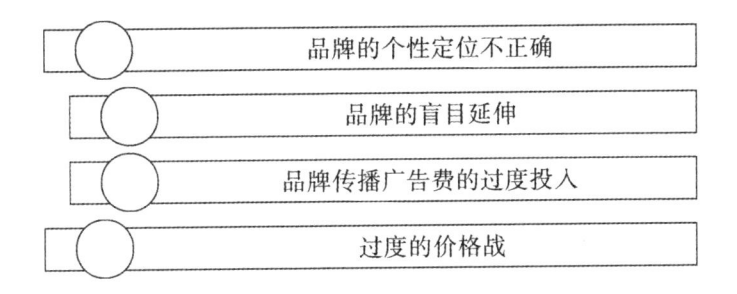

```
○──── 品牌的个性定位不正确
○──── 品牌的盲目延伸
○──── 品牌传播广告费的过度投入
○──── 过度的价格战
```

图4-1　品牌营销策略失误导致的品牌危机

3. 市场因素

企业在市场环境下，会受到市场中经济、技术及行业竞争等环境因素的影响，环境的变化存在着许多不确定因素，容易造成品牌危机的产生，在整体市场经济出现萎缩，消费者的购买力较低时，容易造成品牌的销量下降，从而造成品牌危机的出现。在行业技术进行革新时，运用过时技术的品牌所生产的产品会没有新兴技术所生产出来的产品受欢迎，从而产生品牌危机。

4. 管理因素

企业的有效管理也是影响品牌危机的重要因素。在过去发生的品牌危机事件中，对待事件采取不重视和傲慢态度的企业通常会被消费者所反感。同时，企业在采用合理的手段平定了品牌事件之后，企业管理者的态度仍然影响着危机事件的最终结果。因此，管理者在品牌危机处理的过程中有着关键的作用。事件是否会转化为危机，受以下企业管理四个方面的影响，如图4-2所示。

```
○ 企业聘用的管理者的特征和行为方式
○ 企业文化
○ 企业危机管理的基础措施
○ 企业总体策略，如规划方法、管理机制与程序等
```

图4-2　企业管理中存在的影响危机的因素

其中，管理者对危机的处理手段和能力、行为方式与特征是决定事件是否变成危机的关键。对危机有敏锐洞察力的管理者，能够在危机发生之时采用有效的手段来对危机进行有效的解决，大事化小，小事化了。

（三）品牌危机的处理

品牌危机管理的基础就是正确的认识危机产生的原因和情景，同时对危机出现的原因及情景进行客观的评价。与处理企业危机的方式相同，品牌危机的处理也是需要品牌制定相关的危机解决制度和原则，同时自建危机处理小组来解决危机事件，将危机事件进行妥善的解决和消除。可以说，品牌危机管理贯穿了品牌事件变为品牌危机的全过程，危机管理可以有效遏制品牌事件转变为品牌危机，对各方的利益进行协调，通过沟通能有效减少品牌危机的产生。

对品牌危机的处理，主要可以分为三部分进行。

首先，企业应该清晰地认知品牌危机事件的发生。企业对品牌事件的认知不仅仅是要在企业的微观层面上，更要将品牌事件置于整个市场的大环境中，关注消费者及公众对品牌事件的看法。当消费者对品牌事件呈现出消极的态度时，应该及时对品牌事件进行处理，尽可能改变公众的认知，抑制住品牌事件的消极影响。

其次，决策是执行。品牌危机处理团队在进行决策时应该全面地联想出事件发生可能导致的各种情况和结果，能够减少在之后的处理过程中的偏差。市场环境是在不断变化的，事件的影响进程也是不确定的，因此要注重在品牌事件的处理过程中，决策与执行的紧密衔接，避免出现决策与执行脱节的现象，实时关注决策与执行过程中的变化，注重执行的效果。

最后，品牌事件在执行的过程中能够得到较好的处理，就证明品牌得到了挽救。同时，在危机消退的过程中，企业不能放松警惕，因为有时还会出现意料之外的事情，要等到危机彻底解决之后才能将品牌危机管理团队的人员进行减少或解散。

Michael Regester把危机管理的过程归纳为6个阶段，包括认知、勘察、决策、执行、微调和结束。危机的出现总是不确定的，没有固定的危机处理范式来应对所有出现的品牌危机事件，因此企业在处理危机时需要有极快的反应速度，正式的危机处理计划就需要企业展现出在短时间内的反应能力和组织灵活性。在处理品牌危机的过程中，没有制订危机管理计划会面临着更大的危机，同时也证明了企业的发展不稳定。危机管理计划应该充分搜集相关的信息，在制订的过程中要考虑计划的灵活性，同时还需要考虑到使计划执行人员充分理解计划的内容。危机管理计划的基本内容如图4-3所示。

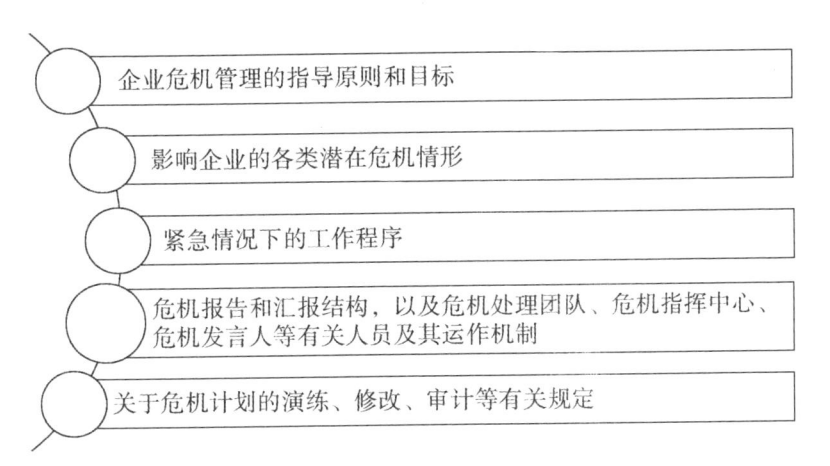

- 企业危机管理的指导原则和目标
- 影响企业的各类潜在危机情形
- 紧急情况下的工作程序
- 危机报告和汇报结构，以及危机处理团队、危机指挥中心、危机发言人等有关人员及其运作机制
- 关于危机计划的演练、修改、审计等有关规定

图4-3 危机管理计划的基本内容

品牌运营专栏2

钉钉的品牌危机处理

1. 钉钉的基本介绍

钉钉（DingTalk）是阿里巴巴集团专为中国企业打造的免费沟通和协同的多端平台，提供PC版、Web版、Mac版和手机版，支持手机和电脑间的文件互传。钉钉的SLOGAN是让工作学习更简单。秉持着这种信念的钉钉，也将其核心功能打造得相当完善。其核心功能主要包括：组织在线功能（企业通讯录、钉钉智能人事）、企业沟通功能（视频会议、办公电话、DING消息必答、消息已读未读、团队组建功能、密聊模式、企业群）、企业团队办公协同功能。

2. 危机的形成与发展

2020年，受疫情的影响，学校师生都被困在家中，全国各地的学校都在相继延迟上课时间，教育部号召"停课不停学"，因此线上授课的渠道需求空前变大。此时，钉钉被选作为小学生网络学习平台，竟然被小学生组团打差评，险些被下架。起因很简单，由于假期时间被大量挤占，小学生们被迫上网课本就苦不堪言，甚至还要被钉钉"云监工"，听闻APP评分降到一分就会被下架，于是纷纷在应用市场给钉钉打了一星，海量"好评"蜂拥而至，让这款拥有11亿次下载量、兢兢业业运营了5年的办公软件，评分直接从4.9分掉到了1分，而底下的评论也是让人哭笑不得。

面对如此气势汹汹的低分评论，"扛不住"的钉钉开始了求饶之路，先是在官微发了一张委屈的表情包向小学生"低头"，然后动员阿里家族的"兄弟姐妹"赶来支援，淘宝、支付宝、盒马、花呗、阿里云等在线为钉钉"求情"，却不料集体"翻车"，评论区瞬间被攻陷。万万没想到，这届小学生实在太难哄，继"差评"后又送上了一首神曲抒发对钉钉的"爱意"，不得不说，歌词押韵整齐、内容意象丰富，是完美的出征战歌。再次被逼疯的钉钉深夜营业，在B站发布了一段可怜巴巴的"求饶"短视频，"跪求"全国的"少侠们"高抬贵手，疯狂喊"爸爸"，简直又好笑又让人心疼。或许是钉钉这版勇于自黑的短视频起了作用，缓解了小学生们的"怒火"，好笑之余触动了网友们的恻隐之心，目前软件评分有所回升。

作为一款能满足各种需求的智能化办公软件，凭借着强大的功能，钉钉深受企业欢迎，然而这次却在小学生这里惨遭职业生涯滑铁卢，在这场特别的差评风波中，钉钉的危机公关还是处理得非常成功且有效的。

3. 危机公关处理手段

（1）机智自嘲博取好感，有态度有个性。

都说小学生群体是无敌军团，"所到之处，片甲不留"，面对这群"祖国花朵"的攻击，传统形式上的澄清说明肯定行不通，高高在上的品牌也得放低姿态，采用他们喜欢的方式来"化干戈为玉帛"。现代小学生从小到大都生活在互联网的环境下，深谙网络潮流，表情包、玩梗等可谓手到擒来，钉钉借机通过短视频这种点对点的方式去迎合小学生的"口味"，萌炸的动画配上各种表情包，再通过魔性rap进行自嘲求饶，不仅向大众塑造一个趣味人性化的形象，同时缓解了受众的抵抗心理。自嘲的第一要义是要有趣有料，内容更要有相关性，才能激发用户的参与感，钉钉此次正是站在学生角度精准把握用户心理，在娱乐用户的同时也提升了自身的知名度。这波"卖惨求饶"的操作也获得了众多网友们的心疼，大家都跑去为钉钉上分。

（2）趁势建立品牌形象认知，拉回口碑。

小学生的威力之大令人咋舌，在"报复性"将钉钉刷至一星差评后，又把目光放在了钉钉的Logo上，原因竟是因为钉钉的Logo与蝙蝠翅膀相似，经过各种脑补与"推理"后，不少网友都说："确实像蝙蝠翅膀。"面对大众的疑问，钉钉官方火速画图分析做出了回应，其Logo灵感来源是他们的吉祥物，一只叫"钉三多"的燕子，提取了燕子头上的毛和翅膀组成钉钉的Logo，还有闪电、钉子的含义，表示快速必达的意思，并非网友臆想的蝙蝠。从品牌传播的角度出发，Logo是为了诠释品牌，让品牌更好地与其他同类化竞品区分开，以便让大众快速形成品牌认知，是引发用户价值认同最有效的品牌符号。通过一场"乌龙"闹剧，钉钉趁势将自身形象充分具体地展现在大众眼前，强化了用户对品牌形象的感知，也让更多用户看到钉钉的诚恳态度，成功俘获了一批"黑转粉"。

（3）将"差评"转化为传播素材，扩大品牌影响力。

这场由小学生引发的"特别公关"，究其原因还是因为假期被迫在家上课引发的不满导致的，钉钉不过是作为一个"情绪宣泄口"，而"差评"的侧面也正印证了钉钉自身软件功能的强大。一石激起千层浪，自小学生后，B站、微博等涌现出大量以钉钉为素材的作品让人目不暇接，作为家里"顶梁柱"的阿里巴巴，更是以开放的心态做了个短视频为自家"儿子"正名。作为企业管理运营的常规软件，此次钉钉"脱掉"严肃感，以一种娱乐自黑、与大家玩到一起的方式进一步拓展了自己的社交属性，吸引更多网友以此为谈资病毒式传播的同时，扩大品牌的影响力，提高了软件的下载量。

互联网发展到现在的阶段，早已深入到大众生活的方方面面，2020年的疫情导致人们的生活在不同程度上均有所受限，诸多的互联网平台，纷纷利用自身领域的专业技术"辅佐"着大众的生活。在已经做好基本办公功能的基础上，钉钉及时捕捉到此次疫情中广大学校的教学和管理需求，响应号召，推出线上课堂满足教育教学需要，较传统课堂形式更加多元化并根据具体应用场景逐步进行各种功能的完善与延展。这波操作，成功"收割"了一大批的学生资源，经过此次的"差评"事件更是直接打响了钉钉的知名度与影响力，而钉钉也借机完成从职场到学校的更多年龄层的覆盖，甚至可以说实现了自身量级的突破。

4. 思考与启示

从钉钉的危机公关方法中，我们可以发现，钉钉较好地践行了危机公关的5S原则。

一是承担责任原则。钉钉通过视频表明自己是被教育部选中的"孩子"，此番危机虽然与钉钉这一产品的功能与操作并无太大关联，但钉钉仍表示自己理应承担好线上教学的重任。

二是真诚沟通原则。钉钉所采取的危机公关方法与腾讯所采用的硬核公关方法存在着显著区别，且不同于以往的企业在处理危机时采用的发布公关稿的策略。钉钉针对危机来源的特征,用卖惨的方式进行真诚沟通。

三是速度第一原则。在事件发生后不久,钉钉便发布图文及视频,在第一时间采取应对策略。

四是系统运行原则。钉钉采用了借助"内力"的方式,通过阿里生态挽救企业形象。

五是权威证实原则。钉钉搬出教育部的认证,表示自己承担线上教学的责任义不容辞。

此外,在这一案例中,我们能够看到钉钉这一产品超出危机公关5S原则的智慧——卖惨的哲学。这种卖惨公关方法的运用并非钉钉的心血来潮,而是经过了深思熟虑的。

(1)针对不同的用户群体,应采取不同的策略。

在这场危机中,钉钉首先洞察到其需要"公关"的对象为00后群体。作为网络新生代和舆论主力军的00后,他们拥有着无限的创造力和热情。倘若钉钉据理力争,则可能会掀起更大的波澜。那么该如何运用更为和谐有趣的方式与这一群体进行沟通呢?通过B站发布视频和微博卖惨显然是很好的选择。近些年来,B站成为年轻人互动和交流的场所。根据艾瑞咨询所发布的报告来看,B站的用户年龄多集中于24岁及以下,其占比高达38.51%。而在对B站的用户画像进行研究时,我们则可以发现其核心用户为二次元爱好者及UGC创作者。钉钉牢牢抓住这一点,通过歌曲创作的方式博取了一大批的注意力。此外,钉钉也看到了微博互动率高这一优势,选择了通过微博平台与用户进行沟通。面对这样的境况,钉钉在B站与微博对危机进行回应显然是较为巧妙的选择。在选对渠道之后,钉钉再采用动之以情,而非晓之以理的方式。这样的方法使钉钉更好地化险为夷。

(2)立足企业的长远价值,与用户建立联系与共鸣。

钉钉之所以运用如此情感化的方式与卑微的姿态同用户进行沟通,也是考虑到00后新生代的力量。在整个危机公关过程中,钉钉动用阿里生态,在进行危机公关的同时为阿里生态中的其他企业带去新一波的流量与关注。因而这场危机对钉钉来说并非"有百害而无一利",反而为钉钉带来了绝望中的希望。我们深知,钉钉的诞生是为了给现代的人们提供数字化的办公场景。对于钉钉来说，00后甚至10后这一代新生代则都是未来办公软件的主力军。在此场危机中与未来的用户打个照面，并与其建立联系与共鸣，无疑可为未来的阿里生态储备新的力量与活力。

危机中也有机遇。企业在进行危机公关时，不应过于局限自己的眼光，反而应立足于企业的长远发展，塑造更为正面良好的企业形象。

（资料来源：作者根据多方资料整理而成）

三、品牌资产增值点——社群管理

（一）社群管理的中心化和去中心化

1. 中心化的管理

"无规矩不成方圆"，社群的管理也是需要秩序的，才能实现持续运营的目标，因此建立社群管理规则是十分重要的，是建立社群前期的主要任务，同时还要在社群的发展过程中不断根据环境的变化来调整规则，保证社群能正常发展下去。品牌对社群的管理也应该制定相应的规则，这样才不会使消费者社群乱套。当然品牌方需要充分了解消费者的特点及属性，根据消费者的特点和属性来进行管理，使消费者能够在社群中充分表达自己的观点，有利于品牌了解消费者需求的同时还能够找出品牌产品的不足。

2. 去中心化的价值内容

去中心化管理相当于是中心化管理的延伸，是随着消费方式和消费者主体变化的产物。由于背景和条件的不同，中心化管理与去中心化管理没有可比性，没有必要区别出谁更优，也不是非此即彼。具体来说，去中心化主要是指关于社群中的信息和内容不再由专门的人或者社群管理人员产生，而是社群中的大家各抒己见，共同参与、共同创造。

（二）社群营销

1. 解读社群营销

社群营销就是通过各种平台载体，将对产品和服务具有相同兴趣和需求的人聚集起来，并在群体中进行营销的商业形态。例如，微信、微博等平台，甚至是线下的社区都可以作为社群营销的载体。消费者的需求在不断变化，从之前对功能有更多的需求转变为对品牌的口碑、形象等方面的需求，通过对这些精神因素的追求，使消费者对品牌有更高的品牌忠诚度。而社群使聚集的有共同需求和兴趣的人，彼此之间有一定的信任度，社群更加利于品牌忠诚度的建立。

2. 社群营销的运营方式

在互联网经济的推动下，社群营销成了各大企业营销策略的选择，抓住了社群营销的优势，就意味着业务能够健康成长。但是社群营销的运营并不是那么简单的，对企业来说，具有一定的难度。因此，企业在运营社群营销的过程中需要具备以下条件。

第一，意见领袖是动力。社群营销不同于网红经济的仅仅依靠网红来进行运营，但是社群的运营还是需要一个意见领袖。

第二，提供优质的服务。企业可以通过社群来为消费者提供更加优质的服务以及能够满足消费者需求的产品。

第三，优质的产品是关键。产品是销售的核心，不论是工业经济时代还是互联网经济时代。没有能够让消费者满意的产品，产品没有卖点和创意，再好的营销都是在做无用功。

第四，宣传一定要到位。在解决产品这个核心之后，就需要将产品的特点表现出来，尤其是在互联网时代，宣传方式的选择尤为重要。

第五，选对开展方式。社群营销具有多种多样的开展方式。主要有三种：一是企业自己建立社群，组织线上、线下的各种活动；二是企业没有自己的社群，通过支持和赞助的形式来开展社群活动；三是与社群中的意见领袖合作开展活动。

3. 社群营销的突破点

社群的建立并不是社群营销的重点，建立社群之后的运营才是社群营销的重点。为了将社群运营好，主要注意以下几点。

一是把社群成员转变为目标用户。社群的成员很容易聚集在一起，但是社群成员是否能够成为目标消费者是品牌社群营销的第一个突破点，也就是实现社群的变现。在建立社群之后，通过众筹等方式来吸引粉丝，同时不断推出新产品和采用合适的价格。

二是让社群保持持久的热度。社群的热度是有时间寿命的，我们应该都体验过，不论是QQ群还是微信群，群刚建立的时候群里的活跃程度很高，但是随着时间的流逝，群里面就只剩下几个人比较活跃了。

品牌运营专栏3

从用户思维看小米的社群营销

1. 公司简介

小米公司一直以来致力于提供高端智能手机，其专注于自主研究，为市场不断输出各种各样的产品。"为发烧而生"是小米手机面对各种争议而提出的品牌宣言。而这种激动人心的品牌宣传语，能够帮助品牌聚集大量的发烧友。随着小米生态圈的扩大，小米公司能够满足更多消费者的需求，同时也使社群不断扩大。

在小米成立10周年的纪念日时，雷军作为小米科技的创始人表示，10年的时间飞速流逝，但却留下了无数的回忆。10年的时间，使小米从无到有，从小变大，成为手机行业的巨头。小米手机的成功离不开社群的成功营销，小米的MIUI通过社群的方式，没有花费一分钱广告费，而雷军也做出新的承诺，通过社群营销，能够无须花钱宣传就能卖出100万台手机。

充分了解消费者的需求，倾听互联网消费者的声音是品牌营销的关键。因此为了达成这种目标，小米自建社区，通过自建平台来接收手机消费者的各种意见和反馈。通过建立社群，增强发烧友之间的联系，并根据搜集各种反馈信息来使品牌不断创新，开启社群营销之路。

2. 小米社群营销之路

（1）同好——一个聚集手机发烧友的社群。

从手机还没有正式开发之前，小米就开始注重社群的建立，运营团队根据产品的特点，锁定目标消费者的圈子。通过平台，使消费者参与到产品开发的各个环节中，从而增强消费者的参与感和荣誉感，帮助企业培养忠诚的消费者。除了手机论坛外，小米寻找和吸引粉丝的平台主要是微博。据说，创始人雷军跟几大合伙人通常会通过在微博、论坛等大型流量池寻找目标人群，通过和平台上的用户互动积累粉丝，总共积累了至少有100万粉丝。小米会在MIUI论坛向铁杆粉丝预售工程机，粉丝向客服反映问题，修改bug，粉丝通过微信、微博、论坛晒单，预先宣传。

（2）结构——金字塔粉丝结构。

小米根据不同平台用户的特点，进行分别运营。一方面，小米借助外部的社交平台进行社群营销。由于当代社交软件丰富多样，同时还具备传播性强、知名度高等特点，能够使产品信息在人群中快速传播，不断获取新用户。另一方面，小米对MIUI论坛用户的营销，根据不同的细分层级，采用不同的营销手段。根据用户的特点，将用户分为五个层级：第一层是注册用户，也就是新用户；第二层是认证用户，主要是提供更多信息的用户；第三层是VIP用户，是相对于认证用户，做了更多的任务的用户，对品牌具有一定的忠诚度；第四层是小组用户，根据用户的兴趣，分为摄影小组、刷机组等；第五层是资深用户，这类用户对品牌有深入的了解，几乎能够成为品牌的KOL。这类用户通过UGC，不断积累自己的人气和影响力。

（3）运营——"宠溺"粉丝无极限。

小米注重用户的运营，将微博、微信、论坛互动同步进行，以为用户提供优质的服务，增加用户的参与感与仪式感、归属感和组织感为目标，不断提升用户价值。开发一个新用户的成本远高于维护忠诚用户的成本。小米在系统开发的过程中，通过不断搜集用户的建议，从用户的角度来设计系统。在小米手机正式上市之前，先会选取部分用户进行试用，以用户的角度判断新产品在市场上的销售能力，同时还能使用户在使用过程中提出意见，对产品进行不断的改进。同时当系统出现漏洞时，小米还会将缺陷的管理系统发布到网上，让用户参与修改，增加用户的参与度能够使社群更加具有活力。

（4）输出——内容为王。

小米的社群就相当于一个手机的使用方法群。在社群中，用户可以将自己的使用感受及在使用过程中发现的各种玩法发布出来，使社群成员之间有更多的交流，同时还能使用户创造价值。在这个内容为王的时代，只有创造更多优质的内容，才能实现吸引更多消费者的目的。这是一个信息过载、传播过度的时代，同时也是一个信息找人的时代。有了人，有了私域流量，只要坚持用户思维，抓住社群营销基于人的本性这一本质内涵，就能把社群经济发挥到极致。

3. 发展总结

小米的社群营销可谓是社群营销成功的典范，从小米进入行业起，就成为行业持续的领跑者。在一次一次的创造销售神话的背后，离不开技术和社群运营的成功运作。对于传统企业来说，小米是一个学习社群营销的模板。互联网时代的社群营销是主流，不跟上时代的潮流，最终会被时代所淘汰。因此，传统企业可以充分吸收小米社群营销的优点，同时根据自身的特点，建立适合自己运营模式的社群营销。

（资料来源：作者根据多方资料整理而成）

四、品牌资产激活点——保持品牌生命力

在品牌的发展过程中，无法避免的是产品、品牌的发展生命周期的影响。如果任随品牌发展，不采用有效的措施，保持品牌生命活力、延长生命周期，那么品牌最终会被时代所抛弃，跟不上消费者需求的变化以及市场的变迁。品牌资产需要注入活力才能持续保持品牌的生命力，因此在品

牌发展的过程中,要注意品牌的发展阶段,尽量避免品牌老化及品牌生命力丧失。

(一)判断品牌是否老化

在大自然中,人和动物是否老化可以通过外貌特征及言行举止体现出来,而品牌资产作为企业的无形资产,不能直观地体现出来。因此,评判品牌资产需要使用一定的工具,通过观察数据分析工具来对品牌进行评价和分析。同时,还可以通过以下两种方法来评判。一是产品销售增长缓慢。在品牌定位没有偏差,产品性能没有出现问题的情况下,出现了产品销售量增长乏力等现象,就代表着品牌的活力不足。二是品牌与用户之间的互动情况差。反映品牌活力状态的最好的指标就是与用户之间的互动程度,品牌在营销的过程中,产品的销售及营销活动的展开,都需要与用户互动来搜集市场信息,因此,如果品牌与消费者的互动情况差就意味着品牌的吸引力在降低,产品销售与消费者需求脱节,品牌的活力逐渐流失。

(二)保持品牌年轻化

为了实现品牌年轻化的目标,品牌必须重视市场及消费者的需求,同时还要根据市场和目标消费者的需求变化不断进行调整,及时洞悉变化和解决问题。在互联网快速发展的时代,要注重运用互联网工具,了解消费者需求,与消费者互动的过程中使用互联网渠道,可以达到便捷和有效的效果。当下年轻消费群体的购买力较强,年轻消费群体注重个性化需求,同时还喜欢具有鲜明特点的品牌,将自身的特色需求与品牌特色相结合,充分体现自身追求、张扬自身特色的特点。在品牌宣传的过程中,通过互联网渠道,采用娱乐化的方式对品牌进行宣传,借助热门话题、网络流行语、表情包等,还可以使用自黑的方式,缩短品牌与消费者之间的距离,增加品牌影响力。品牌通过宣传,塑造亲近消费者的形象,注重消费者的个性表达,吸引消费者的参与,增加与消费者的交流和沟通,才能使品牌年轻化更加有效地实现。互联网时代的信息特征是碎片化的,品牌的传播要根据信息特征来进行相应的调整,品牌的宣传要更加注重内容的输出,才能让品牌的宣传更加有效，使消费者能够清晰地感知和认知到品牌。

（三）品牌保持活力的策略

1. 不断推出新品类

仅仅通过服务来活化品牌是不够的，还要注重产品的推陈出新。对于企业来说，最好的市场竞争就是没有竞争者，而不断推出新产品在一定程度上是可以实现无竞争状态的。通过不断推出新产品来活化品牌，在吸引消费者的同时，还能够给消费者提供一个与时俱进的品牌形象，更加迎合消费者的需求。

2. 更新购买理由

品牌并不是一成不变的，而是应该根据市场的变化不断更新品牌的卖点，根据对目标消费者进行细分，找出消费者购买产品和服务的理由，从而对品牌进行更新和改进。品牌可以在每年为消费者提供一个购买理由，根据当年的流行趋势与潮流，对品牌进行宣传和传播，通过持续性的公关和促销，将品牌打造成当下的热点。

3. 形象不断年轻化

时代在变化，消费者的审美也在变化，企业需要根据时代的潮流和趋势，不断更新产品的形象，使品牌的形象不断年轻化。企业可以通过更新品牌和产品的包装、规格、形象代言等来使品牌年轻化，使品牌具有活力，防止品牌形象老化。

4. 品牌符号化，抢占社会资源

在品牌的打造过程中应该将品牌的符号注入其中，注重品牌的符号化建设。当品牌拥有一个具有鲜明特点的符号时，能够使消费者记住品牌特征，使消费者对品牌的认知过程更加简单。当然，品牌也可以将符号与社会资源挂钩，实现更大程度的推广。

5. 体验传播

随着消费者的需求越来越多样化，越来越多的品牌采用体验传播的方式进行品牌宣传，通过体验，使消费者对品牌和产品产生一定的认知。体验传播的效果主要是通过消费者个人的反映来体现品牌价值，在传播的过程中，增加消费者与品牌、广告之间的交流，使广告更加具有体验的特性。

6. 副品牌反哺

副品牌对企业来说，起到的是对主品牌的辅助作用。副品牌不一定长时间存在，可能会因为技术、市场等原因而过时，主品牌才是企业的重点。通过副品牌，可以促进主品牌的宣传和产品销售工作的进行，主要的手段体现在：利用副品牌的低成本吸引消费者的注意，同时提升消费者对产品的认知程度，增加品牌所创造的价值，利用副品牌来衬托出主品牌的良好形象。

（四）保持品牌生命力的注意事项

保持品牌生命力，绝不是跟风就能实现的，为了保持品牌生命力而盲目跟风会忽视消费者的需求，没有满足消费者需求的品牌营销就是在做无用功。同时，这种没有满足消费者需求的做法，不但不会对品牌产品的销售产生促进作用，甚至还会产生负面影响，引起消费者的厌恶。因此，在品牌老化的路上，品牌可以通过运用互联网渠道，紧扣消费者需求，不断地给品牌注入活力，延长生命周期，保持品牌生命力。

品牌运营专栏4

果木时代，老牌隆力奇演绎新辉煌

1. 公司简介

隆力奇生物科技有限公司（以下简称隆力奇）位于江苏省，是一家开发、研究日化产品与养生保健产品的公司。一直以来，隆力奇的日化产品质量过硬，使用效果好，受到了消费者的喜爱，保持着较高的美誉度。但是随着时代的变化，隆力奇作为一个具有一定年龄的品牌，似乎与时代有点脱节。忠诚用户逐渐老化，品牌审美跟不上时代的潮流，没有争取到年轻用户，使消费群体逐渐萎缩。由于隆力奇日化产品的质量较优、价格实惠，受到了60后、70后消费者的喜欢。但在当下，年轻消费群体把控着主要购买力，这类消费者对于隆力奇的品牌认知不清晰，低价格的定位也使消费者对产品质量产生怀疑，同时年轻购买力更加关注品牌的特色，对品牌的产品品质和时尚化的要求更加严格。因此，隆力奇品牌老化使其丧失了年轻用户群体的青睐，需要进行品牌革新。

2. 打造新品牌，注入活力

果木肌密是隆力奇为应对品牌老化问题所打造的一款新品牌。品牌在对市场进行分析时发现，目前做草本类的品牌已经呈现红海的现状，因此，果木肌密将市场瞄准于珍果市场。针对不同的肌肤问题，利用不同类型的珍果来应对。品牌以"新生、能量"作为发展的重点内容，开启"珍果护肤"的新时代。

（1）以视觉取胜——绿海之中红最亮。

盛行多年的草木护肤在市场上的竞争逐渐乏力，市场也在逐渐萎缩。因此，在草本护肤的风潮过去之后，需要有新的创造者来带动市场的发展，更新市场格局，带动新的消费风向。而果木肌密，带着五颜六色的森林果实和明亮的红色品牌识别色，在一片绿海中，从视觉上成功突围！

（2）以品类取胜——你方唱罢我登场。

从品类出发，用品牌表达。品牌只有以消费者的需求为出发点，才能发展新的蓝海市场，才能把握住品牌升级的机会。以新品类开辟新蓝海，带来商超护肤市场全面进化。

作为隆力奇的战略新品牌，市场细分成为品牌发展的第一目标。隆力奇针对现有市场上的竞争激烈的情形，开辟出"森果嫩肤"的全新护肤品类，挖掘世界森林里的果实，充分发挥森果的天然嫩肤功效，不一样的森果会拥有不一样的功能，可以针对不同的皮肤问题，采用相应的技术，生产出相对应的产品。

（3）以标准定局——标准才能恒久远。

①慎选最新鲜的初生果实。在品牌的原材料选取方面，选取了最具有营养的初生果实，相对于成熟果实，出生果实中浓缩了最具有营养的精华，同时纯净的特质和营养能够给肌肤带来更加温柔的呵护。因此品牌打造纯净、温柔的形象来增加消费者对品牌的认识，也能够让年轻消费者耳目一新。

②嫩颜科技，创新变革。初生鲜果的精华提取工艺也十分需要技术。果木肌密汇聚全球八大科研机构集体智慧，研发出"Energy-born果实细胞能量提取科技"，该技术中最重要的"双优活能萃取"能有效完整地提取出果实的天然嫩肤成分，使初生鲜果的功效实现最大的作用。

③五嫩标准，惊人嫩颜能量。原材料通过具有较高科技要求的处理之后，还需要进一步加工，使产品的功效能够达到活力、温柔、水嫩的效果，更加符合产品和品牌形象。

④产品到精神内涵的植入。产品的价值打造需要消费者的生活及需求产生共鸣，为品牌赋予更高的价值，实现从品牌到情感，从产品到精神的升华。

（4）让价值渗透——品牌灵魂的产品表达。

①以森果为核心的产品创建。品牌开拓珍果护肤的市场，必须对产品进行全方位的打造。根据森果的不同种类和功效，打造各具特色的产品，但同时还要贯彻品牌的核心价值。

②创新传播模式，开创护肤粉丝营销。互联网时代，品牌可以线上、线下营销"双管齐下"，线上引流，线下体验，实现整合营销。同时还运用自媒体和KOL来打造粉丝文化，进行社群营销，增加消费者黏性和忠诚度，在满足消费者多样化的需求的同时，还要注重其对体验营销不断提高的需求。因此品牌通过线上的宣传引流，使消费者参加线下的体验活动，增加消费者的参与感，提升用户对品牌的认知。线上和线下的紧密结合，形成一个营销闭环，提升品牌传播的效率，提高品牌销售能力。

③样板市场先行，"嫩"的全民狂欢。果木肌密上市，通过举办一系列活动，来进行大范围的传播，同时将品牌价值和品牌理念融入活动中，

使消费者在参与的同时，能够深刻理解品牌。

3. 发展总结

不少传统品牌因为跟不上时代潮流的变化而被市场所抛弃，其中也不乏我们所熟知的一些企业。企业应该根据时代发展的趋势而不断进行改变，市场是变化的，消费群体也是在不断变化的，长期保持在原有状态只会使品牌老化，没有活力。

（资料来源：作者根据多方资料整理而成）

第二节　电商品牌运营

在互联网时代，电商的发展不再如之前那样的粗放发展，电商红利逐渐减少，逐渐进入精细化发展阶段。在这种情况下，电商要注重品牌的塑造，使品牌在激烈的竞争中能够获取优势，在竞争中脱颖而出。

一、电商品牌运营要素

在互联网大潮的影响下，之前的商业模式已经变得不再能够快速适应变化的市场，不能促进品牌企业持续健康发展，寻找转型之路成为各大品牌的必由之路。电商行业的迅速发展，为传统企业提供转型的契机，其电商品牌要想在竞争激烈的市场中立足，就必须把握电商品牌的营销要素：产品质量、诚信至上、精准定位、品牌重塑、营销手段。

（一）产品质量

产品质量是指产品在其使用过程中所体现的价值，即能够满足消费者的功能需求，有一定的用途，满足消费者在生产、生活和工作上的特殊的性质。消费者对于传统的产品可以在线下直接接触，通过自己的亲身体验，来感受产品的质量；而电商产品不同于传统产品，消费者只能通过购物平台和网站对商品的相关信息进行展示，获取产品信息，对于产品质量无法探知。

品牌是一种信用保障体系，如果产品质量出现问题，那么品牌也无法在市场上立足，尤其对电商品牌来说，出现产品质量问题是致命的打击。因此，电商品牌的运营应该注重产品质量的改善，帮助产品本身不断地升级改造，打造良好的品牌形象。

电商产品在获得消费者的赞誉之后，能够给消费者留下满意的印象，增加了产品在消费者心中的满意程度和喜爱程度。具有良好的美誉度的产品，能够通过消费者的社群进行传播，社交的裂变传播能够给产品和品牌带来巨大的流量。电商品牌需要依赖持续的经营来积累品牌的美誉度，因此产品质量的保证对于品牌的发展十分重要。

（二）诚信至上

电商平台的产品质量问题一直受到人们的诟病，经常会出现卖假货、售卖次品的现象，这也导致许多电商品牌无法持续发展，无法做大、做强。因此，电商品牌想要在竞争激烈的市场中立足，就必须真诚地对待消费者，提供质优价廉的产品，不卖假货和残次品，不夸大宣传和无脑炒作，脚踏实地才能获取持续的竞争优势。

（三）精准定位

品牌定位的核心是要能充分凸显品牌和商品不同的价值，精准的品牌定位有利于其实现精准营销。在商业的发展中，已经有较为系统的品牌定位原则，一般来说具有四项原则：执行品牌识别、切中目标消费者、传播品牌形象和创造品牌差异化优势。

1. 执行品牌识别

在电商市场中，同质化现象十分严重，更加精准的品牌定位可以帮助品牌在消费者的心中拥有独特的位置，以区别其他的同质化品牌。品牌定位不能脱离品牌原来所建立起来的认知及辨识度，能够使消费者快速和准确地了解到品牌的特色，这样的品牌定位能够使品牌更具价值和意义。

2. 切中目标消费者

信息的传递应当精准切中特定的目标消费者，对品牌定位来说，定位信息也应该精准地对目标消费者进行推送。在电子商务迅速发展的时代，互联网提供技术支撑，可以运用大数据来整合信息，实现精准的推送。

3. 传播品牌形象

品牌定位在很大程度上决定着企业对消费者传递的形象内容，而且在品牌定位的过程中也应该不断树立、修正、强化企业的品牌形象。特别是传统品牌在进军电商市场的过程中，定位对于传统品牌十分重要，不仅可以根据时代特征对定位进行树立和修正，还可以强化品牌形象。

4. 创造品牌差异化优势

品牌在精准定位的过程中，还要注意对竞争对手进行分析和评估，品牌的竞争对手对于品牌的定位选择有很大的影响。只有在同质化的竞争对手中拥有差异化的优势，才能引起目标消费者的注意，从而才能引起消费者的购物行为。

电商品牌的精准定位是在竞争激励的同质化市场中获得优势的重要因素，精准的定位可以帮助消费者对品牌和产品快速建立认知，从而促进产品的营销。因此，电商品牌在定位的过程中紧抓以上四项原则，有利于企业能够找到精准定位的途径和方法，并能够在市场竞争中获得一定的优势。

（四）品牌重塑

品牌重塑就是对品牌进行再塑造，是指通过推翻品牌在消费者心中树立的形象，重新定位目标消费者，同时通过对品牌的产品和服务进行改善、运用品牌营销等手段，重新对品牌的新形象进行推广，从而重新塑造品牌在消费者心中的印象，提高品牌影响力和知名度，形成品牌效应和品牌核心价值观的过程和活动。

1. 品牌重塑的步骤

首先，对行业环境进行研究和分析，了解市场上竞争者对手的擅长之处和弱势，找到一个突破口，将自己的核心发展力量与其他企业区分开。其次，企业可以通过打造产品和品牌的卓越的品质，为企业树立优良的企业形象，其中，品质包含产品的质量、服务质量和企业文化等。最后，将品牌植入到每一次活动中，通过传播活动，将品牌深深地植入消费者的心中，从而使消费者对品牌形成认知。

2. 品牌重塑过程中的注意点

第一，品牌重塑是一个延续的过程。品牌建设并不是简简单单地将品牌建立起来，而是要进行不断的改变，根据消费者需求的变化和市场的发展而进行持续的改进和提高，并且长久地坚持下去。电商品牌经理人应该将品牌的发展置于获得长期利益的地位，电商市场是一个更新换代快速的市场，如果品牌不进行重塑和迭代，很容易被时代抛弃。因此，品牌不仅仅拘泥于短期的利益，长期的积累才能建立和塑造一个强势品牌。

第二，品牌重塑需要定期评估效果。品牌需要进行定期的评估，才能了解品牌的发展状况，发现品牌发展过程中存在的问题。品牌重塑是一个长期的过程，定期对品牌进行评估可以帮助企业实现更好的品牌塑造，进行把控。

（五）营销手段

互联网经过这么多年的沉淀，网络营销手段越来越多，也越来越成熟，品牌电商想要做好品牌，一定要学会运用网络营销手段，增强企业的影响力。在选择网络营销手段进行推广的时候，企业不要盲目跟风，选择适合自己的一种或几种方式就可以了。

二、电商品牌化营销

如今，在电商行业中，仍旧有许多电商品牌没有清晰的定位，只是在不断地推出新产品，而忽视了品牌塑造的重要性，只关注由产品的快速迭代带来的丰厚利润。为了品牌的长远发展，这种仅靠产品来扩大营销的手段是不妥的，产品的快速更新会获得短期利益，但会使品牌特色不显著，不能帮助品牌的进一步提升。因此，电商品牌在营销的过程中应该注重品牌的塑造，采用有效的营销手段来增加品牌的价值。

（一）整合优化品牌资源

对电商品牌来说，供应链的完善是基础环节。品牌在整合优化资源时，应快速对供应链各环节进行完善和更新，包括产品制造环节、产品销售环节、流程控制环节、客户服务环节。同时，将各个环节与电商品牌自身的特点结合起来，打造优质的品类，重新进行品牌定位。

产品和服务是电商品牌最核心的资源，因此，在整合资源的过程中应该尽可能地提升产品和服务的价值，着眼于消费者的需求，提升消费者对品牌产品和服务的信任程度，打造真正具有价值的品牌。除了产品和服务之外，还要注重网络技术的优化。电子商务是以网络技术为依托的，因此，优化网络技术资源也是树立品牌的重要策略。

（二）多角度地满足用户需求

消费者的需求是不断变化和多角度的，电商品牌想要提高消费者的忠诚度和满意度，就需要从消费者的需求出发。根据消费者多角度、多层次、多方面的需求来制订相应的营销策略。

1. 营造购物氛围

电商购物与线下购物最大的区别就是无法为消费者提供更多的丰富的购物体验，所以电商需要通过采用各种促销方式来营造线上购物的氛围，营造轻松愉快的购物氛围能够有效激发消费者产生更多的消费行为，同时还能够增加消费者对品牌的认知和辨识。

2. 提升服务质量

由于电商不能面对面直接服务于消费者，只能通过产品展示、客服、店面设计、物流以及售前、售中、售后服务来服务于消费者。因此，服务也是电商品牌营销过程中的重要一环，帮助品牌能够得到有效的传播，同时电商品牌的服务还影响着消费者的消费决策。电商品牌提升服务质量可以满足消费者对品牌各方面的需求，同时促进消费者对品牌形成满意和忠诚。

3. 提升产品性价比

拥有较高性价比产品的品牌更加容易受到消费者的青睐。在当下，消费者越来越理性购物，产品质量、价格、服务都是影响消费者的重要因素，因此，为消费者提供价格合理、质量优异的产品，更容易吸引消费者的目光，从而使其产生消费行为，能够帮助品牌获得更多更好的评价，在消费者的心中形成一个良好的认知。

（三）品牌包装

除了通过整合优化品牌资源来形成差异化的品牌认知之外，还可以通过品牌包装来凸显品牌区别于其他品牌的特色，增加品牌的辨识度。品牌包装在营销过程中有着为之后的营销活动奠定基础的作用，因此不能忽视品牌包装的重要性，整体的品牌营销的成功才能使企业在互联网时代中立足。

品牌包装包括两种方式：一是借助其他品牌进行包装，将品牌与其他具有知名度的品牌进行捆绑，通过借助其他品牌的资源，迅速提高品牌的知名度和辨识度，不仅能建立品牌的影响力和公信力，还能大大增加销量。二是通过网络营销的方式进行包装，通过微博、微信、短视频，对品牌进行宣传，通过合适的网络营销手段对品牌进行包装，能够在网络上形成较大的反响，在吸引消费者目光的同时还能够为品牌带来巨大的流量，形成品牌的流量池，品牌再通过一系列的活动将流量变现，转化为销量。

（四）建立品牌经营团队

人力资源是企业的竞争力，拥有一个优秀的电商品牌经营团队是一个电商品牌能够运作成功的前提。因此，培养相关的人才也是电商品牌运营过程中的重要一环，在营销过程中可能会发生各种各样的问题，充满着不确定性和未知性，在品牌面临危机时，需要拥有相关能力的人来处理品牌危机事件。

三、电商品牌提升

2015年对于中国电商而言意义重大，伴随着"互联网+"战略口号的响起，大众创业成为一种流行趋势，电商也成了中国青年人创业的主战场，而对于互联网电商品牌来说，如何利用互联网打造电商品牌，增加品牌对消费者的影响力，成了需要重点突破的难题之一。

（一）线上线下融合

近年来，电商品牌由于互联网的普及所带来的用户增长和流量红利逐渐萎缩，电商品牌的瓶颈开始出现。伴随着电商的产生，线上购物有着不能与线下购物相比较的购物体验。因此，电商品牌在接下来的发展过程中面临着诸多问题。

对传统线下企业来说，互联网具备诸多优势。

一是方便资源共享。互联网资源的共享性，对企业的宣传推广有很大的帮助，提高了宣传效率和宣传范围。

二是没有时空限制。消费者可以在网上进行消费而没有时间和空间的限制，同时网上购物的品类齐全，为消费者提供了更加便利的服务，缩短了消费者购物的时间成本。

三是容易满足消费者需求。在互联网上，很多厂家可以根据消费者的需求去定制产品，能够有效凸显消费者的个性，形成特色服务。

四是给消费者更多便利。电脑操作及网购操作越来越简化，消费者只需要几分钟就能够完成一次网上购物，非常方便。

互联网能够为传统线下企业提供更加便捷的宣传推广渠道，有利于企业进行品牌推广，并进行进一步的营销活动。

对电商品牌来说，线下的销售渠道也具有重要的优势。

一是直接。企业可以直接接触消费者，根据品牌的特点面对消费者进行推广，使消费者能够真实地感受到品牌和产品的特点。

二是便捷。线下实体店能够真正实现物流自取。

三是服务。线下实体店能够通过一系列的增值服务增加消费者对品牌的良好印象，同时还能通过近距离地接触消费者了解消费者的需求，根据需要来提供服务。

四是真实。线下实体店能够提供更加真实的售后服务，同时由于线下的实体店是可以看得见、摸得着的，能够提供更加真实的保证，消除消费者对产品质量及售后服务的疑虑，最大限度地保证消费者的利益。

O2O是互联网时代各行各业的发展趋势，电商企业发展线下业务也是必然趋势，因此，电商企业想要打造出有价值的品牌，就需要在O2O领域不断探索和前进。

（二）互联网+品牌

互联网技术的迅速发展，使互联网融入人们生活的方方面面，它不仅是一种营销渠道和营销工具，更是一种颠覆、转型、融合、人性化的思维。电商品牌的发展如果运用互联网思维，可以塑造全新的品牌营销观念，突破产品和服务层面的局限，向品牌文化和精神方面发展，能够加强品牌和产品的活力，使品牌能够迎合新时代消费者的需求，创建品牌特色，不断促进品牌向外传播。

互联网经济下，品牌营销正在发生翻天覆地的变化，打造出高知名度的品牌，是每个互联网公司都想做到的，但是，互联网时代，想要打造出高知名度的电商品牌，就必须遵守以下原则。

第一，突出社会价值。在网络时代，信息的传播呈现迅速、碎片和爆炸式增长的特点，同时企业与消费者之间的沟通更加便捷和深入。企业运用大数据技术，能够实现精准捕捉到消费者的购物需求及平常的购物习惯。由于对线上电商企业的安全管制，企业所需要展示的信息也越来越齐全，商品信息也能够更加完整地展现在消费者面前，消费者能够及时了解到产品和品牌信息。

第二，把握用户需求。"互联网+品牌"的第二大原则是能够准确抓住并解决用户的痛点和难点。产品功能需求是消费者对产品的刚性需求，是首先要满足的需求，因此，企业品牌在营销的过程中要注意消费者的需求是什么，怎样才能解决消费者对产品需求的痛点问题，同时，在品牌产品的宣传过程中，能否区别于其他品牌，能否戳中消费者心中的痒点，能否吸引消费者产生购买的欲望，都可以成为品牌在营销时可以考虑的切入点和突破点。

第三，做出差异化。差异化是企业竞争的核心问题。品牌营销模式的差异化也能够给品牌带来优势，在品牌塑造的过程中，产品和市场能够实现差异化，即企业能够洞悉具有潜力的市场，并研发出满足消费者需求且具有差异化的产品，能够给企业和品牌带来巨大的优势及竞争力。当然，能够产生差异化优势的并不仅仅是产品和市场，还包括优秀的品牌营销团队，个性化的品牌包装、品牌广告词，具有差异化的商业模式等。企业需要时刻注意在品牌营销的过程中可以产生差异化的点，这样才能促使品牌产生差异化的优势，增强企业竞争力。

（三）口碑打造

在互联网时代，口碑对于品牌营销有着很重要的作用，一旦口碑受到影响，产生负面消息时就会使品牌的营销变得很变动。互联网的快速发展使网络逐渐融入了人们生活的方方面面，因此网络口碑对于品牌营销的作用越来越大，成为电子商务品牌营销的重要组成部分。口碑对于品牌营销的影响主要体现在两个方面，一是口碑会影响消费者的购买决策；二是口碑影响着品牌的形成及形象的塑造。因此，在品牌运营的过程中，应该注重口碑的打造，使品牌能够在消费者的心中形成一个良好的认知，从而使品牌拥有一个良好的声誉。同时，企业的公关部门还可以通过互联网来促进品牌的宣传，增加品牌的良好口碑。

1. 打造极致口碑

打造极致口碑的重心就是打造极致的产品，没有好的产品，那么口碑就没有依托，没有意义。怎样打造极致产品就成了企业需要面对的问题。

第一，小而精。互联网时代下的电商具有产品更迭速度快的特点，但是产品的快速更迭不利于极致产品的打造。因此，为了极致产品的打造，需要对产品的更新进行控制，做到小而精。

第二，界定好边界。互联网时代的市场细分越来越精细化，同时消费者也需要更加精细化的产品和服务。因此，企业需要界定好品牌的边界，针对目标消费者提供满足消费者需要的产品和服务，品牌并不是要面对所有的消费者，而是要进行取舍和界定。

第三，进行产品革新和升级。品牌需要不断更新和升级，产品同样也需要。消费者的需求是在不断变化的，产品的一成不变只会让消费者对品牌的兴趣消失。得到口碑的一个重要来源就是产品和品牌能够超过消费者的预期。

2. 由极致口碑形成消费者忠诚

自媒体的兴起使每个人都是"权威"，因此，企业需要根据时代发展的特征采用相应的品牌策略。在互联网的信息爆炸的时代，消费者也是可以形成品牌忠诚的，通过社群营销，增加品牌的知名度和影响力，打造伟大的品牌。越来越多的消费者强调个性化，品牌通过打造具有爆发力的品牌个性和品牌核心用户圈子，在消费者间形成良好口碑的同时，还能形成较高的品牌忠诚度。

3. 由忠诚度转化为美誉度

当消费者对品牌形成了一定的忠诚度之后，就要扩张忠诚用户的规模，使品牌拥有更多的忠诚用户。对于小规模的忠诚用户和消费者社群，企业可以进行控制，但是用户规模逐渐扩大，企业难以进行紧密控制时，就必须采取一定的措施。首先，在管理用户群体时，可以增加社会化媒体的参与，通过制造话题、借助热点事件进行炒作，可以促进产品和品牌在消费者之间迅速传播。其次，进行"引流"，通过创造更好的内容和产品，消费者的关注能够变现，增加产品的销量和品牌的忠诚度。

4. 美誉度到更广泛的认知度

为了增加品牌更加广泛的认知度，就必须借助传统媒体的优势，让传统媒体参与到品牌宣传中，这样能够使消费者对品牌的认知更加深刻。传统媒体的参与能够让品牌的宣传更加广泛，增加产品的知名度。

5. 认知度到全部受众的知名度

通过之前的步骤，就基本上完成了品牌口碑的打造。在互联网时代，线上线下融合逐渐成为品牌打造的主流方式，为了全面增强品牌的影响力，就需要借助线下传统的传播方式，使传统传播平台能够参与进来。从企业和消费者价值的角度上看，知名度需要贯穿在品牌营销的始终，品牌需要不厌其烦地扩大品牌的知名度。品牌的传播及产品销量的增加能够通过品牌形成良好的忠诚度和美誉度，但是没有全面覆盖的品牌知名度，品牌的影响力则不够强，只有在品牌知名度达到一定程度时，才能给品牌带来更高的销量。

品牌运营专栏5

有货的线上线下融合

1. 公司简介

YOHO！BUY有货是一款专注于年轻人对潮流品牌需求的手机软件。年轻消费者可以通过APP来搜索自己感兴趣的品牌和产品，同时也可以了解品牌和产品的动态。这款APP不仅有搜索功能，还能实现购物，平台通过提供专业的买手服务和对潮流趋势的敏锐嗅觉，为年轻群体提供全面的潮流服务。

2. 有货线上线下融合历程

（1）内容+电商模式，中国第一家。

YOHO！BUY有货，从做内容起家。在YOHO！BUY有货上线之前，YOHO！集团就已经创办了《YOHO!潮流志》，这为YOHO！BUY有货的上线做了良好的品牌背书，积攒了大量的流量，使得YOHO！BUY有货在上线之后受到了广大年轻群体的青睐。YOHO！旗下的业务主要包括五个部分：YOHO！潮流志、YOHO！GIRL、YOHO！NOW、YOHO！BUY有货、BLK。其中在这个800多人的公司里，有100多人负责内容的创造。YOHO！对媒体内容的打造主要是利用各种平台和社区进行传播，通过内容来吸引流量，将流量引入到购物平台来实现流量的变现。以潮流内容、产品为基础，构建了独特的媒体+零售+活动的线上线下一体化营销平台业务模式。其中有95%的收入来自电商业务"YOHO！BUY有货"有货网，而剩下的5%主要是由媒体业务创造的。

由于YOHO！塑造的潮流产业链，使其在潮流领域具有较多的资源，各大潮流品牌也在逐渐入驻到YOHO!BUY有货电商平台，集团的收益大大增加，成为其线下发展的一个突破点。

（2）线上打造潮流圣地。

潮牌市场一直以来都有高仿产品的困扰，消费者在线上购物难免会产生困扰。因此，消费者在购物过程中首先会考虑的就是平台的信誉及平台的管控。YOHO！针对这些困扰，进行了严格的管控，平台直接自营品牌，经营相对于代销有更高的信任度。同时，对于代销产品，在进入自营仓库之前，要进行质量检测，以及防伪处理，保证消费者能够购买到货真价实的产品。

在选品方面，YOHO！BUY有货通过消费数据及买手来进行产品的筛选。为了满足年轻消费者对于个性的追求，选取了各种潮流品牌商品超过1400个，包括知名品牌、日韩流行品牌、原创品牌等。同时，还注重自身原创品牌的打造，为品牌创造了内容差异性。

（3）线下打造"一个城市一个潮流中心"。

对于新零售市场，O2O已经是一个主要的潮流趋势，不实行O2O战略将会使品牌难以壮大发展。因此，YOHO！线上线下融合是一个必然的趋势。YOHO！线下店YOHO!STORE不仅仅是一个具有收获功能的零售店，同时还是一个潮流文化交流中心。店内的潮流品牌会以一周的周期来进行品牌更新，让消费者能够在第一时间内选购到自己喜欢的商品。线上和线下的同步销售使，YOHO！BUY有货与其他销售平台形成了显著的差异，获取了巨大的竞争优势。一个城市一个潮流中心，这是YOHO！给自己的下一个"小目标"。

3. 发展总结

YOHO！副总裁钮丛笑曾在一次采访中说道："有货的存在，不只是卖货，而是成为潮流中心。"随着人们对潮牌的认可，未来潮流产业将会有更广阔的市场。新零售现在被广泛提及，YOHO！也在为线上线下齐发展而努力。但未来最重要的还是为客户带去保质的商品和好的服务。回归商业本质，以产品为王。

（资料来源：作者根据多方资料整理而成）

第三节　互联网品牌运营

互联网拥有更加便捷、广泛的信息传播形式，品牌可以借助互联网平台进行高效率的传播。在互联网时代，当一个企业打算打造一个品牌时，制订出色的品牌战略就成为一件非常重要的事情。

一、品牌定位与设计

在信息快速共享的时代，想要在竞争激烈的市场上树立独特和具有差异化的形象，就必须从消费者的需求出发，时刻关注消费者需求变化来进行品牌的定位，吸引消费者的目光。品牌的定位不仅仅局限于对品牌的目标消费者进行选择，应该进一步开阔自己的眼界，将品牌的运营工具及产品服务与目标消费者相结合，能够实现精准定位和营销。品牌定位的目的就是能够让消费者清晰地认知到品牌的产品和服务，能够在接触到或者看到某个品牌元素时，联想到品牌的产品和服务，以及对品牌的感受，能够使消费者产生良性的品牌联想。

品牌设计能够使企业品牌区别于竞争对手企业的品牌，能够让消费者准确地识别出品牌的相关标识及品牌的产品和服务。品牌设计由多个要素构成：文字、符号、标志、色彩、图案。同时，还分为品牌名称设计和品牌标志设计。

（一）品牌定位的原则

品牌定位并非随心所欲，它具备一定的原则。品牌定位进行界定的因素如图4-4所示。

| 目标顾客 | 顾客需求 | 品牌特征 | 品牌利益 |

| 竞争力 |

图4-4　品牌定位进行界定的因素

（1）注重目标消费者的需求。品牌的目标消费者就是品牌需要满足的潜在消费者，品牌要从目标市场的需求和目标消费者的需求出发，要对目标市场及消费者的需求有更加全面的了解，才能获得更加准确的定位。

（2）打造品牌差异化。品牌应该具有明确的特点，可以使消费者在有这方面的需求时，能够联想到品牌并且区别于其他品牌，通过打造品牌的差异化，能够凸显品牌区别于其他品牌的优势，使企业品牌能够在市场中独树一帜。

（3）定位清晰明确。品牌的定位一定要清晰明确，因为在信息迅速传播的时代，信息的迭代速度快且信息量巨大，消费者的大脑中充斥着各种各样的信息，想要消费者在同质化的产品中准确识别品牌，就需要借助品牌差异化的定位，能够帮助品牌形成独特的竞争优势，脱颖而出。

（4）品牌定位是一个长期的过程。品牌定位并不是随着市场和消费者需求变动的，在品牌形成定位之后，不能随意更改。随意改变品牌的定位会造成定位模糊，使消费者对品牌的识别度低，而耗费品牌的资源又会引起消费者的厌恶。

在互联网经济下，不同行业的竞争越来越激烈，每个行业的企业在竞争过程中想要获取一定的优势，就必须注重品牌的定位。

（二）品牌定位的程序

品牌定位与市场定位是分不开的，品牌定位是市场定位的核心。企业在确定市场定位之后就必须考虑对品牌和产品的形象的塑造，同时市场定位有利于产品的销售及品牌形象的传播。市场定位可以帮助品牌获得消费者认同。因此，在品牌定位的过程中应该注意按照一定的流程来进行操作。

（1）分析消费者需求。企业可以将市场进行细分，借助消费者行为调查等数据来分析目标消费者的生活习惯和爱好，分析对目标消费者来说，产品的哪些属性是最重要的。

（2）分析竞争企业。在进行品牌定位时，如何与竞争企业产生差异化优势，最关键的就是分析竞争对手的情况，通过差异化的优势来赢得潜在消费者的青睐。

（3）分析竞争优势。在进行定位时，不仅要考虑市场和消费者需求，还需要考虑企业内部的资源与能力是否能够和品牌定位相结合。更进一步表述则是产品的属性和特点要和企业自身的优势相结合。

（4）确定品牌定位。当企业对消费者需求、竞争对手情况、企业自身的竞争优势有了明确的了解后，就可以开始制订品牌的定位方案了，在制订方案之后需要对方案进行筛选，然后找出最理想的定位方案。

（5）品牌定位的传播和后续追踪。品牌定位确定后，就应该对定位进行有效的宣传，让品牌在消费者面前能够更多的曝光，使消费者能够形成认知，同时企业还要注意后续的跟踪行为，了解品牌定位是否能够长久维持下去。

（三）定位策略

不同的品牌其定位策略不同，五花八门、复杂多样。这里主要从两个方面来考虑品牌定位。

1. 从企业自身角度出发进行定位

从企业的角度进行品牌定位首先要考虑的是企业具有哪些优势，拥有哪些资源与能力。其次通过分析目标市场消费者的需求，将企业的优势、资源、能力与消费者的需求相结合，找到能够提高消费者价值的点来进行宣传。

2. 从消费者角度出发进行定位

从消费者的角度对品牌进行定位的重点是品牌能够给消费者提供的价值，相关的定位策略有三种。

第一，功能宣传策略。直白地突出产品功效，采用价格竞争优势突出产品功效，创建新品类吸引消费者关注产品功能。

第二，抽象宣传策略。将品牌与某类消费者进行捆绑宣传，通过情感定位引起消费者的共鸣，利用文化资源对品牌进行文化定位。

第三，体验宣传策略。体验宣传策略主要是让消费者获得感官上的享受或者认知上的刺激，比如听上去很愉悦、闻起来很诱人、激动、幸福等。

（四）品牌名称设计的意义和原则

品牌名称就是像人的名字一样，给品牌赋予一个"姓名"，是能够被大众了解和认知的重要因素。对企业来说，好的品牌名称能够充分显示品牌的关键要素和核心内涵，能够成为品牌传播过程中直接有力的广告词，实现产品信息的有效传播。生动有趣的名称能够使消费者更容易产生品牌认知和品牌联想，同时还能促进品牌的传播，使品牌能够建立良好的品牌形象。设计品牌名称需要遵循一定的原则。

（1）遵循法律的原则。品名在设计的过程中要注意遵循相关的法律条款，要注意是否得到授权，是否在《商标法》允许的注册范围内。

（2）易被记住的原则。容易被人们记住的品牌名称是品名设计的非常关键的原则，从用户的视觉和听觉方面考虑，品名不能取得太复杂，也要尽可能避免使用生僻字来命名。

（3）适应消费者价值观的原则。企业在进行品名设计的过程中，要注意消费者的感知体验，不要取一些不吉利、不好听、与消费者的价值观相悖的名字。

同时还要注重品牌名称的发音，品牌名称的发音也可以增加品牌的辨识度，要符合发音简单、富有节奏、产生积极联想等要求。

二、品牌形象和个性

品牌最重要的就是形象的塑造，形象的塑造是长期而又艰巨的过程。形象塑造的结果能够帮助企业差异化的竞争优势在消费者的心中留下深刻的印象，促进消费者品牌满意度和品牌忠诚度的形成。在品牌形象塑造的过程中，需要遵循一定的原则，才能实现全方位的塑造。品牌没有形成个性、没有灵魂，就会与市场上同质化的产品没什么两样，在激烈竞争的市场中不会具有优势。

（一）品牌形象塑造

品牌形象一直是品牌设计中的重要组成部分，如何塑造一个积极、健康、优秀的品牌形象是企业需要着重思考的问题，品牌形象的塑造有一定的原则。

（1）复杂性原则。企业品牌的塑造不仅需要合理利用企业的人力、财力、物力、时间等各类资源，进行周密、科学的计划，还要积极调动社会力量。

（2）标准化原则。品牌形象在塑造的过程中要遵循标准化的原则，即品牌的名称、标识、颜色、包装、功能等都必须采用统一的标准。

（3）情感性原则。品牌形象的塑造要融入对消费者的情感诉求，让品牌以情动人，具有情感魅力来吸引消费者，缩短与消费者之间的心理距离，为扩展平台和服务奠定基础。

（4）差异化原则。品牌形象的差异化原则主要表现在以下几个方面：差异化质量、差异化服务、差异化技术、差异化文化。

在品牌塑造的过程中，不同角度有不同注重点：在企业方面，要注重企业经营观念、行为及感官体验等方面的形象打造；在产品方面，要注重产品的功能、体验及产品象征等方面的形象塑造。

（二）品牌个性塑造

鲜明、独特的品牌个性能够提升企业的竞争优势，帮助企业不被竞争者模仿，是企业品牌建设环节中最重要的内容之一。品牌个性是指品牌向外展示的个性，它具有人格魅力，能与消费者进行情感方面的交流，它在简单的产品功能价值上，赋予了更深层次的情感价值，它是人们的情感寄托，当消费者感受到品牌个性的魅力之后，由于情感需求得到了满足，对品牌的依赖就会越来越深。

品牌个性塑造过程中的注意事项如图4-5所示。

品牌个性塑造是一门艺术，企业在塑造品牌个性的过程中，还要注意实用性，不是所有有创意的品牌个性方案都适合运用在品牌个性的塑造上，其中，企业在品牌个性塑造过程中容易遇到以下几点问题。

（1）适用性不强。在个性塑造过程中，往往会出现互相矛盾的情况，即个性越强，适用性越弱，但这两者又是相互统一的，既需要个性化又需要适应性，企业要尽可能地平衡两者之间的关系，不要因为过于追求个性化而严重损害了适用性。

（2）品牌个性化。互联网时代，人们的消费观念、价值观念时时刻刻都在发生变化，企业在塑造品牌个性时，一定要随目标市场和消费者需求的改变而改变，只有这样，企业品牌所打造的个性化才能持久地吸引消费者的目光。

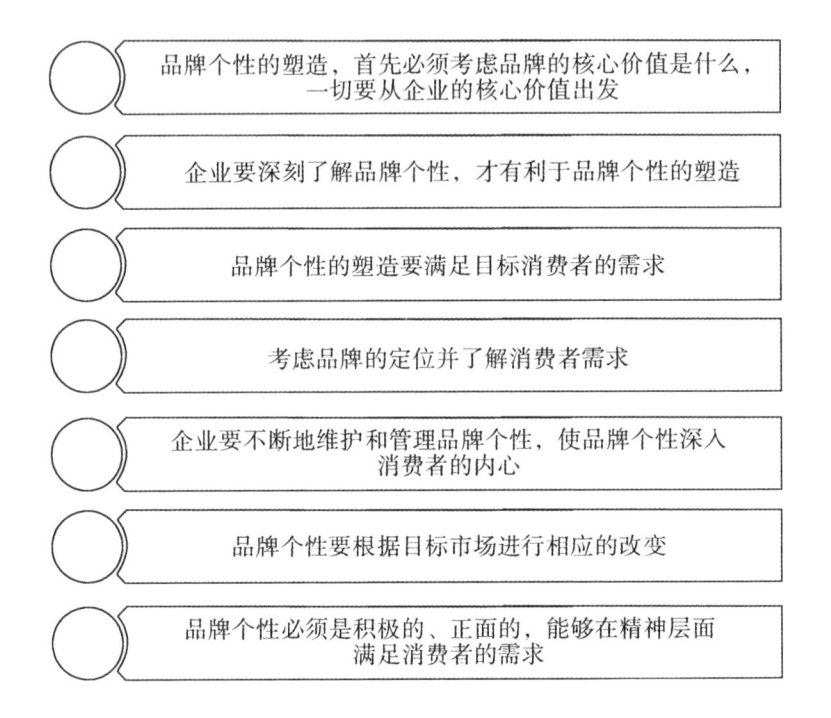

- 品牌个性的塑造，首先必须考虑品牌的核心价值是什么，一切要从企业的核心价值出发
- 企业要深刻了解品牌个性，才有利于品牌个性的塑造
- 品牌个性的塑造要满足目标消费者的需求
- 考虑品牌的定位并了解消费者需求
- 企业要不断地维护和管理品牌个性，使品牌个性深入消费者的内心
- 品牌个性要根据目标市场进行相应的改变
- 品牌个性必须是积极的、正面的，能够在精神层面满足消费者的需求

图4-5　品牌个性塑造过程中的注意事项

（3）不能循序渐进。企业品牌个性塑造是一个长期的过程，短时间、高频率地改变品牌个性，在某种程度上或许能够帮助企业提高销售业绩，但是对于品牌长期的发展没有益处，同时还会破坏品牌的个性化，久而久之会削弱品牌的辨识度和认知度。

三、品牌传播

互联网品牌传播是指企业通过向消费者传递品牌的相关信息，获得消费者的认可，使消费者能够对品牌形成良好的感知。

为了提高消费者对品牌的认知度，企业可以采取的品牌传播策略如图4-6所示。

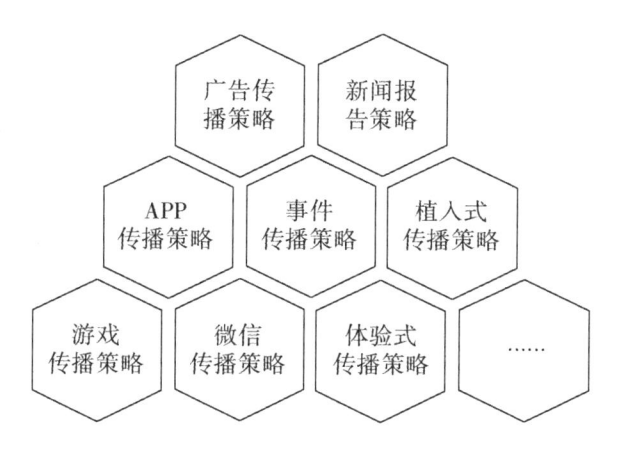

图4-6　品牌传播策略

品牌传播策略多种多样，有广告、新闻报道、事件传播等，下面主要介绍五种传播策略。

（一）广告

广告是指企业通过一定的媒体，向大众传播品牌信息的一种行为。品牌所有者用付费的方式，委托广告经营商通过传播媒介，将品牌产品信息传播给目标受众，使目标消费者能够对品牌名称、品牌标志、品牌定位及品牌个性有一定的认知，以提高品牌知名度、信任度和忠诚度。

广告是品牌传播的有效方式，因此在运用广告进行传播的时候要注意以下四点。

第一，在做广告时，需要先了解品牌所对应的目标市场和目标消费者，有针对性地选择具有潜力的市场和消费者群体进行研究，同时对目标消费者的各个方面进行了解，掌握其购物习惯和购物方式，然后根据消费者的需求选择好的卖点，从而制作相应的广告。通过广告来传播和美化其品牌和产品，能够使更多的消费者注意到企业的品牌和产品，从而激发消费者产生购买行为。

第二，在做广告时，要注意市场的变化趋势，准确把握时机。根据市场的变化情况来制作不同的广告和采取不同的策略。

第三，广告一定要连续进行。广告的传播效果不能及时刺激消费者产生购物行为，因此广告的传播有一定的延后性。如果因为没有见到效果就停止投放，那么就会使之前的投入白费，所需要承担的成本也就越高。因此，广告的投放应该是连续的，随意的停止不仅会带来高昂的成本，还会损害企业形象，使消费者对品牌产生臆想。

第四，在做广告时，应该注重投放媒介、渠道及资源的分配比例，因为在这个过程中，要合理运用各种渠道和资源，充分发挥不同渠道的价值，使广告资源能够达到利用最大化。

（二）新闻报道

新闻报道传播策略是指企业将企业内、外部的新闻通过大众媒体、新媒体等渠道传播给目标群体的一种方式，这种传播策略具有两个特点。

第一，权威性。新闻报道传播具有一定的权威性，它能对品牌的宣传起到良好的促进作用，品牌能够通过这种权威性使消费者对品牌形成品牌信任起到很好的促进作用，其中公益类的新闻效果最为显著。

第二，转载性。新闻报道传播的转载性是指新闻的二次传播，即在企业新闻发布之后，立即有其他新闻媒体跟着转载。

（三）事件传播

事件传播是指企业通过宣传、策划、组织和利用相关热点事件、名人效应或者具有新闻价值的事件，增加公众的关注度与兴趣，帮助企业树立良好的品牌形象，从而促进产品的传播与销售。简单来说，事件传播就是借助网络上或者新闻事件的热点来进行进一步的加工炒作，从而达到传播的效果。

近年来，事件传播是许多品牌营销人员选择的品牌传播模式，通过事件传播可以实现广告、新闻传播的效果，同时还能够协调公共关系、客户关系及品牌形象传播之间的关系，能够帮助品牌迅速建立品牌识别和品牌定位，是增加品牌知名度和美誉度的一种有效的传播方式，为品牌的发展创造了机会。

（四）植入式传播

植入式传播是指将产品品牌及其具有代表性的视听符号融入电视剧、电影、游戏、网剧、综艺节目等媒介中的一种传播方式，以此提升品牌的知名度，达到营销的目的。

植入式传播既可以看作是广告，也可以说不是广告，它具有广告的形式却没有广告那么正式和专业，其传播形式具有独特的优势。

第一，传播效率高。植入式传播形式能够使消费者更加容易接受，同时传播的效果较好，能够给消费者留下深刻的印象。这种优势主要体现在电视剧和电影广告中，在观看电影或者电视剧时，广告通过与相关的剧情相结合，使观众在观看剧情时便接收到传播的信息，同时观众观看广告的时间成本也比较低。

第二，容易产生"名人效应"。现在的电视剧或者电影都是由拥有较多流量效应的明星来主演，其单独请明星做广告的成本很高，但通过在电视剧或者电影中借助植入的传播形式可以用较低的价格获得更高的广告质量。

第三，持续时间长且效果好。电视剧和电影能够获得重复的播放。优秀的影视作品能够将产品与剧情紧密结合，使观众很长时间都不会忘记，它能够延长观众对产品的记忆时间和程度，因此能够产生广泛和深刻的影响。

（五）体验式传播

在互联网时代，消费者的需求逐渐趋向于自我实现阶段，消费者的消费观念逐渐改变，消费者对于最深层次的体验需求日益凸显。体验式传播是指让消费者通过自身感受、参与，逐渐接受品牌的一种传播方式。这种传播方式让消费者能形成认知和忠诚，具有很强的互动性，在品牌的互联网传播中具有重要的作用。

体验是一种消费者在购物时的一种附加价值，在互联网经济的迅速发展下，体验逐渐成了一种新的核心价值。从营销的角度看，可以将体验分为感觉、行动、关系三种类型的体验营销。

感觉体验营销是指建立在消费者感觉之上的体验。在传播的过程中，通过融合某些要素，突出产品在某一方面的感官特征，让消费者能够沉浸在某种体验中，从而引起消费者的兴趣，增加其对产品的购买欲望。当然，在这之前需要了解消费者的需求偏好，从而融入产品和服务设计中。感觉体验营销的重点就是能够创造消费者喜欢的体验，从而使消费者产生较强的购买偏好。

行动体验营销是指提高消费者的生理体验，影响人们对于生活方式的更高层次的需求。简单地说就是通过使用产品，能够带来不一样的使用体验，从而提高生活质量，丰富生活方式。

关系体验营销重视消费者的情感、感受、思维，它不仅包含了消费者的使用体验，还满足了消费者情感上的需求。个体都存在着社会需要和自我实现需要，关系体验营销重视消费者这方面的需求，以此来建立与消费者之间的心理联系，缩短与消费者之间的心理距离，在消费者的心中形成良好的认知，建立品牌忠诚。

品牌运营专栏6

京东白条：体验营销新形势

1. 公司简介

京东白条是京东推出的业内首款互联网信用支付产品，提供"先消费、后付款，实时审批、随心分期"的消费体验。京东白条迅速成为行业典范，奠定了京东金融在消费金融行业的领先品牌地位。

2. 打破传统思维创造新维度，彰显品牌与众不同的调性

与一般的金融理财、金融支付产品的不痛不痒、"复读机式"夸自

己的尴尬广告TVC（电视广告）不同，京东白条携手"中国有嘻哈"名列第9位的嘻哈歌手布瑞吉拍摄了一支TVC——《拿去当》。

（1）改造沉闷形象，走搞笑嘻哈风。

TVC的开头，惯用"抖音式"竖屏。在竖屏里看到骑着两轮车的收破烂大叔，拿着一个大喇叭在呼叫：高价回收前任、负能量、坏情绪、拖延症……在原有生活熟悉的场景上进行创新，不禁给用户眼前一亮的感觉，而且这种新颖搞笑的方式更能激发用户迫不及待地往下看，同时也奠定了这支TVC调性的走向。随着镜头转移，绑着脏辫的嘻哈歌手布瑞吉出现了。他用酷炫的装扮与不羁的灵魂绽放个人魅力，把京东白条的品牌理念融入此环境中，唱进用户心里。

京东白条勇于打破金融行业的单一风格，将过去沉闷的形象抛到九霄云外，重新塑造新形象站在用户面前。另辟蹊径的方式让自身在这个信息爆炸、娱乐过剩的时代里快速找准定位，迅速站稳脚跟，更好地融入年轻受众群体中。

（2）灌入方言，为品牌锦上添花。

在TVC中，京东白条"入乡随俗"地选择用重庆话语来说唱，让它能一下子甩掉品牌高高在上的冷形象，巧妙地化成有趣者与年轻人打成一片，它的"自来熟"使亲近感得以递增。

这支TVC使京东白条的高级设定瞬间接地气了，强烈的反差感成为用户眼中的焦点，也让整支TVC趣味横生。在满足用户听觉的同时，也满足了他们刷10遍都不过瘾的心理需求。

由此可见，等同的价值观让京东白条的品牌更有独特的腔调。出奇制胜的招数，使其在这波营销大潮中鹤立鸡群。并且，因为思想高度融合，京东白条文化理念得以被认可，从而被广泛传播，有力地渗透更多圈层，为品牌自身打开更多的流量之门。

3. 沉浸式的快闪店是营销的一把利剑

近年来，"快闪店"概念频繁地出现在公众的视野中，形成了一种"现象级"的营销新潮流。早期主要是初创或小众品牌为引发关注和促进销售而展开的玩法，现在被很多大品牌也利用了起来，对年轻人构成不少吸引力，快闪店也在发挥着其在营销上的价值和作用。深谙其中道理的京东白条，也在紧跟时代脚步走，在重庆交通茶馆推出复古回潮主题，举办一场复古潮趴。京东白条为何选择在茶馆里举办"复古disco舞会"？缘由是在20世纪80年代，disco是年轻人特立独行的标志，宽大的喇叭裤、夸张的爆炸头、毫无约束的节奏让disco舞会被众多年轻受众所喜欢。以前是，如今也是，嘻哈节奏可以引爆这场舞会。通过这场舞会把负能量、情绪、杂念通通"分期"甩掉。京东白条精准洞察年轻人的现实痛点和情感需求，结合自身行业特性，巧借"典行"概念打造快闪店，带领人们一起感受京东白条的"一点改变，好过一成不变"，告别过去的"丧气"。而茶馆在复古风和未来感中翻开了崭新一面，喝茶打牌、观摩影片、聆听故事的过程中也与京东白条似乎共同创造了另一个次元，这里没有繁杂和忧愁，只留下岁月的情话和沉寂。

这种快闪店沉浸式的体验，说、玩、用三个路径构建起品牌与消费者双向感知的体验与消费场景。强强联合营销效果大于2，可在短时间内迅速提升好感，使人们对品牌留下深刻印象。对于京东白条而言，突破了体系和行业限定，特立独行的方式，持续深化具有"潮人个性"的人设，有效建立品牌与用户深度沟通的情感纽带，拉近品牌和用户之间的距离，会玩、敢玩的年轻化形象，让这个金融支付产品，显得更加具有温度和"潮玩"精神。

4. 发展总结

京东白条的体验营销打破了人们对金融理财产品的刻板印象，使其变得更加活泼生动起来。当下年轻消费群体，追求多样化的消费体验，京东白条从消费者的角度进行切入、打造,受到年轻消费者的喜爱。品牌在运营时,不仅仅是简单的产品销售,还要更加深入地了解消费者需求,从消费者的生活、工作出发,使品牌的营销更加贴近消费者的生活,才能引起消费者的共鸣,才能吸引消费者的注意。

(资料来源:作者根据多方资料整理而成)

第四节　产品品牌运营

产品的打造是品牌发展的重点,在这个信息技术迅速发展的时代,产品战略在品牌发展过程中的作用也越来越大。传统企业的产品战略已经不再适应新时代的互联网思维,因此也在产品开发、产品策略及产品规划等方面逐渐做出了改变。

一、品牌产品延伸

互联网品牌产品战略是企业针对市场和目标消费者群体的需求,生产出具有竞争力的产品,从而使企业获取利润的一种品牌营销方式。产品延伸是指通过推出新的产品,延长产品大类,提升消费者的接受能力,改变或部分改变原有产品的定位,能够促使品牌新产品在市场上稳定发展,增加品牌影响力。

产品延伸是企业发展到一定阶段所需要采用的策略。企业发展到一定的规模,产品发展到成熟期,促使品牌进一步发展,加大市场占比和竞争优势,企业会通过运用产品延伸来实现此目的,通过借助品牌之前积累的资源和能力,可以在较短的时间内在市场上获得一席之地。

(一)产品延伸的主要方式

(1)向上延伸策略。向上延伸策略主要是指企业的中低档产品向高档产品延伸。产品向上延伸能够帮助企业有效改变之前低档次的定位,以此来提升品牌的价值。

（2）向下延伸策略。向下延伸主要是指通过高档品牌推出中低档产品。这种情况的出现主要存在两种原因，一是中低档产品的利润空间大，值得企业向下延伸；二是品牌在高档市场的发展较艰难，或者高档市场较饱和，通过发展中低档市场来增强竞争优势。

（3）双向延伸策略。双向延伸是指原处于具有优势中档产品市场的企业同时向高档和低档市场延伸，拓宽了品牌的发展空间，但同时也具有一定的风险。

（二）产品延伸的优点

（1）可以迎合消费者多样化的需求。在快消费时代，消费者面临着各种各样的品牌，企业很难保证消费者能够对品牌有持续的忠诚。越来越多的消费者追求不同且丰富的购物体验，通过尝试不同的新品牌来获取新的体验。产品延伸就是通过不断丰富产品线来满足消费者的求异心理，满足消费者多样化的需求。

（2）满足不同层次的需求。产品延伸的重点就是产品质量和产品价格。消费者之前对品牌形成的认知会影响其之后的购买行为。增加品类和产品级别的多样性能够给消费者提供更多的选择，以此来实现不同价格和产品需求的全覆盖。

（3）获取更多的市场份额。互联网经济的盛行，使消费者的需求越来越不同，同时消费者市场细分的市场越来越小。产品线的向上、向下延伸可以促使品牌在竞争激烈的市场中有更加顽强的生命力，占领更多的市场，增加企业的发展机会，同时获得更多的利润。

（三）产品延伸的缺点

（1）降低产品忠诚度。许多品牌都拥有一群忠诚的消费者，但是当品牌产品品类增加时，会影响忠诚消费者的购买习惯和购买方式，可能会导致消费者忠诚度下降的现象。没有品牌忠诚会使品牌流失更多的新老消费者，使企业得不偿失。

（2）增加成本。在产品延伸的过程中，会产生大量的费用，包括市场调研费、产品研发费、产品生产费用等。同时，频繁的产品延伸会给品牌管理增加难度，同时产品的研发人员的精力会被分散。

（3）定位模糊。在营销的过程中，必须要将品牌要做什么，能够为消费者提供什么，清晰地传达给消费者。通过这种传达内容，消费者才能对品牌形成认知和联想。但是产品的延伸会使产品在其他市场中又有其他的定位，消费者可能会对品牌的定位产生困惑，从而使品牌不能形成鲜明的辨识度。

（4）破坏品牌核心的一致性。产品的延伸可能会使品牌的核心价值变得模糊，品牌无法形成一致性的共识，会使品牌迷失发展的方向，不能长久发展。

二、品牌产品打造

互联网技术的发展，使传统的产品战略不再具有优势，同时新产品在市场中推出受到阻碍，企业没有突出的产品，很难进一步向前发展。因此，为了增强品牌的影响力，可以借助打造大单品来实现增加辨识度的目标。同时在互联网经济下，为了刺激消费者的购买欲望，产品需要打造足够的卖点才能吸引消费者的关注，因此在品牌产品塑造的过程中要注重单品爆款的打造。

（一）打造爆款单品

互联网时代，许多品牌营销商都通过打造爆款单品来进行品牌营销，能够帮助企业品牌迅速进入市场，产品的传播效率及销售效率不断提高，打破了原来市场的竞争格局，创造了更多的发展机会。但是许多品牌商并没有清楚了解到打造爆款单品的真实含义，以为只要做好产品宣传工作，投入大量的资金，使产品在消费者的面前有更多的曝光度就够了。最终产品会被其他竞争产品所替代，同时损失了大量资金。

爆款单品是品牌实力的整体体现，是在线上营销的能力展示。打造爆款单品是电商品牌进行品牌运营的有效方法，一般包括七个步骤。

（1）选择产品。选择产品的一个重要前提是数据的搜集，在确定打造一种产品之前，需要对市场需求、消费者的购买习惯、消费者的购买方式、竞争产品的促销情况等有较为全面的了解。根据搜集到的信息及消费者需求的"痛点"问题，再进行选品。选品分为两种途径，一是在原有的产品中进行选择，根据消费者需求，选择具有潜力的产品，同时在选品的过程中注意产品质量的好坏，质量差的产品将不会受到消费者的认同；二是在品牌有足够资源的情况下，开发符合消费者需求的新产品。

（2）规划产品发展路径。在选品完成之后，需要确定产品在之后的发展过程中的方向。根据前期搜集到的数据，预测产品在发展过程中可能会出现的问题，找出产品运营的薄弱环节及合适的运营方式，掌握产品运营的节奏。

（3）完成基础销量。在产品运营前期，需要完成基础的销售数量，打造基本的口碑。通过运用品牌的各种资源，集中力量来完成基本的销量。同时还可以参加各种促销活动，增加产品的曝光度。

（4）在购物网站占领前排搜索位置。品牌运营商需要时刻注意市场动向，把握住市场机会。在市场需求大量涌出时，产品可以通过占领前排搜索位置来增加曝光度，同时增加浏览量，使产品在消费者的心中形成基本的认知。

（5）通过KOL（关键意见领袖）进行推广。KOL推广是有效的互联网品牌宣传手段。KOL推广主要是通过名人效应对产品进行宣传，同时KOL推广的费用远远低于邀请明星做广告，而传播的效果则更加显著，影响也十分广泛。

（6）链接维护。在进行产品宣传之后，就必须注重产品的销售情况。通过观察产品销售数量、链接数据、监视产品销售过程中遇到的问题，及时制订调整方案。在注重自身产品销售的同时，还要注重竞争对手的销售情况。要注重在产品运营过程中的细节问题，细节决定成败，做好细节问题也能够提高消费者的满意度和忠诚度。

（7）复盘。在打造爆款的整个过程中，需要对运营过程中的各个环节、所遇到的问题、解决方法等进行总结。分析在整个过程中做得好的地方，没做好的地方，团队协作的能力是否达到了要求，为下一次的单品打造积累经验。

（二）增加产品卖点

消费者需要什么，商家就会生产什么，这是产品卖点的体现，也是消费者需求的体现。产品卖点需要解决的核心问题就是如何更好地满足消费者的需求，从而激发消费者的购买欲望。拥有卖点的产品更加具有吸引力，同时可以增加品牌产品的价值，同时还可以通过卖点打造口碑，让产品的相关信息能够在消费者之间得到更好的传播，全面提高产品的销量，增加品牌影响力。如何制造产品卖点，主要有两点。

1. 差异化

产品的差异化是企业在竞争过程中强有力的竞争力，主要是通过竞争对手来体现，是相对于竞争对手的产品而言所具有的独有特征，不仅可以体现在产品的功能上，也可以体现在产品的形象上。品牌在制造产品卖点时，事先要对消费者的需求进行深入的了解，同时还要注重竞争对手在市场上的情况。通过选择合适的切入点来对产品的卖点进行打造，使消费者能够正当有理由地进行购买。

差异化不仅能够为企业带来利益，同时还能为消费者创造利益。首先，对企业而言，差异化能够帮助企业有效规避与同行之间的竞争，削弱消费者的选择多样性。其次，对于消费者而言，差异化的产品战略能够使产品在竞争过程中让产品质量更好，价格更加优惠，同时还能够让消费者更加满意。

2. 直接性

既然品牌制造了产品卖点，那么就要充分表达出来。企业在对产品进行宣传时，应该直接体现产品的特色和卖点，让消费者能够直观感受到产品能够满足需求，清晰地认知产品、认知品牌。互联网时代的信息爆炸、信息迭代速度快，因此产品在拥有其卖点之后应该直接、清晰地体现给消费者，让消费者快速认知品牌和产品，同时让消费者能够对产品产生消费欲望。

品牌运营专栏7

花西子：超颜值国风彩妆爆款打造

1. 公司简介

花西子品牌主要是以探索中国千年古方养颜智慧为目标，针对东方女性的肤质特点与妆容需求，以花卉精华与中草药提取物为核心成分，运用现代彩妆研发制造工艺，打造健康、养肤、适合东方女性使用的彩妆产品。

从中国化妆品行业兴起以来，"国风"化妆品是各大化妆品品牌争相达到的板块，美康粉黛、卡婷等品牌都相继推出过相关产品。根据东方女性特征打造的化妆品及其精美的外观，吸引了大批消费者。花西子作为国风化妆品品牌，也同样推出了国风口红，在这之前，已经有几个品牌推出了相似的产品。花西子的口红不同于其他口红只强调外壳的精美包装，它将微雕工艺体现在了膏体上，好似一件艺术品。凭借惊艳的外观和精美的微雕艺术，使花西子迅速在网络上走红，火遍全网。这个仅成立三年，凭一己之力打造一个又一个爆品，火遍全网的国货品牌花西子是如何在众多美妆品牌泛滥的市场中脱颖而出的呢？

2. 以输出品牌文化来带动产品消费

中国自古便有女子以花养颜的历史传统，鉴于此，花西子自创立起便明确了自身的定位，传承中国千年古方养颜智慧，立足东方女性的皮肤和妆容特点，根植于花草植物和中草药精华，同时结合现代彩妆工艺，将美妆与养肤融会贯通，打造出独一无二的品牌形象。花西子取名于苏轼的诗句"欲把西湖比西子，淡妆浓抹总相宜"，有着悠久的文化传统作依托，花西子的品牌文化便以此为源头进行扩展和推广。

有了拿得出手的品牌理念，还需要能够得到市场和目标消费者认可的产品，在许多行业，很多品牌和产品昙花一现，有的一时名声大噪，而后也会被市场淹没不复存在。作为本土新生品牌，花西子的热度能够持续，追根溯源是因为产品"站得住脚"。比如，花西子明星产品雕花口红便是用上乘的花瓣为原料制作而成的，可以在上妆的同时养护嘴唇；眉笔采用螺子黛眉料和何首乌精华；而其在"双十一"突破70万销量的空气散粉是由珍珠、桃花、山茶花和蚕丝研磨而成；气垫甚至还采用了"秘方玉容散"，辅以白睡莲、芍药、山茶花，产品收获好评不断。

采用草本天然原料制作化妆品并不新鲜，毕竟百雀羚、相宜本草等品牌都是先例，但花西子不同的地方在于，它的品牌文化的承袭贯穿产品内外，其系列产品不仅在研发和制作上汲取东方文化，甚至在外包装设计方面和命名都是满满的中国风意蕴。其雕花口红复制中国古老的雕琢技术，将花朵雕刻在口红上，开创国内立体纹理口红的先河。除此之外，花西子口红的名字也极具诗意：锦绣、跃池、星穹等，唯美的意境、天然纯粹的原料再加上精致的外观，令消费者不得不爱。

3. 紧紧抱住互联网行业的大腿

很多人说花西子是被李佳琦"捧红"的，其实更准确的说法是花西子率先借助了互联网这股东风。在很多品牌认为直播带货是低端的销售方式而加以排斥的时候，殊不知就在主播卖命为产品吆喝的间隙，大批量产品分分钟就可创造出几万销量的佳绩，品牌主迎来了巨额销量的春天。所以说，是李佳琦成就了花西子，也是花西子看准了眼下的销售契机，并没有因为中高端的品牌定位而选择孤芳自赏。

事实证明，李佳琦让花西子走进了市场，并且收获了众多黏性极高的消费者。一时间，花西子三个字出现在各个平台和直播间当中。花西子没有放弃这一红利期，而是继续加大投入，希望它持续下去，继而与泸州老窖联合推出"花西子×泸州老窖·桃花醉"限量定制礼盒。并且在2020

年，花西子在纽约时装周中推出与三泽梦合作的联名汉服，与中国新锐服装设计师杨露合作的联名时装及定制手包。在当下，品牌营销需要互联网的助推，新锐品牌需要紧紧抓住新的营销风口将自己带到消费市场。在小镇青年和Z世代爆发出强大的购买力的今天，品牌需要自我觉醒，以更加积极的姿态接近消费主力。

4. 发展总结

在互联网时代，一个品牌的兴起不像之前那样需要很多年才能出现在大众视野中，网络融入人们生活的方方面面，信息传播速度快。一个刚成立的公司就可以通过网络出现在人们的视野中，当然，其中还需要品牌的营销。爆款打造是一种适合互联网时代的，能够快速提高品牌知名度的方式。不仅仅是互联网企业，传统企业也应该注重品牌爆款的打造，增加品牌辨识度，显化品牌特点。

（资料来源：作者根据多方资料整理而成）

三、品牌产品策略

在品牌的发展过程中，想要使品牌拥有持续的影响力，保持产品业绩持续增长，就必须不断进行品牌升级，对产品进行不断的创新和改进。在互联网时代，产品迭代的速度较快，过时的产品很快就会被时代甩在身后，因此产品需要不断创新和升级。产品的创新并不一定需要全部、颠覆性的改变，还可以是部分改变，部分创新包含很多方面，如功能、外形设计、概念、价值、情景等方面的产品元素。只要可以重新满足消费者的需求点，都能算作是一次创新。企业想要保持业绩的持续增长就必须注重品牌的升级及产品的创新，紧抓消费者需求的痛点，帮助消费者解决问题，重视品牌产品的创新，给消费者带来多样化的购物体验。

（一）帮助消费者解决"痛点"问题

在互联网经济下，消费者越来越追求多样化的购物体验，因此消费者的需求也越来越多样化，消费者需求中的痛点问题也在不断放大，企业及品牌能够发现一个"痛点"问题就意味着发现了一个商机。所以，品牌企业应该时刻注意消费者的需求偏好变化，从消费者的需求中寻找"痛点"问题切入并解决，既能获得消费者的关注，又能有利于产品的发展。

通过解决消费者的无法得到满足的需求，能够提高产品价值并打动消费者。但是消费者的"痛点"问题有时并不是大而明显的问题，而是体现在细节上，通过着重改进小的、贴近用户、精准的产品战略，实现品牌价值的提升、创造和传递。

（二）注重产品的迭代更新

注重产品细节的改进能够帮助消费者解决痛点问题，但是仅仅解决痛点问题是不够的，产品战略还需要产品的迭代更新才能实现持续发展。一个企业的发展不能仅靠一个产品或者一个品类就能实现长久发展，还需要品牌和产品根据市场的发展、消费者需求的变化来进行产品更新。当然，企业极致地打造一款产品或者一类产品，能够形成忠诚的消费者群体，也是可以帮助新产品的不断更新的。

产品的更新方式分为两种。

（1）迭代。迭代就是指在一定时间内实现一次更新，包括系统、功能和外形上的创新。

（2）颠覆创新。颠覆创新指通过创新，将原有的产品模式完全蜕变为另一种产品模式。

四、品牌定价模式

与传统营销模式不同，互联网经济下的品牌定价模式发生了一定的变化，定价的思维也不再如从前。品牌定价模式有两种，如图4-7所示。

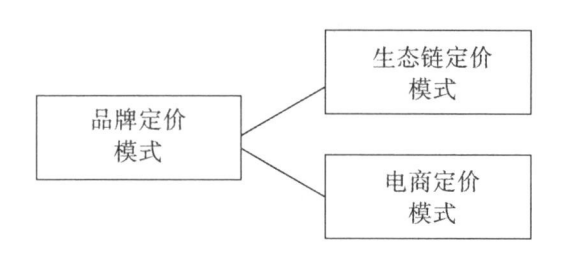

图4-7　品牌定价模式

（一）生态链定价模式

生态链定价模式就是将产品及与产品有关的东西联合在一起，形成一个完整的生态链模式。生态链可以将企业的产品共同服务于共同的消费者，给相同的消费者创造价值，满足同一类人的需求。对于生态链企业来说，最重要的就是整合资源，通过整合企业生产能力及供应链资源，用自己小的能力来享受大的平台，以小博大。借助大的平台，可以获得更多的发展机会，帮助企业实现增长的目标。在生态链定价模式上，可以通过打造某一产品来积累用户和流量，使消费者对产品和品牌形成一定的认知，从而推出与产品相关的延伸产品或者其他产品。之前形成的消费者认知将会延伸到新的产品上，这种生态链的定价模式能够使品牌新推出的产品快速进入市场并获得消费者的认同。同时，还可以有效整合企业的资源，获取更多的品牌价值。

（二）电商定价模式

在电商发展时代，电商的营销最主要的就是获取流量，通过流量的变现来销售和盈利。在这之前所说的打造单品爆款，就是电商定价模式中的重要一环。对电商品牌而言，爆款单品一般都具有解决消费者"痛点"问题或者质优价廉的特点，通过增加爆款单品的曝光度，增加品牌的人气，增加品牌浏览量和关注。拥有了流量就相当于拥有了商机，能够增加品牌的知名度和影响力，从而促进产品的销售。同时，品牌企业还通过推出低价促销产品来吸引消费者的注意，将流量转化为购买率。

电商定价模式的重点就是研究消费者的购物心理和特征，对于电商定价，主要可以从以下三个方面来讨论。

（1）由消费者来决定产品的价格和品质。在互联网时代，公众的消费水平和消费质量在不断提高，人们从需求购物逐渐转化为欲望购物。因此，消费者的需求也逐渐变得多样化和个性化，这是电商品牌进行市场细分的重点。

（2）品牌调性决定产品定价。对消费者来说，品牌调性能够确定产品价格的接受程度。在功能没有区别的情况下，品牌调性越高，消费者能够接受较高定价的程度就越高。因此品牌可以根据自身的定位，合理提高品牌的调性，形成细分上的差异。

（3）成本决定的定价。对产品来说，其成本越高，会导致最后的产品有一个较高的价格。合理地控制产品的成本，提升供应链的效率，进行数字化转型，可以有效降低成本，提高产品品质，有更大的自由定价空间。

五、品牌定价策略

（一）折扣策略

折扣定价主要是指企业对商品的原有价格进行进一步的让步和调整，采用一定的手段直接或间接让商品的价格下降，获得更高的产品销量。折扣定价的分类如图4-8所示。

图4-8 折扣定价的分类

折扣策略对企业来说是一种促销手段，通过直接或间接降低商品的价格，能够有效改善产品的销量，获取利润也就越高，同时也有利于消费者对品牌进行辨识，增加品牌的知名度。折扣策略还有利于帮助企业缓解库存压力，加快现金流的运转。折扣策略包括直接折扣和间接折扣两种，直接折扣包括数量折扣和季节折扣；间接折扣包括回扣和津贴。

1. 数量折扣

数量折扣主要是针对不同购买数量采用不同的标准来进行打折。一般来说，购买的数量越多，其商品的打折力度越大。数量折扣的目的就是激励消费者尽可能多地购买商品，增加商品的销量，促使消费者成为品牌和产品的忠实用户。

2. 季节折扣

对受季节影响的商品来说，不同的季节会产生不同的销售情况。季节折扣能够缓解由于季节带来的销售压力，从而平衡不同季节之间的利润水平和供需矛盾。一般来说，季节折扣主要是在淡季实施，通过在淡季推出折扣能够使产品在全年内维持相对稳定的水平。

3. 回扣

回扣主要是指消费者在购买商品并确认收货后，企业通过一定的形式返利给消费者，这种形式是电商运营中的常用手段。消费者对商品进行评价，商家给消费者一定的红包补偿，不仅增加了消费者的利益，也能给品牌商家形成良好的口碑。

4. 津贴

津贴主要是指品牌为了促进产品销售或者举办产品销售活动的顺利进行，企业品牌通过一定的形式给予消费者价格上的优惠或其他方面的补贴。例如，在淘宝每年的"双十一"的活动中，会推出各种各样的津贴来提高消费者的购买量，在让消费者享受到优惠的同时，还能有效提高品牌产品的销量。同时，津贴也可以运用在产品更新换代较快的企业，通过以旧换新，为新产品的购买提供一定的优惠，以此来促进品牌的新产品的销售。

（二）低价策略

对电商的竞争来说，很容易陷入不断低价的恶性循环中，电商流量的获取成本越来越高，一味使用低价策略会伤害到品牌在市场中的留存机会，电商品牌不可能靠低价策略一直赢下去。因此，适当使用低价策略是电商品牌应当注意的问题。电商品牌在运用电商定价的过程中，先利用品牌打造爆款，再通过较低的价格增加品牌的曝光和浏览量，同时增加产品的影响力和知名度。

（三）免费策略

免费策略主要是指通过免费的形式销售产品和服务，以此来满足消费者的需求。但是，"天下没有免费的午餐"，对消费者来说，"免费"并不是真正的免费，与低价策略相同，免费是吸引消费者注意的幌子。在互联网品牌营销中，免费策略能够积攒人气，帮助品牌积累流量和关注，为后期的营销打下基础。免费策略在满足消费者喜欢优惠的需求的同时，还能够使消费者形成长期的购物习惯，为品牌和产品后续的销售活动积攒流量，从而促进品牌的增值服务及销售活动顺利进行。

章末案例

安踏：发展中国自信品牌

1. 公司简介

对大多数80后、90后来说，安踏这个品牌并不陌生。安踏是中国体育用品的领先企业，是一个定位于大众的运动品牌，为消费者提供各种服装、运动鞋及相关配饰等，致力于为消费者提供高性价比的体育产品。2020年，许多外国体育品牌都或多或少受到了疫情的冲击，在盈利方面受到了一定的影响。而对于国内的运动品牌来说，这是一个"弯道超车"的好机会。各大运动品牌积极布局新零售，运用直播电商等营销方式，降低品牌的受损程度，同时极大地占领了国内市场。安踏借助此次疫情创造的国内市场的良好机会，在2020年上半年实现了创收147亿元，创下了历史新高，多品牌发展逐渐受到更多年轻消费者的喜欢。在过去，中国运动品牌一直受到人们的诟病，认为中国运动品牌不高档，质量不过关。但是随着品牌的努力，人们也逐渐转变了思想，由过去追逐外国品牌转变为现在也会为安踏的球鞋排上长队。

2. 做真正懂后浪的产品

（1）深耕篮球品类，吸引年轻人。

篮球是一种挥洒汗水的体育项目，也是年轻人活力的展现，因此将篮球与Z世代联系在一起能够更好地展现品牌的魅力，而安踏便抓住了这个发展前景较好的领域。从2003年起，安踏便开始发展有关于篮球的业务，成立了有关于篮球品类的部门。一直以来，安踏都是以消费者的需求为中心，来进行产品的研发和生产，推出年轻消费群体喜爱的篮球运动单品。同时在2015年，追随篮球的发展趋势，策划了外场街球"要疯"赛事，获得了更多的年轻消费者的喜爱。不仅如此，安踏还注重在社交软件上获取手机消费者的意见和反馈，安踏每出一代球鞋，都会进行多轮测试，才会最终确定。在安踏的产品研发过程中，经过调查发现，中国有80%的篮球爱好者都是在水泥场地打球，许多品牌的球鞋都无法承受水泥地的打磨，只能适应室内篮球场所或者塑胶场地，因此，安踏针对这一现象，专注于开发能够经受住水泥地打磨的球鞋，相继推出了"水泥杀手"系列球鞋。在这之后，安踏成功借助篮球品类抓住了年轻消费者的心，但是如何保持年轻消费者的喜爱，又成为安踏需要解决的问题。

（2）跨界出圈，直面Z世代。

为了迎合年轻消费者的审美，使安踏的球鞋能够走出中国，安踏也展开了跨界联名的战略。现如今，跨界似乎已经成为品牌营销的常用手段，为了融入更多的消费群体，跨界合作是一种不错的选择。安踏为了更好地融入年轻消费群体，与其他品牌进行联名合作，共同打造爆款产品，为品牌注入更多的活力。安踏跨界出圈的核心就是关注年轻消费者的喜好，通过设计迎合年轻消费者审美的产品，保持消费者对品牌的新鲜感及喜爱程度，提升消费者的购物体验。但是体育用品并不是快消品，需要更好的质量及品牌文化，因此打造品牌的文化也是品牌建设的重要一环。

（3）拉近与消费者的距离，打造顶级IP+草根篮球。

品牌代言人也是品牌传播的重要因素，品牌代言的形象能够更好地诠释品牌的价值观与品牌形象。安踏在品牌营销方面的战略十分清晰，通过与克莱·汤普森、海沃德这两位NBA球星进行合作代言，使品牌能够获取到更好的IP资源与定位，从而提升品牌的影响力与品牌形象。借助两位球星的形象，首先可以在品牌中注入更多的内涵，打造出品牌健康、亲民的形象。其次还能提高品牌的专业性，为消费者提供专业的产品。最后，安踏通过要疯等创建品牌自己的IP，进一步打造草根篮球市场，吸引更多年轻群体的喜欢，增加品牌的影响力。

品牌通过产品和IP，利用自媒体和社群来增加消费者与品牌的互动，不断缩短品牌与消费者的距离。不仅为品牌带来良好的销量，同时还能将品牌进一步传播，增加品牌升级的效果。

代言人的营销是循序渐进的，当打造的汤普森IP逐渐成熟时，需要重新加入球星来增加品牌的IP增长点。同时汤普森与海沃德属于两种类型的球星，也是在团队中打不同的位置，因此相对应的产品也有更多的不同点，扩展了品牌的产品线，也能够更加丰富品牌的内涵。同时，安踏也表示，在将来可能还会签约超高弹跳型的球员，实现对不同类型球员的全覆盖。在草根篮球IP方面，举办各种线下篮球赛事，通过腾讯、虎扑等平台进行同步直播，能够扩大影响力，积累更多的流量转化为销量，同时也能让更多的消费者参与进来，让安踏进一步接触到三、四线城市的消费者，为品牌带来了升级。

3. 科技驱动，突破品牌边界

年轻消费者注重两个方面。一是时尚，二是功能。时尚是要设计出符合当代消费者审美的产品，功能就是需要技术来实现。安踏通过技术创新，对产品进行不断的研发，让品牌更加专业。

（1）科技使运动更专业。

在推动品牌升级方面，近年来安踏提出成为以科技引领打造极致品质价值的专业运动品牌，并创造了"科技+颜值+故事/合适的价格"的公式。当李宁凭借中国李宁系列打上"国潮"烙印，特步通过赞助大量马拉松赛事强化"跑步"属性时，安踏则亮出了"专业"这张王牌。一直以来，安踏都在支持中国体育事业的发展，在与中国奥委会合作的同时，还不断加大对体育事业的投入，因此安踏在体育产品的专业性方面是具有代表性的。强化安踏专业运动形象，推动品牌升级的新契机是北京冬奥会特许商品国旗款运动服装发布。国旗款产品借助了安踏集团旗下高端品牌的资源，价格也比安踏普通款服饰高。"我们希望这一组产品真正让安踏的品牌站到专业运动之巅，对消费者产生更强的感召力，在情感层面获得大家基于共同身份认同的广泛共鸣。"安踏集团总裁郑捷表示，国旗款在品质、科技创新、设计等方面都有显著提升，实现推动品牌升级，突破消费圈层的目标。

对安踏而言，国旗款运动服装的推出可谓意义重大。一方面，这意味着安踏在长期服务国家队的过程中，在功能面料研发、版型研发上积累的经验有了新的商业化的天地。另一方面，可以彻底激活安踏的奥运资源。安踏能够让国家运动员穿上安踏的产品，就足以见得安踏的专业性，能够让消费者更加直观地感受到产品质量值得信赖。

（2）产品才是硬道理，极致价值满足消费者。

消费者对于品牌最直观的感知来源于产品体验，在这方面，安踏主张以科技创新带给消费者极致的价值，引领品牌升级，通过技术创新为品牌带来更多的发展机会，其中安踏KT系列篮球鞋是典型的例子。从KT系列推出以来，就广受消费者的欢迎。同时，随着汤普森在赛场的表现越来越出色，在国内的影响力和受欢迎的程度不断加大，安踏KT系列的球鞋也获得了较好的销量。

4. 专业，是刻在骨子里的基因

专业是安踏在发展和营销过程中始终坚持的发展理念，通过一系列的营销活动，跨出原本的体育运动圈，实现跨界营销，紧跟年轻消费者的步伐，通过可以将体育运动变得更加舒适化，让每个消费者都能享受到专业的产品和服务。而这种专业在安踏的服务态度上得到了体现。

（1）成立尖货品类事业部。

为了充分贯彻专业的发展理念，安踏成立了尖货品类事业部，让安踏的产品得到更加专业的研发和生产。专业的人做专业的事，为了能够生产出适合中国人运动的鞋子，安踏的尖货事业部不断收集各种数据和信息，同时为此创建了研发实验室，将专业贯彻到底。例如，安踏推出的国旗款，尖货事业部就是为此而生的，通过快速组建研发队伍，能够较快地回应市场需求。一直以来，安踏的产品更新周期都是三个月左右，但是受到疫情的影响，产品的设计、生产时间大大缩短了，从产品的研发、设计、生产到上市的时间只有短短的六个月。安踏排除万难，成功在短短的时间里将国旗款的系列产品推上市，并在秀场成功展示了上百个系列产品。

（2）直面消费者的需求。

安踏在保证专业性的同时还重视消费者的需求，脱离消费者需求的产品是不会被市场所接受的。因此，安踏从产品设计开始到产品上市之后，都在不断关注着消费者的需求，最大限度地满足消费者的需求。除此以外，安踏还增加了产品直销的形式，缩短营销链，拉近与消费者之间的距离，让消费者能够更加便捷、更加全面地享受到安踏的产品。

数字经济时代下，不少企业已经开始了数字化变革与转型，安踏也没有驻足不前。其通过数字化管理，快速应对多变的市场，紧跟市场变化的趋势，能够更好地接近消费者，直面消费者的需求，将品牌与消费者紧密联系在一起。年轻消费群体的消费习惯是快速变化的，因此需要品牌更加主动地去了解消费者的需求，通过不断的变革来减少市场的不确定性，随机应变才能带来高质量的发展。安踏的长期目标就是要做出专业的运动产品，不仅仅局限于中国市场，更要放眼世界，让中国的运动品牌被世界上的更多消费者享受到，做中国的代表品牌，实现品牌升级。因此，为了实现这一目标，安踏必须在产品上下功夫，保持品牌专业化的优势，做出中国强势的运动品牌。

5. 发展总结

以前，中国的运动健儿们都是穿着国外的运动品牌，而在安踏与中国奥委会正式合作之后，"永不止步"正式展现在世界人民面前，这是中国品牌的骄傲，也是中国体育用品行业的骄傲，中国的品牌正在崛起。中国品牌的崛起离不开中国消费者的支持，离不开中国年轻消费群体的支持。同时，中国品牌的崛起并不是简单地将中国元素融入品牌和产品设计中，而是要让中国年轻消费者能够真正获得认同，能够凸显年轻消费者的个性，生产出消费者认同的产品，增强消费者对品牌的认知，增加国家品牌的自信，才能带动更多的消费者接受中国的品牌。

安踏在10年前，进行了一次商业模式的重要转型，由批发转变为零售模式。而在10年后的今天，安踏开始了直面消费者需求的新阶段，拉近了其与消费者之间的距离，保持品牌活力和竞争力。2020年，安踏探索出了新的发展思路"又大—又软—又新"，"大"是指企业要保持不断的规模扩张；"软"是需要企业在应对环境变化时能够随机应变，保持灵活不死板；"新"是指要保持创新思维，采用新思路、新渠道、新手段来拓展新的发展点，坚持长期主义不动摇。

（资料来源：作者根据多方资料整理而成）

本章小结

品牌资产的构建主要包括四个部分，即选择品牌元素、发展品牌元素、设计全方位营销活动、内部品牌化。企业通过进行一系列的内部管理变革及完善各种规章制度，在内部形成良好有效的企业品牌政策，使企业内部员工能够形成良好的品牌认知，加强企业员工对品牌的熟悉程度。只有使企业的目标与企业员工的行为相一致，才能更好地实现企业目标，更好地服务于消费者，产生一致的品牌体验，保证品牌质量，并保证企业品牌运营效果。运营过程中需要针对不同场景、不同跑道、不同状态采取不同的策略，最终利用互联网的方式进行品牌资产的升华。

第五章

品牌管理

数字时代的全面到来，有利于对制造产业进行全方位、全链条的改造，释放数字对经济发展的放大、叠加、倍增作用。

——内蒙古伊利实业集团公司董事长　潘刚

【学习要点】

☆掌握品牌管理的主要内容

☆熟悉品牌传播管理的几种方式

☆灵活运用品牌扩张的基本策略

☆掌握品牌资产评估的方法

第五章 品牌管理

开章案例

年赚65亿元，突破万店，奶茶界"拼多多"还能打多久

蜜雪冰城的主营业务为茶饮、冰激凌等，通过其经营开创了全新的茶饮业连锁运营模式，是国内率先突破万家门店的茶饮品牌，同时，在海外拥有70多家门店。与喜茶、奈雪の茶等茶饮品牌不同，蜜雪冰城采取集中开店的策略，主攻三、四线城市，除了传统商业街等客流数据量大的地方，蜜雪冰城的很多分店都选择开在大学城附近。其品牌发展如图5-1所示。

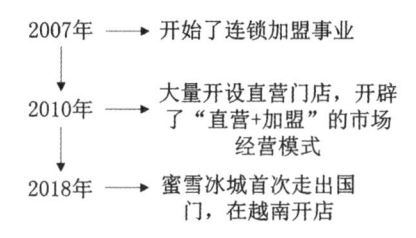

年份	发展情况
2007年	开始了连锁加盟事业
2010年	大量开设直营门店，开辟了"直营+加盟"的市场经营模式
2018年	蜜雪冰城首次走出国门，在越南开店

图5-1 蜜雪冰城品牌发展

2019年8月11日，蜜雪冰城开始实行"青藤计划"，宣布以10万元起的年薪面向全球招聘储备干部。为未来海外项目的负责人和总部的高级管理人员储备新鲜力量。扩店和招人同时进行，蜜雪冰城如何能站得住脚跟呢？

蜜雪冰城通过密集开店，让消费者走在大街小巷都能看见它的身影，除此之外，其致力于将新鲜、健康和低价格、高品质融合，为消费者提供更新鲜、性价比更高的产品。

2005年，一款叫作彩虹帽的冰激凌火爆郑州。蜜雪冰城的创始人张红超在品尝之后，立即决定把这么好吃的冰激凌做出来并推向国际市场。经过半个多月的研究，他在蜜雪冰城做出了第一个新鲜冰激凌。2006年春，

蜜雪冰城新鲜冰激凌开卖，一元一支，立即火爆市场。这款一元一支的冰激凌提升了蜜雪冰城的企业品牌知名度，让更多消费者可以了解这个品牌，同时不断提升用户黏性，带动店里其他产品的销售量，赚取更多的利润。

这么多年来，蜜雪冰城始终把"高质平价"作为基本准则，这让我们不禁思考，蜜雪冰城为什么能够一直坚持"高品质性价比"呢？

这是因为蜜雪冰城在源头上做努力，用低成本支撑低定价。首先，与茶农洽谈合作，用超量、稳定的采购为谈判筹码，以低价拿到货源。其次，蜜雪冰城有自己的仓储物流和工厂，不用经过经销商和代理商。最后，蜜雪冰城采用密集开店的战略，降低管理成本，提升效率。蜜雪冰城中央工厂如图5-2所示。

图5-2　蜜雪冰城中央工厂——河南大咖食品有限公司

蜜雪冰城拥有自己的品牌符号，是一个手拿着冰激凌的小雪人，名叫"雪王"。首先，在奶茶的包装和店铺的广告牌上，随处可见"雪王"的标志。其次，"雪王"也被印在了卷闸门上，这样做是为了在门店没有开门的时候，消费者也能够看见它的身影。与此同时，蜜雪冰城还开发了很多关于"雪王"的周边产品，譬如微信表情包、水杯和手机支架，在生活场景中不断向用户强化雪王的形象。最后，蜜雪冰城花费大量的资金举办了"冰激凌音乐节"，音乐节使用的标志就是雪王，现场布置也使用了大量带有"雪王"元素的装饰。

此外，从广告牌到店面横幅、再到地铁、突出蜜雪冰城的优势。带"×××仅售4元""满10元抽奖送福袋"等字样的海报和地贴到处都是。门口还摆有一个音响循环播放折扣活动信息。这样简单粗暴的形式让审美疲劳的大众感受到"泥石流"般的冲击感，虽然土，但足够被消费者记住。

互联网信息时代，"酒香也怕巷子深"。为了可以增加自己产品的曝光率，企业要抓住一切的发展机会。在2015年，蜜雪冰城成为苏打绿郑州演唱会唯一指定的饮品。2016年7~8月，蜜雪冰城与周杰伦演唱会进行品牌联合，成为2016年周杰伦"地表最强"演唱会郑州站唯一指定冰激凌品牌。品牌宣传联动线上粉丝、线下全国3000+门店，推出"刮卡赢门票，去见周杰伦"的活动，一共送出30张演唱会门票，吸引线上百万粉丝参与。蜜雪冰城趁势推出各种活动，印有主题的冰激凌纸托和海报，覆盖了中国华北、华东、华中、华南四大部分区域800多家企业门店。

所谓"好风凭借力，送我上青云"。借势借得好，品牌曝光率噌噌地往上涨。在2020年情人节期间，蜜雪冰城推出了"领情侣证"的活动。情侣证可以在线上领取电子证，在线下消费满2杯还可以领实体证书，思路清奇。

活动做得多，推广效果也不错。以2019年3月开始的"摇摇奶昔"为例，这款摇摇奶昔的主战场选在了抖音、快手和微博。

以"全年免单"为福利，做到抖音话题1304.2万次播放量，微博话题817.8万次阅读。当然，没有好品质做支撑，光靠营销，产品也无法"尖叫"起来。

把性价比做到极致，还始终保持话题度，年轻人怎么会记不住蜜雪冰城。

（资料来源：作者根据多方资料整理而成）

第一节 品牌传播管理

品牌传播是品牌建设的重要手段，也是品牌力塑造的主要途径。做好品牌传播需要发挥创造力，利用各种有效发生点，在市场上形成广泛的品牌知名度、美誉度和影响力。

如今，互联网的迅速发展，使传统媒体受到了新媒体发展的巨大冲击，传播方式在各个层面也呈现出明显不同，人们在信息的获取上更加自由，已经完全超越了时间与空间的限制。所以企业应该利用这个时机，将传统媒体和新媒体联系在一起，有效地对品牌进行传播，让更多消费者了解和关注品牌，使品牌能够更好地发展。

一、品牌传播概述

如今，新媒体的发展使品牌传播成为中国制造转向中国创造的过程里重要的环节之一。作为营销工程中的重要环节，企业必须通过品牌传播塑造良好的企业形象。

（一）品牌传播的定义

品牌传播是指品牌所有者与目标受众之间通过各种品牌传播手段，如广告、公共关系、新闻报道、人际沟通、产品或服务销售等，不断进行沟通，最优化地增加品牌资产的过程。

（二）品牌传播的主要要素

品牌传播的主要要素如表5-1所示。

表5-1 品牌传播的主要要素

要素	内容
信息发送者：品牌的经营者	结合消费者需求和产品本身的信息

续表

要素	内容
信息接收者：所有接收到、感受到、听到、看到品牌信息的人	目标消费者是否接收到了品牌信息
传播的信息	形式多种多样，主要包括口头形式、书面形式、视频形式等，传播的内容也十分丰富，主要包括功能性内容和情感性内容
传播媒介：品牌信息的载体与传播方式	主要包括大众传播和面对面沟通传播

（三）品牌传播的步骤

品牌传播的步骤如图5-3所示。

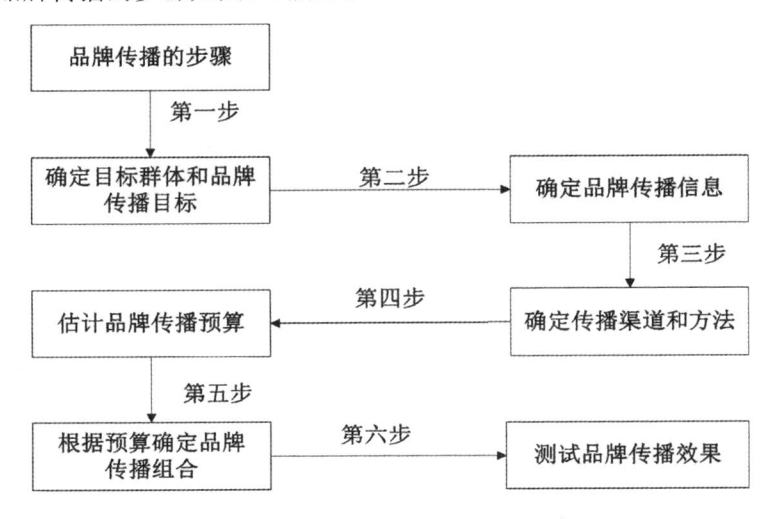

图5-3　品牌传播的步骤

1. 确定目标群体和品牌传播目标

目标群体可以是潜在消费者、已经购买产品的用户、影响购买决策的个人、组织或团体等。有了明确的目标群体，企业才能进行精准的传播和营销。

品牌传播目标是指企业想通过品牌传播达到的目的，如影响购买者的购物行为，提升产品的购买需求，提升品牌的知名度，改变消费者对品牌的认知度等。

2. 确定品牌传播信息

确定品牌传播信息需要解决如图5-4所示的几方面问题。

图5-4 确定品牌传播信息需要解决的问题

信息内容是指品牌传播的内容，内容的确定建立在满足消费者需求的基础上；信息结构是指信息的逻辑顺序，如果一段信息中有好几个想要表达的点，那么在设计信息结构的时候，就需要安排好这些点的顺序；叙述形式主要是指通过什么方式将品牌信息阐述出来；信息源是指通过谁将信息传播出去，在现实生活中，常常通过请名人作为品牌代言人将品牌信息传播出去。

3. 确定传播渠道和方法

确定好目标受众、品牌传播目标、传播信息之后，就要确定传播的渠道和方法，品牌传播的渠道和方法有多种，如图5-5所示。

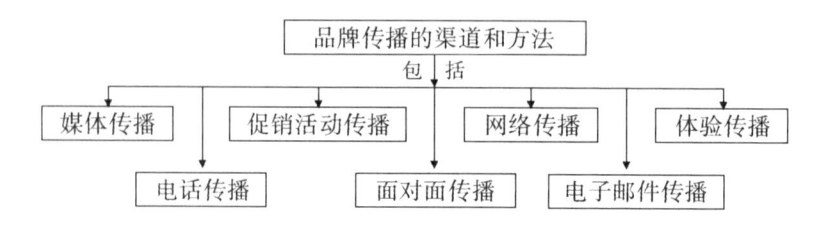

图5-5 品牌传播的渠道和方法

4. 估计品牌传播预算

企业确定好传播渠道和方法后，就要对传播的预算进行统筹，预算方法多种多样，可以根据企业预测的未来收入进行传播预算，也可以根据企业的承受能力和对竞争对手的评估进行预算，不同的预算方法有不同的优缺点，企业要根据自身情况慎重选择。

5. 根据预算确定品牌传播组合

确定好预算后，就可以根据预算确定品牌传播组合，不同的企业，对于传播组合的选择也不同，而互联网的发展也为企业传播组合提供了更多的便利。

6. 测试品牌传播效果

测试品牌传播效果是品牌传播的最后一个步骤，其作用主要有如下两点。

（1）通过传播前和传播后的销售效果，对传播效果进行衡量。

（2）为下一次传播活动提供反馈信息。

（四）品牌传播的特点

1. 信息的聚合性

品牌信息是静态的，但其具有的聚合性决定了品牌传播将具有聚合性。名称、图案、色彩、包装等在菲利普·科特勒看来，所描述信息有限的品牌表层因素被"服务与利益的承诺""品牌联想""品牌认知""产品特征"这些深层次因素所丰富。这些深层次的因素构成了品牌传播的信息源。

2. 受众的目标性

虽然"消费者"和"受众"都是品牌传播的对象，在某些方面两者是一致的，但就突出强调方面来说两者也有不同。"受众"是指任何可能使用或感受品牌的特定群体或消费者。这里的"使用或感受"可能是接触品牌的标识和各类广告，或是完整的品牌消费等。"消费者"与"受众"的不同在于，"消费者"着眼于对产品的购买及使用，表现的是在营销上获得利益的观念；"受众"着眼于对品牌的认可与接受，表现的是信息传播上对等的观念。

3. 媒介的多元性

著名传播学家麦克卢汉认为"媒介即信息"，即信息本身往往被媒介技术所决定。传统的传播媒介：报纸、杂志、电视、广播、路牌、海报、DM、车体、灯箱等，对于现在的受众依然充满魅力。其中，电视媒介所传播的"信息"最多，新兴媒介——网络则能兼容所有的媒介"信息"。

这是一个传播媒介变革性发展的时代，品牌传播的媒介多元性更加突出。传统媒介与新兴媒介共存，让我们在选择上多了一些考虑。对于"品牌传播"来说，媒介选择的多元化既是机遇也是挑战，同时也让我们去思考如何做到整合多元化的媒介，让它们更好地为"品牌传播"服务。

4. 操作的系统性

品牌的拥有者与品牌的受众有特定的信息、特定的媒介、特定的传播发展方式、相应的传播活动效果（如受众对品牌进行产品的消费、对品牌的评价）、相应的传播反馈等信息互动环节，是品牌传播系统的主要构成。由于品牌传播不仅追求短期最优化，而且追求长期效果化，故品牌传播在品牌所有者与受众的互动中始终遵循着系统性原则。

5. 传播的可信性

传播的可信性是指消费者对品牌传播中企业信息的信任程度。所传播的信息技术是否能够获得消费者的信任，就成为企业能否降低选择成本的关键。如果是新闻传播媒体自动地给予大量的客观报道，则可以迅速取得消费者的信任，因为多家新闻信息媒体进行自动的报道，属于第三方行为，对消费者个人而言，具有相对较高的可信性。如果是企业自身的行为，则会使消费者觉得不可信。

二、品牌传播方式

品牌的传播方式多种多样，主要包括广告传播、公共关系传播、促销传播和人际传播。正确使用传播方式对企业来说至关重要，如果传播方式选得不对，可能会使企业形象受损。

（一）广告传播

品牌传播的主要手段是广告传播，其是指品牌所有者用付费的形式，委托广告管理部门通过媒体，以策划为主体，以创意为中心，以品牌名称、品牌标识、品牌定位、品牌个性为主要内容的宣传活动。

对企业而言，品牌由产品和广告构成，由此可见广告对一个企业品牌传播的重要性。人们对一个品牌的了解大部分来源于广告，同时广告也有提升品牌意识、忠诚、形象等功能，因此，广告也是品牌传播的重中之重。鉴于广告对于品牌传播的重要性，企业在做广告时一定要把握以下几项内容。

（1）找准定位。找到具有针对性的市场对象，充分进行市场调研，了解受众的消费需求及消费倾向，发掘产品的卖点及能够吸引人眼球的地方，有针对性地设计广告去推广自己的产品。

（2）对症下药。企业要根据不同的市场时期，对广告的制作和发布采取不同的应对策略。

（3）持续扩散。广告有滞后性，不一定能立即见效，但如果因此就放弃广告的扩散这是非常不明智的，不光会使之前的投入打水漂，还会引起公众不良的猜测，产生不良的影响。所以作为品牌的拥有方需要有长远的目光，坚定持续地投放广告，以达到预期目标。

（4）注意比例。品牌拥有方要注意广告媒介的选择和资源投入的比例，因为在广告传播活动中，媒介的传播价值往往是不均等的，所以需要根据预算、预期目标及受众群体合理分配媒介使用比例及费用。

广告的特点与传播的品牌内容如图5-6所示。

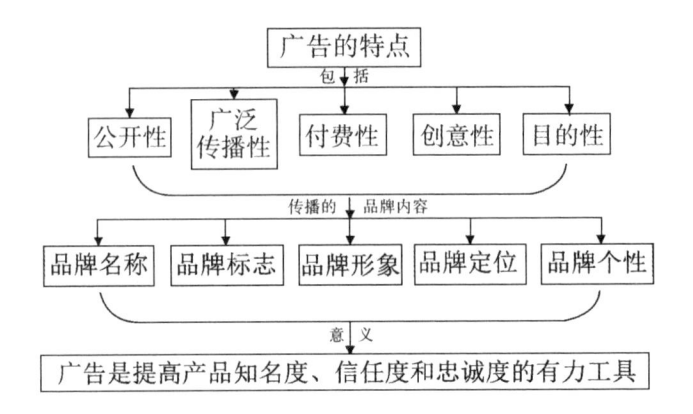

图5-6　广告的特点与传播的品牌内容

（二）公共关系传播

公共关系简称公关。其包括员工沟通、非付费沟通、投资关系等内容，是一种组织与社会大众的双向沟通，同样也是企业形象、品牌、文化和技术等传播的有效解决方案。就传播的角度而言，公共关系是品牌传播的手段之一，能够以第三方的角度有效引导消费者的正确观念，从而帮助品牌树立良好的公关形象。

对企业而言，公关可以起到以下作用：一是能够建立社会声誉、赢得公众信任；二是能够帮助企业树立品牌意识，提高曝光度与知名度；三是能通过体验营销的方式，让受众身临其境感受产品，从而达到推广的目的；四是可以增强品牌的营销力，促进品牌资产增值和社会责任；五是通过危机公关或规范营销来化解组织和营销压力。

品牌管理专栏1

滴滴出行的品牌传播渠道策略

1. 公司简介

滴滴出行涵盖滴滴快车、专车、出租车、顺风车等出行服务，是北京小桔科技有限公司推出的一站式移动出行平台，致力于与监管部门、出租车行业、汽车行业等合作伙伴积极合作，以人工智能技术推动智能交通创新，解决全球交通问题、环境保护和就业挑战。直到今天，滴滴出行已经占据网约车市场90%以上的市场份额，除了营销玩法广泛和产品体验好以外，滴滴出行的成功离不开品牌传播策略，根据痛点不断提升品牌传播策略是滴滴出行成为业界翘楚的基石。那么它有哪些可取之处呢？

2. 通过大众传播增加品牌的曝光度

互联网时代，内容的载体、平台、传播方式等发生了颠覆性变革，在打破原有行业秩序的同时创造了许多新的发展机遇。电视媒体是传统品牌传播渠道中最具代表性的传播媒介。

2019年，挺进收视年榜前五的电视剧《小欢喜》是一部标准的"话题"之作，剧中黄磊饰演的男主角遇到中年危机事业迎来转折，他成为一名滴滴司机，电视所具有的广泛覆盖度和品牌推广能力使滴滴出行成为话题风暴的中心，部分观众在收看完此剧的同时，在网上展开了对滴滴出行的讨论，戏外的话题引导成为强化品牌娱乐营销穿透力和转化率的关键一步。

观众也随之展开了深刻的讨论，在大众讨论的语境下，不止滴滴出行的植入更深入人心，网约车司机的形象也更加丰满，引导社会对这份新兴职业有了更多认可，驱动品牌向口碑发酵。

3. 通过受众的帮助扩大品牌的影响力

2019年9月，滴滴出行别出心裁地联手腾讯视频举办了一场"吐槽滴滴"的脱口秀节目《七嘴八舌吐滴滴》，由总裁柳青作为主咖，几位嘉宾对滴滴出行进行深入并且犀利的吐槽。从品牌传播的角度来讲，当下，面对天花乱坠的广告，自吹自擂者大有人在，鲜少有企业敢于将自己真正的伤痛揭开给大众看。所以，滴滴出行反其道而行之，在同行业中脱颖而出。在《七嘴八舌吐滴滴》的表层传播外衣之下，一连串品牌动作，创新的娱乐营销打法，借助一波自嘲与自黑，让用户看到滴滴出行真诚的回应和勇于面对的态度。除此之外，滴滴出行引出的"劈叉式生存"的社会话题，引发了很多用户的同情心，完成了一次与用户的深度对话与沟通，为品牌带去了更多的声量与话题。

4. 通过微信促进用户裂变

微信是一个日活跃用户超过9亿人的超级信息分发平台，其传播信息的覆盖能力、精准触达能力、二次传播能力和舆情收集能力都超过了任何一家媒体，所以微信在品牌传播上的优势十分明显。

在滴滴拼车上线四周年的时候，滴滴出行宣布要打造第一个"全民拼车日"，于2019年12月3日推出拼车打1折，最高减100元的活动，在26个城市启动，同时间还发布了全新拼车产品。为了这次营销活动，滴滴出行在各个大区的微信公众号进行软文推广，人们纷纷进行朋友圈转发及社群的分发，一夜之间全民都知晓了此次滴滴出行的品牌营销活动。其出行品牌得到了极大的立体传播。这一系列的方式组合起来让滴滴出行的传播优势更加明显。

（资料来源：作者根据多方资料整理而成）

（三）促销传播

促销传播是指运用各种价格或者产品上的让利来促使消费者对产品产生兴趣，进而促进销售的一种品牌传播方式。其主要利用优惠券、礼物、折扣、抽奖等工具来起到相应的作用，短期内对产品的销售具有刺激性反应，一般来说对销量的提升具有正面影响，但就长期而言，会产生许多不利之处，特别是对品牌形象而言，经常性地使用促销传播手段会降低品牌本身的价值，影响消费者对品牌的看法，同时也非常容易使消费者增加对该类产品的价格敏感度,不利于后期价格回正或者拉升,最后也易使消费者对品牌的忠诚度大幅度降低。然而,对小品牌来说,促销传播会带来短期的巨大的利益,因为它无法承担与市场领导者相匹配的大量广告费用。通过销售刺激,可以吸引消费者使用品牌。

(四)人际传播

人际传播是指人与人之间的直接沟通,也是最容易使消费者接受的一种品牌传播方式,其主要是通过企业人员的讲解、咨询、示范操作和服务,使公众了解企业,形成对企业的印象和评价,易于形成品牌声誉。和其他传播方式一样,人际传播也有其缺点所在,人际传播的效果与人员素质密切相关,高素质人员往往能够起到更好的传播效果,从而达到传播目的。

品牌传播与传播模式的选择和设计密切相关。如果传播方式选择不当,设计不合理,就不可能收到良好的沟通效果。因此,企业必须把传播模式的选择和设计放在品牌传播的重要位置。

三、品牌传播整合

21世纪的市场,将是更加理性化的市场,所以,企业要使其产品和服务更加丰富,并对他们进行品牌整合,把最好的产品呈现给消费者。

(一)整合品牌传播的定义

整合品牌传播是一个整体性的传播策略,整合了所有传播活动——如广告、公共关系、互动或内部传播等,是指企业从内容和时间上整合所有可能影响消费者的接触点,持续传递统一的品牌识别,最终建立品牌资产的一切营销活动。

(二)整合品牌传播的原则

(1)整合品牌传播强调品牌接触点传播。

(2)整合品牌传播强调与受众的互动交流性。

(3)整合品牌传播强调所有传播内容的统一性。

（4）整合品牌传播强调时间序列上的连续性。

（5）整合品牌传播从内部传播开始，再到外部传播。

（三）整合品牌传播的内容

1. 品牌传播理念的整合

品牌传播的最终目的是引导消费者做出自己的选择，其整合的资源和目标都基于传播的理念，在资源的整合上应该分为前台资源和后台资源。对商品进行有效的推广，能够更好地利用内部资源和外部资源，更有效地进行资源的整合。在互联网信息时代，企业可以将资源整合与互联网融合，开拓新的领域发展，最终最优化地实现资源利用。

2. 品牌传播推广行为的整合

品牌传播推广的主要行为包括促销、广告和公共关系，在互联网时代，品牌传播更加注重创新的传播方式，如利用新媒体传播。运用新媒体进行直播最重要的是有效利用网络资源。随着互联网技术的持续发展，以软文、微博、图片等形式的广告层出不穷，伴随着它们的出现，商品的推广能够更加有效地进行。

3. 品牌传播视觉推广方式的整合

相比较而言，消费者更容易记住视觉感受，因此企业在进行品牌传播时，要重视消费者的视频体验，让消费者通过视频能够更深入地了解产品，最大限度地发挥视觉广告宣传的作用。

总体而言，整合传播的思想和品牌传播的目的是一致的，企业想要从根本上提升服务质量，维护企业形象，最终实现品牌传播的目的，就要在品牌营销过程中以消费者为中心。由此看来，品牌传播是对商品最大力度的宣传，想要吸引消费者、赢得关注，就要对产品信息进行合理、科学的传播。

品牌管理专栏2

西西弗书店运用SoLoMo模式的品牌传播

1. 企业简介

西西弗书店的名称源于《希腊神话》中的西西弗斯（SiSYPHE），其第一家店诞生于1993年8月8日。多年来，秉承着"引导推动大众精品阅读"的经营理念。如今，西西弗书店成为一家在全国约60个城市拥有160余家图书零售店、160余家意式咖啡馆，活跃会员超过350万人的连锁文化企业。

除了传统的品牌传播渠道之外，西西弗书店还运用了独特的SoLoMo模式进行品牌传播。

2. 构建So+平台，开展社交化运动

西西弗书店以国内民营书店销售额榜首的地位，诠释了社会化媒体对于线下实体图书销售的意义。

（1）通过微信增加品牌价值。

西西弗书店的微信公众号中的推送内容丰富多样，功能完备。信息推送保持着每天一至两篇文章的高频率，推送内容包括西西弗的每月畅销书单、新店开业与各式签售会的预热信息，以及与阅读、人文、社会等的相关文章。在畅销书单推文中附有图书购买链接；在新店开业推文中附有新店限时优惠活动；在线下活动推文中附有时间、地点及预约通道。同时，社会化媒体的功能在一定程度上弥补了网络购书的冲击，为实体书店品牌的良性循环起到了不可替代的作用。

（2）权威性微博平台精准对接粉丝群体。

在微博平台上，西西弗品牌的活动宣传与转发抽奖的内容较为丰富。品牌通过频繁有效的互动抽奖，加深了与用户之间的联系，受众接受了品牌持续稳定的信息刺激，从而产生了用户黏性，维持了良好的品牌忠诚度。其中，传播效果最显著的内容就是活动主讲人与西西弗官博的互动。活动主讲人本身自带流量与粉丝，与品牌方的良性互动为西西弗书店带来

众多的潜在客户。线上线下的双向渠道宣传，能够将线上主讲人的粉丝群体转化为西西弗书店的线下用户，而西西弗书店的忠实用户也能够在极具传播影响力的意见领袖的宣传中感受到西西弗的魅力，使西西弗品牌的忠诚度与美誉度大大提升。

（3）社交性豆瓣平台构建读者交流社区。

西西弗书店在豆瓣中，小组成员超过8000人，其中与西西弗相关的地区性小组成员数也大多过百。西西弗读者社群的建立，是用户基于线下西西弗书店的阅读体验，认为在西西弗的这段阅读经历令他们愉悦，并且想要寻找有同一感受的读者进行线上的交流学习及线下的再次消费。读者认为，在相关话题的线上交流中能够寻找到志同道合的书友，并且感受到群体认同，能够将这部分弱联系转化为强联系。

（4）趣味性抖音平台传播分享品牌认同。

在近期风靡的短视频社交平台——抖音上搜索"西西弗书店"，进入话题页面，"西西弗书店"话题累计832.6万次的播放量，共计768个视频。用户在信息获取时，主动将与西西弗书店相关的视频推荐上首页，这说明用户对西西弗的品牌认同度非常可观。用户对西西弗书店信息的获取很大一部分来自社会化媒体中的"朋友推荐"，在西西弗书店品牌传播效果中最为显著的一点就是通过社会化媒体的口碑传播，将品牌信息进行了二次分享传播。

3. 运用Lo+技术，实施本地化活动

西西弗书店以一年超600场的文化活动与超200场的名人嘉宾论坛，荣登实体书店线下活动数量的榜首。其线下文化活动包括传统的图书签售会、专辑签售会、读者阅读沙龙等；体验活动则包括以亲子参与为主的手工课堂，各种非遗文化的技艺体验；名人演讲更是涵盖了各个领域的学者专家。

线下活动的有序开展，得益于在社会化媒体微信中的用户信息采集，参加活动的报名渠道为微信通道预约登记，登记内容包括姓名、电话、所在城市。西西弗活跃会员数超400万人，通过会员信息的采集，以及后台记录读者参与线下活动的预约登记情况，常在城市、用户需求等迅速进入西西弗的读者大数据库，从而能够精准定位更多读者的阅读需求。使用位

置技术可以筛选出同时隶属线上趣缘群体和线下地缘群体的图书消费者，并开展更具有针对性的营销活动。

4. 开发 Mo+ 功能，提供人性化服务

在 SoLoMo 模式中，移动终端是社会化媒体进行传播、本地化传播优势得以充分发挥的必要前提保障。

在西西弗书店随处可见的二维码海报扫描提示，获取更多信息、享受更多优惠都是通过二维码的传播，加上用户手机中的"扫一扫"功能，通过二维码这个介质，让用户的社会化媒体平台关注到品牌方的官方账号，以此来进行针对目标受众的精准营销。

西西弗书店的一个特色平台——百感交集墙，消费者可以通过手机扫描下方的二维码，直接留言签名，排版好的投影文字就会出现在墙上。留言墙的智能化，提升了消费者的互动积极性，间接促成了消费者对品牌的情感认同。

SoLoMo 模式为西西弗品牌带来了不可多得的传播效果。在未来，合理有效地利用 SoLoMo 模式的品牌也能够在移动互联时代占据有利的传播地位。

（资料来源：作者根据多方资料整理而成）

第二节 品牌扩张管理

品牌通过高效的传播之后，若想使品牌继续增值，品牌扩张必不可少。品牌扩张是企业扩张的重要手段，为品牌发展提供了最佳捷径，是新产品快速占有并扩大市场的有力手段。

品牌扩张能够减少新产品的入市成本，因为品牌扩张能够依靠原始品牌的声誉使消费者更好地接受新产品，使新产品快速平稳地进入市场，降低其进入市场的风险。除此之外，企业还能通过品牌扩张来延长品牌的寿命，以应对时刻变化的市场环境，时刻保持有力的竞争。企业要依据自身的情况去选择对应的品牌扩张战略。

一、品牌扩张概述

如今，品牌已成为企业最有潜力的资产，品牌扩张成为企业发展和品牌壮大的有效途径。众多企业利用品牌扩张使销量增加、企业壮大，获得了很好的经济效益和社会效益。

（一）品牌扩张的定义

一般产品的品牌扩张，突出的是企业对其拥有的某个品牌资源进行充分的开发和利用，同时延长品牌的生命力，扩大品牌的市场价值，使品牌价值增值，从而实现企业的产业规模和市场扩大。

具体来说，品牌扩张是指发展和推广品牌及其包含的资本，通过品牌转让、品牌授权等活动，推动品牌推广活动开展，从而实现拓展品牌现有的市场网络。

（二）品牌扩张的价值

时代在进步，市场经济也随之发展。在这个不断前进的过程当中，代表企业实力的企业品牌也需要不断培育和发展，才能适应变化的时代和变化的市场。品牌的培育需要投入长期的耐心、人力、财力、物力，是一个伴随企业发展进程的活动，同时对于企业而言，如何充分利用和开发现有品牌也是急需考虑的，此时就非常需要品牌扩展战略的指导。许多企业之所以能够在市场的竞争当中获取主动地位，归功于其能够充分发挥品牌扩张战略的指导作用，从而让自家品牌始终走在市场前列。

品牌管理专栏3

网易云音乐的品牌扩张

1. 企业简介

网易云音乐是网易开发的音乐产品，是网易杭州研究院的成果。截至

2019年年底，网易云音乐用户数突破8亿人，同比增长50%，网易云音乐付费会员增长率大幅提升，同比增长135%。

网易云音乐的盈利方式就是数字音乐专辑的售卖、广告收入、付费免流量、开通会员等方式，而品牌扩张方面主要集中在版权的扩张、商城的扩张、线下跨界实体店的扩张。扩张产品是冠有网易云音乐本身Logo的产品。网易云音乐开创了"商城"栏目，商城包含关于音乐的产品，有其他品牌的产品，也有网易云音乐自身的产品。商城的其他性和自身性能够让商城满足用户对音乐的多样需求，而不是单一地对网易云音乐的品牌需求。这样的扩张方式让网易云音乐自身开创品牌的风险性减少，让网易云音乐产品适应市场需求，符合用户喜好和口味。扩张的方式主要包括以下几种。

2. 具体产品扩张

网易云音乐一直都在树立自己是做高品质音乐的标签，这样的品牌理念深入大众内心，因此网易云音乐关于音乐的产品也会产生高质量的联想。云音乐产品的推出为小众喜爱者开辟了另一条途径。云音乐商城中主要包含宠物用品、数码影音等十种产品分类，而与网易云音乐品牌有相关性的商品只有文具、雨伞、服饰、云村吉祥物、音乐人周边、耳机音箱。从中也能看出云音乐商城并没有完全建立自己的商品渠道，而是在个别领域小试牛刀。

除了产品种类，云音乐还推出了签到兑换积分、限时秒杀来促进销售。同时云音乐商城与网易严选、网易考拉有合作，实现了网易云音乐与网易的其他平台共同推出产品的合作，商城的关联性，让云音乐商城的运营更加稳妥。而独特的产品也为商城带来一部分的销量和忠实客户。

3. 演出票务的扩张

网易云音乐在"演出"中，主要以云村有票的形式推出。云村有票是网易云音乐2019年1月上新的功能，其种类包括演唱会livehouse、音乐会、话剧舞台剧。现在主要售卖演出票务的APP以大麦和秀动为主。大麦主要以大型演出为主，而秀动主要以小众音乐人的小型秀场为主。云村有票则结合两者的优势特长，既有大型演唱会的售卖，也有livehouse的票务售卖，成为粉丝抢购门票的集中地之一。为了适应产品的相关性，网易云音乐在云村有票中设立"云村大剧院"的官方公众号，针对演出的一些相关内容写文章。了解更多音乐知识，普及音乐概念，用更加接地气的方法让大众开始接触高雅音乐。

4. 版权的扩张

2017年中旬，国家监管部门就音乐版权的问题进行调整，约谈了各大网络音乐平台的负责人。此次约谈的目的是构建网络音乐的生态平衡，加速音乐传播的广泛性，推动音乐版权的转授权，从而改善长久以来因为版权而导致的授权传播的不合理的问题。

其中，腾讯拥有90%的音乐版权，在这种一超多强的局面下，网易云音乐难以走出关于版权的差异化竞争。但是其另辟蹊径开始扶持原创音乐人。网易云音乐在2016年推出"石头计划"，致力于扶持独立原创音乐人。在网易云音乐中的创作者中心可以申请认证"网易音乐人"，此计划包括推广、演出、赞赏等七大计划，目的是为网易音乐人提供全方位、系统化的扶持，提供音乐人曝光自己的平台。

2016年年底入驻音乐人2万人，原创作品40万首。连续三季的"石头计划"取得了显著的成果。2019年年底的数据表明，入驻原创音乐人数破10万人，上传原创音乐作品超150万首，在一定程度上缓解了音乐版权带来的困境。

由此可见，扩张产品对品牌形象的宣传起到了不可小觑的作用。在盈利方式上，云音乐商城将网易云音乐的变现方式转化得更为直接。云村票务和云音乐商城通过产品和票务的直接售卖获得金钱，让音乐类APP的变现方式更为明朗，并且也在网易云音乐的盈利模式上添加了收益。

（资料来源：作者根据多方资料整理而成）

1. 给品牌一种新鲜感，使其更加丰富，从而提高市场占有率

一个不更新换代、不改变品牌内容的品牌会使消费者对其失去兴趣，从而提高消费者的心理资源损耗，降低消费者对于品牌的认可度。此时，如果企业能够进行品牌扩张，则可以有效增添品牌的内涵与理念，让消费者感受到品牌的生机与活力，提高他们的品牌忠诚度，从而保证消费群体的稳定性及市场份额的稳定性。同时，就目标群体而言，品牌扩张可以有效增加品牌的受众群体，为消费者提供更多的选择的同时也能够开拓更多的潜在消费群体，从而有利于品牌市场份额的扩张，相应提高品牌的市场占有率及品牌的竞争力。

2. 增强企业实力

从成本的角度来看，品牌扩张可以有效降低企业的经营成本，通过一定的手段做到低成本扩张，提高品牌产能，降低单位产品的生产成本，从而实现企业利润的最大化。在这样一个提高产能的过程当中，品牌扩张必然要求企业实现多方面的变革与发展，降低单一产品生产经营带来的风险，增强了企业抵抗外部环境变化的能力，也为企业及时做出生产经营调整赢得了缓冲时间，从一定程度上提高了企业的实力。

总的来说，企业的品牌扩张就是在一定程度上利用有限的资源来提高品牌整体的产出效率，塑造良好的品牌形象，降低风险，实现利润的最大化。作为企业发展的重要手段，品牌扩张战略如果能够运用得当将有利于企业核心竞争力的提高，扩大企业效益，提高企业利润、市场占有率、市场竞争力、市场亲和力等。目前，品牌扩张战略已成为企业发展战略的核心内容。

二、品牌扩张的技巧

品牌扩张在给企业带来收益的同时，也伴随着巨大的风险。所以，品牌扩张应该规避一些对企业的风险，运用一定的技巧，在科学的思想指导下进行，以增加成功的可能性。

（一）相似性技巧

品牌扩张并不是毫无目的、盲目地开展的，而是要遵循一定的技巧。其中最重要的一个技巧是相似性技巧。

相似性技巧是指品牌扩张想顺利进行需要坚持一些相似，甚至相同的基本元素，如品牌定位、品牌价值、服务、技术、消费群体等，这样才能使品牌扩张获得成功。相似性技巧主要包括以下几种。

1. 共同的主要成分

品牌扩张时，扩张后的产品（品牌）应与原有产品（品牌）有共同的成分，同时，要想办法让消费者知道同一品牌之下存在两种甚至以上产品的原因，这样做能够将新产品（品牌）与原产品（品牌）的好印象连接起来，起到事半功倍的效果。使新品牌的推广更加顺利。

2. 相同的销售渠道

品牌扩张的根本目的是消费者在接触到一个品牌及产品时能够联想到另一个品牌及产品，使各品牌及产品之间达到相辅相成的效果。相同的销售渠道，使核心品牌及产品，与新品牌及产品的目标消费者相同，达到品牌扩张由此及彼的效果。若是销售渠道不同，则很难达到这样的效果。

3. 相同的服务系统

品牌扩张如果能使原有主力品牌产品与新扩张品牌产品有很多相联系的地方，则品牌扩张就越容易成功。品牌扩张若是在相同的服务系统中，消费者会更容易接受扩张品牌。如果服务体系差异过大就显得不伦不类、过于牵强了。所以，企业应在相同的服务系统中找寻消费者最赞赏、最认同的相关环节。

4. 相似的消费群体

目标市场基本相同或相似，产品的使用者如果在同一消费层面和背景下，会更容易接受扩张品牌，即品牌扩张也更容易成功。

5. 相似的技术

影响品牌扩张成败的一个因素是原有主力品牌和新扩张品牌的产品在技术上的相关度。如果扩张产品及品牌与原有主力品牌拥有相似甚至相同的制作技术，容易让消费者产生信任感，若相差太大，消费者会对新产品的技术不认同。

6. 相当的质量档次

质量是品牌的最重要的因素，如果扩张产品或品牌的质量与原有产品或品牌相当，则能够更快地借助原有品牌进行新品的上市，有效实现产品延伸。同时，相当的质量和档次，也会使消费者增加对于新品牌或产品的认同，使人们对产品形成联想，增加品牌扩张成功的可能性。

（二）规避技巧

规避技巧是指在品牌扩张的情况下，规避在人们心目中具有较高定位或特殊地位的品牌。

1. 避免高定位品牌

如果一个品牌已经成为这个产品的代名词，或者已经形成了一个固定的、不可替代的定位，那么它在消费者中的固定形象就不应该被其他产品所替代。在高度定位某个品牌之后，它在人们心目中是一个固定而完整的形象。如果是被迫扩张，扩张后的品牌或产品将受到不利影响。

2. 回避已在消费者心目中树立的固定形象

一些品牌和产品在目标消费群体中树立了一定的稳定形象，这种形象对消费群体的心理影响很大。比如，一个产品的象征地位、身份、档次等，就不容易向某些方向扩展，比如向低档发展，成为大众化产品。这种规避技术的主要目的是避免消费者的某些特定心理。在消费心理学中，一些消费群体经常有使用固定品牌和产品来表现自己的身份、地位等心理。如果这类品牌或产品向大众化方向扩张，表现出心理需求，就会放弃原有的品牌或产品，改变消费对象。

(三) 联想技巧

品牌联想技巧就是指品牌扩张基于主体部分进行拓展。联想技巧是基本的品牌扩张技巧，在品牌扩张中经常会使用到。

一提到IBM品牌，人们就会立刻想到它的主体产品——电脑。由IBM可以扩展到与计算机相关的产业，如个人电脑、笔记本电脑，甚至是相关信息产业的内容。这种联想技巧使人们很容易将对原有商用机器的美誉感和信任延伸到新产品上。IBM运用这一技巧来增强扩张的关联性和相关性，从而使品牌扩张取得成功。

品牌管理专栏4

飞科投资纯米——是品牌扩张还是发现伪黑马

1. 公司简介

飞科公司从成立开始，经历了20多年的跨越式发展。现已成为一家集剃须刀和小家电研发、制造、销售为一体的，以"技术研发""品牌经营"为核心竞争力的企业。2020年3月，飞科电器受让了纯米科技12.38%的股份，并认购纯米科技3%的新增注册资本。这次股权转让及增资完成后，飞科已持有纯米科技15.38%的股权，从而成为纯米科技的第二大股东。

2. 融入发展，扩张迅速

飞科作为国内个人护理第一品牌，其在个护类的专业化与市场规模毋庸置疑。然而，其与纯米科技合作想实现优势互补是令人质疑的。

飞科宣传、入股纯米科技，可以为纯米科技的产品研发和生产制造提供良好的环境和土壤。通过帮代工厂集采以降低供应链成本，配合纯米科技已经非常成熟的产品研发能力和互联网家电运作经验，进一步协助纯米科技提高盈利能力和盈利水平。事实的情况是，家电行业的研发和制造分属于两个平台，且都具有非常强的专业性，只有同时掌控了两大平台才能具备行业优势。

以剃须刀这个单品为例，每个主流品牌都有独立的研发团队，并掌握供应链资源与代工企业合作。而每个品类都有一个相对封闭的供应链环境，任何一个品牌的供应链优势都不能从一个品类跨到另一个品类。以飞利浦为例，这个全球剃须刀老大进入电饭煲行业，除了品牌知名度，其他的设计、研发、渠道都重新整合了资源，且一直没有在国内市场获得与剃须刀相应的行业地位。

因此，飞科能够提供的良好环境与土壤仅限于个人护理类，对于纯米科技的多种厨房小家电领域，飞科几乎没有任何资格说这样的大话。甚至可以说，在厨电小家电领域，飞科的资源没有纯米科技多。

再看飞科纵横四海的渠道资源，对纯米科技来说也几乎没有任何利用价值。并不是说飞科的渠道有问题，而是几乎在所有的渠道平台，个护与厨房小家电都分属于不同的类目。在卖场分属于不同的区域，代理商无能为力。

对飞科来说，参股纯米科技只是租用了一个生活及厨房小家电的研发平台，要想实现其夯实多品类的战略，用跨界厨房小家电促进公司智能化厨房小家电的布局和发展，难度相当大。

3. 发展总结

几十年里，中国的小家电行业始终是营销创新有余、技术创新不足。而近两年市场上流行的畅销单品，大多是模仿而来。飞科作为个护品类的头部品牌，借助纯米进入竞争激烈的小家电领域，也只有创新这一个资源可以利用。创新品牌，创新产品，创新渠道。走老路不是出路，只有创新才有出路。

（资料来源：作者根据多方资料整理而成）

三、品牌扩张的策略

品牌扩张策略按照品牌与产品的关系及扩展方向，大致可分为三种：

单一品牌策略，多品牌策略，复合品牌策略。

（一）单一品牌策略

单一品牌策略就是品牌扩张时，多种产品使用同一品牌。

按其单一的程度的不同，单一品牌策略可以继续细分为：产品项目品牌扩张策略、产品线品牌扩张策略、伞形品牌扩张策略。

1. 产品项目品牌扩张策略

产品项目品牌扩张策略是指利用单一品牌对同一产品线的产品进行扩张。同一产品线的产品往往面临同一消费群体，产品的生产工艺在某些方面也有联系，在功能上相互补充。它们都是用来满足同一消费群体不同方面的需求的。因此，产品项目的品牌扩张策略具有较强的相关性，容易取得成功。

2. 产品线品牌扩张策略

产品线品牌扩张策略是指跨产品线的品牌扩张，不同产品线的产品使用同一品牌。企业品牌扩张采用产品线品牌扩张策略，也要寻找一定的前后相关性，使品牌基本要素相似或相同。

3. 伞形品牌扩张策略

伞形品牌扩张策略是一种宣传上使用一种品牌扩张的策略，即一个企业的所有产品无论是否相关，都使用同一品牌。

（二）多品牌策略

随着消费需求的多样化，一个消费群体被划分为几个具有不同偏好的群体。单一的品牌战略不能满足多元化的偏好，容易造成品牌个性不明显，品牌形象混乱。多品牌战略就是为了解决这个问题。多品牌战略，又称产品品牌战略，是指一个产品赋予它一个品牌，不同的产品品牌有不同的品牌扩张策略。一个品牌只适合一种产品和一个市场定位，从而最大限度地实现品牌的差异化和个性化。多品牌战略强调品牌的特性，并使这些特性深深地嵌入消费者的记忆中。多品牌战略的优点主要体现在以下几个方面。

第一，多品牌战略的采用，可以帮助企业全面占领大市场，满足消费者不同偏好的需求。一个品牌有个性，在定位的时候，可以赢得一定的消费群体，多个品牌都有自己的特点，可以赢得很多消费者，占领市场广泛。

第二，多品牌战略有利于提高企业抵御风险的能力。采用多品牌战略的企业给每个产品一个品牌，每个品牌都是相互独立的。个别品牌的失败不会影响其他品牌的整体企业形象。

第三，多品牌策略适合零售商的行为特征。零售商通常根据他们的品牌来安排货架。多品牌可以占据更多的零售货架空间，增加销售机会。

（三）复合品牌策略

复合品牌战略是指将两个或多个品牌赋予同一个产品，即在同一个产品上同时使用两个或两个以上的品牌。根据品牌之间的关系，复合品牌战略可分为注释品牌策略和合作品牌策略。

1. 注释品牌策略

注释品牌策略是指两个或两个以上的品牌同时出现在同一个产品上，其中一个是注释品牌，另一个是主导品牌。主导品牌说明产品的功能、价值和购买对象，而注释品牌则为主导品牌提供支持和信誉。注释品牌通常是企业品牌，出现在企业的许多产品中。注释品牌策略可以将特定产品与企业组织联系起来，用企业品牌提升商品美誉度。

2. 合作品牌策略

合作品牌策略也是一种复合品牌策略，是指企业的两个或多个品牌同时出现在一个产品上。它是现代市场竞争的结果，也是企业品牌相互扩张的结果。这种品牌战略现在很常见，比如"一汽大众""上海通用""松下——小天鹅"等。

第三节 品牌维护与危机管理

当品牌建立起良好的声誉后,品牌的经营维护十分重要。企业若是不对品牌进行维护,那么让品牌增值所花费的努力就功亏一篑了。品牌维护是一个长期的过程,除了自我保护之外,还要依赖于外界进行维护,主要包括媒体的维护、社会群体的维护、政府的维护和消费者的法律保护。

危机的发生是突发性的,并且会让企业遭受损失,一旦遭遇危机,企业需要对品牌进行管理,以保持和提升品牌的价值资产,需要在保证企业、受害者和公众三方面利益一致的前提下,通过一定手段来为企业恢复声誉,解除危机。

一、品牌经营维护

品牌作为企业的重要资产,其市场竞争力和品牌的价值来之不易。所以,面对动荡的市场环境,企业需要不断地对品牌进行维护。

品牌经营维护的定义:品牌管理与维护是指企业经营者在特定的营销活动中,为维护品牌形象、维护品牌市场地位而采取的一系列活动。不同的品牌有着不同的内外部环境,自然经营者采取的维护活动也不同。然而,无论他们采取何种维护活动来维护品牌,他们必须基于以下几点。

(1)以市场为中心,全面满足消费者需求。

(2)苦练"内功",维持高质量的品牌形象。

(3)适应变化,进行品牌再定位。

(4)不断创新,锻造企业活力。

(5)保持品牌的独立性。

(6)实施品牌扩张,捍卫品牌阵地。

二、品牌自我保护

在当今这个社会,假货可谓是多如牛毛,各种假货品牌甚至能够做到以假乱真的地步,极大地迷惑了公众的双眼,这对企业原创品牌的市场占有发出了巨大的挑战。作为品牌的拥有方，企业不能坐以待毙，在依靠政府帮助的同时也应该直面挑战，让假货现出原形。

（一）防伪打假

企业必须对市场上的造假问题给予足够的重视，并采取适当的措施加以制止。企业要大力开发和使用专业的防伪技术，同时提高消费者辨别真假产品的能力。企业应当利用广告和公关宣传产品的特性、商标、包装、质量等，教育消费者辨别真伪，形成全社会共同的监督保护体系，不间断地开展防伪活动。

企业和个人应当积极配合工商行政管理部门和商标局整顿市场秩序，查处侵权行为，坚决打击制造厂商假冒伪劣等违法行为。

（二）控制品牌机密

1. 要有保密意识

当今社会，各种间谍技术高超，信息手段发达，品牌保密难度大。如果不小心，会给品牌造成不可估量的损失。对于保密，很多知名品牌都有自己的一套行之有效的方法。

2. 拒绝技术参观和考察

许多经济间谍打着参观的幌子，实际上是窃取信息。因此，品牌经营者有必要拒绝技术性参观和检查。对于不能拒绝的访问，企业通常需要有专人陪同监督，防止技术秘密外泄。

3. 严防"家贼"

俗话说"明枪易挡，暗箭难防"，盗取品牌机密往往是"自己人"干的。可分为两类：一类是竞争对手派来做"卧底"的；另一类是企业的原技术人员跳槽到竞争对手那里接受更高的待遇。针对这两种情况，有必要严格限制接触品牌秘密的人员范围。

三、品牌社会维护

品牌维护不仅是企业的事，也是全社会的事。这是一项全面系统的工程。它需要调动全社会的力量，包括媒体的维护、社会群体的维护、政府的维护和消费者的法律保护。

（一）媒体对品牌的维护

新闻媒体是群众和政府的喉舌，它代表着广大人民群众的利益。在中国14亿人口中，每天有8亿人看电视。中国人均拥有图书3~5本，杂志2.06种，报纸66种。这些都是社交媒体创造舆论的基础。因此，有人把媒体传播看成是一只无形的手来操纵媒体品牌。

最近几年的"3·15"消费者权益保障日都不太平静，全国上下各级各类媒体都齐心协力共同曝光假冒伪劣产品，作为品牌健康发展的"防火墙"，媒体勇于揭露制假售假行为，让假冒伪劣产品暴露在公众的视线下，也让公众对假冒伪劣产品更加了解。

（二）政府对品牌的维护

政府作为国家的行政机关，在对品牌的维护方面起着重要的作用。在中国，从中央到地方，各级人民政府都非常重视品牌的维护，加快实施质量兴国。品牌强国战略的提出，彰显着我国政府对于品牌的重视。在政府的推动下，国内各大知名品牌纷纷走出国门，走向世界，并迅速提升我国在世界经济当中的地位。

第一，出台相关政策推动和保护品牌。如《产品质量法》《消费者权益保障法》《反不正当竞争法》《关于推动企业名牌产品的若干意见》等。

第二，组织开展创名牌活动，推动知名品牌战略。

第三，为企业品牌创造良好的环境。

第四，保护原创品牌的利益，加大制假售假惩处力度。作为打假的第一梯队，政府及其职能部门应该认真履行自己的工作职责，加强对市场的监管，建立相关的制度，提升打假力度，加大惩处力度，依法打击相关违法犯罪活动，保护企业原创品牌。

（三）品牌的法律维护

作为实施品牌战略的基础，要想有效维护品牌，那就必须加强法律的建设，将法律引入到品牌保护的行列势在必行。对品牌的维护包括两个主要内容，一是法律维护；二是品牌的商标维护。

1. 法律维护

第一，立法维护。是指通过制定和颁布有利于品牌维护的法律来实施对品牌的维护。其包括两种类型：一是鼓励性立法，也就是从正面引导、鼓励品牌的发展来促进名牌的发展的法律。有利于品牌的良性发展，从而提高其产品质量与市场地位。二是惩罚性立法，也就是从侧面对那些妨碍品牌正常发展的错误行为进行约束与惩罚，对该类违法犯罪行为进行严厉惩处的法律。两种类型的立法是有区别的，但二者又是互相联系的，既要鼓励正确的做法，也要惩罚错误的做法，两者相辅相成，不可分割。

第二，司法维护。是指依据现有的法律对品牌进行维护、打击假冒的实际司法行为。司法维护主要是由司法机关来实施，其主要方式是通过司法程序，以法律为准则，以事实为依据，对假冒伪劣的违法犯罪行为进行法律制裁，从而维护知名品牌产品的声誉。

2. 品牌的商标维护

因前文对品牌的商标维护已有相关论述，下文不再作具体论述，此处仅对商标维护途径进行阐述。

第一，取得商标专用权。作为商标维护的首要措施，商标专用权是通过一定的形式或手续取得一个国家或地区的商标法律所赋予的商标权利，包括商标使用权、商标转让权、许可他人使用权、商标继承权、对售权人要求赔偿损失权等，利用商标专用权，可以对企业品牌实施全面综合的维护。

第二，维护商标权益。这是品牌维护的重要手段，但需要注意专有性、时效性及地域广泛性。

第三，注意商标设计的误区。

第四，选择适当的商标形式。

（四）消费者对品牌的维护

1. 社会组织及团体要积极参与品牌维护行动

可以说，各类社会组织及团体应该积极参与打假活动，维护品牌和人民群众的合法权益和既得利益。作为代表消费者根本利益的组织，中国消费者协会工作人员每天处理大量投诉信，比如每年县级以上消费者协会受理投诉信数十万件，在维护消费者权益方面发挥着重要作用。

2. 消费者要积极参与打假

最近几年，由于消费者使用假冒伪劣产品而给自己带来伤害及经济损失的现象层出不穷，可以说，消费者是假冒伪劣商品的最大受害者。所以，作为消费者，在面对假冒伪劣产品时，绝不能采取不作为的态度，要坚决抵制假冒伪劣产品，依法维护自己的合法权益。

四、品牌危机管理

当品牌危机发生时，我们一定要遵循品牌危机管理的相关原则，保证企业、受害者和公众三方面利益一致的前提下，通过一定手段来为企业恢复声誉形象。可以说，危机公关的成败很大成分是源于危机公关传播是否成功。

（一）品牌危机管理定义

品牌危机管理就是在企业发生危机时，对企业的品牌进行管理，以保持和提升品牌的价值资产。危机管理在中国起步较晚，20世纪90年代开始传入中国。随着中国经济的快速发展，企业做大、做强是必然的。随着企业规模的不断扩大，企业发生危机的风险也随之增大。危机过后，如何保护来之不易的品牌资产,已成为当务之急。建立品牌危机管理机制是未来成为世界级品牌的必然要求。

(二)品牌危机的特点

品牌危机的特点如图5-7所示。

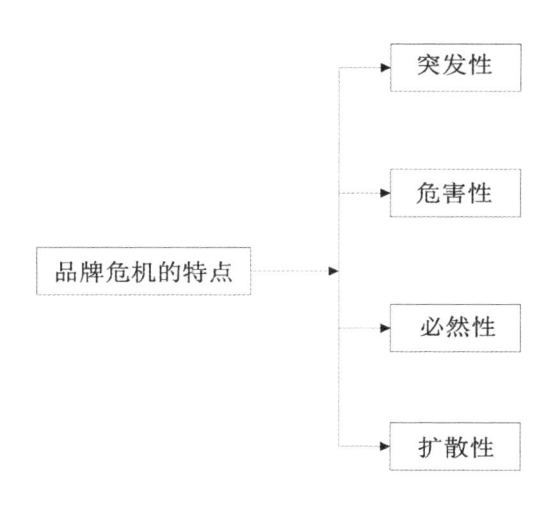

图5-7 品牌危机的特点

品牌管理专栏5

海底捞的危机管理

1. 事件背景

海底捞成立于1994年,是一家融合川味火锅特色的大型跨省餐饮品牌火锅店。2017年8月25日,《法制晚报》刊登了一篇题为《暗访海底捞:老鼠爬进食品柜,火锅漏勺挖下水道》的调查报道。记者走访海底捞4个月,曝光了海底捞的卫生问题:在海底捞北京劲松店,厨房地板上老鼠乱窜,簸箕和餐具在同一个池子里洗;太阳宫店,员工用消费者用的火锅漏勺挖下水道等,此事立即引起轩然大波。

2. 危机处理

危机爆发三个小时后，海底捞迅速通过官方网站做出回应——发表道歉。信中承认上述事实，并向公众致歉。两个多小时后，海底捞再次发出道歉信，并附上7条措施。

（1）被曝光门店停业整顿、全面彻查，并聘请第三方公司对下水道、屋顶等卫生死角排查除鼠。责任人：公司副总经理谢英。

（2）组织所有门店立即排查，避免类似情况发生；主动向政府主管部门汇报事情调查经过及处理建议；积极配合政府部门监管要求，开展阳光餐饮工作，做到明厨灶、信息化、可视化，对现有监控设备进行硬件升级，实现网络化监控。责任人：公司总经理杨小丽。

（3）欢迎消费者、媒体朋友和管理部门前往海底捞门店检查监督，并对我们的工作提出修改意见。责任人：公司副总经理杨斌。

（4）迅速与我们合作的第三方虫害治理公司从新技术的运用，以及门店设计等方向研究整改措施。责任人：公司董事施永宏。

（5）海外门店依据当地法律法规、同步进行严查整改。责任人：公司董事苟轶群、袁华强。

（6）涉事停业整顿的两家门店的员工和干部无须恐慌，你们只需要按照要求整改并承担相应责任。该类事件的发生，更多的是公司深层次的管理问题，主要责任由公司董事会承担。

（7）各门店在此次整改活动中，应依据所在国家、地区的法律法规，以及公司相关规定进行整改。

3. 经验总结

可以说，每一次危机公关都是企业与时间的赛跑。企业应尽量在24小时内公布结果，否则会造成信息真空，造成公众的误解和猜测。海底捞在此次危机处理中，并没有在第一时间澄清事件来龙去脉，而是在媒体曝光后立即致歉，然后制订相应措施，将问题逐一落实到相关负责人手中，并向社会公布。前后仅用了5个小时，抓住了危机管理的最佳时机。在此过程中，海底捞积极与媒体沟通，实现了信息透明，有效遏制了危机的进一步蔓延。

海底捞的危机处理方式被很多人归纳为三个词：这锅我背、这错我改、员工我养。通常，在危机公关中，很多企业面对公众时习惯使用"相关负责人""仅有""只有"等词汇，或者采用"已将负责员工开除""涉事人员为临时工""问题店面为加盟商或代理商"等措施来推卸责任，海底捞则直截了当地承认错误并表示愿意为之负责。

4. 处理心得

海底捞此次危机处理不但俘获了消费者的心，还俘获了员工的心，让公众联想到海底捞一直倡导的"将员工当作消费者来服务"的企业文化，使海底捞通过危机公关重塑了品牌形象，可以说是多方共赢。

（资料来源：作者根据多方资料整理而成）

（三）品牌危机的分类

1. 根据企业危机产生原因的不同来划分

直线式危机：可以找到直接原因的危机事件。

传媒式危机：由于大众传媒对于某些事件的报道造成的企业危机事件。

矩阵式危机：由多方面因素共同所致的危机事件。

2. 根据危机的波及范围来划分

系统危机：由于市场环境、法律制度等整体系统发生变化，使企业自身的综合能力下降或者竞争对手综合能力加强而造成的危机。

非系统危机：由于企业本身的条件发生恶化，使企业自身的综合能力下降或者竞争对手综合能力加强而造成的危机。

（四）品牌危机处理策略

1. 危机处理的原则

（1）主动性原则。

（2）迅速性原则。

（3）诚意性原则。

（4）真实性原则。

（5）统一性原则。

（6）全员性原则。

（7）创新原则。

2. 品牌危机管理公关方略

品牌危机管理一旦发生，就必须遵循品牌危机管理的原则，协调好企业、受害者和公众的利益，为企业创造舆论，恢复声誉形象。

第一，企业管理高层人物出面。对企业而言，高层管理人员的出面，使品牌危机管理公关传播的效果更加突出，对推动危机管理的进程起着关键作用，这是企业建立危机管理组织时应该考虑的问题。

第二，要分清主次，明确向谁传播，企业必须明确危机传播的对象，进行有针对性、高效的沟通，从而使传播效果最大化。

第三，准确选择公关传播的时机。危机公关的传播原则应该是快速准确的，这就导致危机发生的第一时间和危机真相被揭露的两个时间选择。危机发生后，企业应迅速做出自己的判断，确定危机的性质，确定企业公关的原则、立场、计划和程序；及时安抚危机受害者，避免事态恶化；同时，向新闻媒体简要说明有关情况、企业掌握的危机形势和企业危机管理措施，明确企业的立场和态度，赢得媒体的信任和支持。

第四，尽可能选择广泛的传播渠道。危机信息的传播渠道主要包括：互联网、报纸杂志、广播电视、人际口头传播，即大众传媒和口碑传播。口碑传播可能是企业无法控制的，但大众传媒企业完全可以通过公关活动来影响口碑传播。

第五，重视信息传播的主渠道。什么样的渠道和方式最适合表达企业的观点？对企业来说，制订危机后的危机管理计划是一项紧迫的任务。有效的危机管理可以防止危机的进一步蔓延或改变危机的进程。

第六，高姿态承担责任。危机过后，公众在等待企业表态，比如是否以低姿态承认错误，是否愿意承担责任，是否愿意改进，这些都是企业危机公关的核心内容。事实上，危机公关可以通过这些积极的努力赢得消费者的理解和信任。

第七，坦诚地自暴危机真相。对于品牌危机管理的出现，企业和公众关注的焦点是为什么危机会对自身产生影响？这是一个敏感问题，企业往往避而不谈。事实上，这个想法是错误的。最好是揭露真相，暴露隐私，企业要善于通过新闻媒体进行宣传，这是企业自身的责任，要有向社会承认的勇气；如果是别人故意陷害的话，他们应该通过各种手段把真相公之于众，最重要的是随时向新闻界说明事态发展，澄清毫无根据的"传闻"和谣言。

（五）危机后管理及品牌形象恢复

危机基本结束后，企业应反思和总结经验，并复盘。一般来说根据先后顺序，可分为三个步骤：第一，调查分析，找出造成这一现象的直接和根本原因。第二，对危机管理工作进行综合评价，找出问题所在，总结经验。第三，整改，完善与危机直接相关部门的管理，全面提高企业应对危机的能力，完善企业危机管理体系。

品牌管理专栏6

从危机管理看华为的成功之道

华为作为我国的民营企业，在极限环境下得以生存，这完全得益于华为时刻具有危机意识，正是这种防患于未然的危机管理使华为脱颖而出，因此从危机管理来看华为的成功之道，具有重大意义。

1. 面对危机，做好公关

危机管理是一种突发公共关系。一旦发生事故，企业将陷入两难的境地。此时，舆论压力将处于极端状态，组织的公关将处于紧急状态，如果危机处理不好，将付出惨痛的代价；如果危机公关处理得当，企业可以借助这场危机扭转局面，赢得机遇，建立一个更好的形象。华为的"低调"是众所周知的。在媒体面前，它始终处于"低调"的姿态。然而，面对危机，它也懂得如何做好公关工作。长期以来，华为设立了自己的广告部和宣传部。广告部主要负责专业媒体的产品广告和产品展示，协调与外部媒体的关系，确保两者之间的"进退有度"；宣传部主要面向公司内部。

2. 打破常规，超越自我

一个企业能否成功，取决于它能否超越自己。经营一个企业，就像下象棋一样，只能一步一步小心地去做。一个成功的人之所以成功，是因为他能打破惯例，做别人想不到的事情，或者做别人想做但做不到的事情，逐步超越自己，化解危机。失败者之所以失败，是因为他们完全依赖过去的经验，所以他们自满，不知道如何观察内部和外部环境。它们逐渐衰落，最终被市场淘汰。作为一个企业家，他应该时刻牢记，市场环境瞬息万变，过去的成功经验在一定程度上是有用的，但不能完全依靠经验。他要时刻保持警惕状态，及时打破常规，敢于超越自我，做好危机管理工作。

《华为基本法》是以一种自我扬弃的姿态出现的，与此同时，任正非说："当外部环境发生变化的时候，当新的机遇来临的时候，谁固守《华为基本法》的教条，谁就是傻瓜。"华为对《华为基本法》的扬弃过程实质是其国际化战略和能力战略不断探索和成熟，并逐步走向自我进化和自我超越的过程。

3. "不要脸"才能进步

在任正非的概念里，人只有"不要脸"，才能成功；企业只有"不要脸"，才能生存。掀开遮住"面子"的面纱，让员工在批评和自我批评中，不断生存和进步，将危机的苗头扼杀在摇篮里。在现实生活中，每一个危机事件都会经历从无到有，从小到大的过程，如果危机在萌芽状态时，没有引起足够的重视，将会发展成难以控制的局面。

在华为定期举行的民主生活会上，批评和自我批评是会议的主题。批评和自我批评不仅摆在领导面前，也摆在全体员工面前，其中自我批评占大多数。华为人认为，每一个员工只有具备自我批评的精神，才能快速成长，取得长足进步。而且，每个人都要撕碎自己的面子，逐步走向职业化和国际化。

除此之外,组织也要勇于自我批评,从而保持业界的先进地位,不断为全世界提供服务。在2000年,华为召开了一次特殊的"颁奖大会",其特殊性就在于领取的奖品是华为在研发和生产过程中,由于粗心、松懈、盲目创新等因素造成的废品及产生的不必要的费用单据,去领奖的是几百名研发骨干,在场的是几千名研发员工。这次盛大的"颁奖典礼"是华为召开的一次深刻的自我批评大会。每个人都在领导和员工面前展示自己的错误。

4. 有舍才有得

很多企业都面临着同样的问题,即在公司发展的关键阶段,如果不能做出合理的选择,就只有一个死胡同。弃兵护车,是指当敌人优于我们或敌我双方势均力敌时,我们可以用小的牺牲换取更大的胜利。

华为公司通过培训外包缓解了培训部门的巨大压力,节约了大量的费用,人才也得到了充分的利用。华为培训外包计划每年培训4000人,包括客户和合作伙伴,平均每人约1万元的交通、住宿和培训费用,无论是出动的人力还是物力,都是一部分相当大的费用。但是,任正非非常懂得取舍之道,舍得舍得,有舍才有得。这一决策使华为培训部门从巨大财务压力中释放出来,使企业焕发生机。"非淡泊无以明志,非宁静无以致远"。华为已经放弃了快速扩张的机会,最终保住了主营业务,保持了核心竞争力,成为企业的领头羊。

(资料来源:作者根据多方资料整理而成)

第四节 品牌资产评估与管理

对品牌资产价值进行科学、公正的估算,有利于企业弄清品牌资产状况,考察品牌塑造的成败,吸引消费者的关注,提高企业的品牌竞争力。品牌资产价值评估有利于企业采取积极措施,不断提升自身品牌的价值,并合理、有效地保护品牌这一重要的无形资产。

品牌资产评估的重要性主要表现在能够提高企业声誉，同时能够规范交易的行为，降低交易的成本，同时降低交易过程中的信息不对称，提高交易效率。除此之外，能够为管理者的经营决策提供依据。

一、品牌资产概述

品牌除了自身具有经济价值之外，还可以为企业带来稳定的超额收益，是企业创造经济价值不可缺少的一种资源，这些都属于品牌资产。正确估算品牌资产，能让我们准确了解其为企业带来的价值。

品牌资产的概念自20世纪80年代产生以来，随着世界经济环境的迅速变化，企业竞争手段的日益丰富和人们认识水平的不断加深，品牌资产一直以来都是学术界和业界关注的焦点，品牌资产的概念在不断更新。品牌资产的概念经历了两个阶段：一是基于企业的品牌资产概念阶段；二是基于消费者的品牌资产概念阶段。

从企业角度：品牌是企业的一种无形资产。

从消费者角度：包括品牌知名度、被认可的品质、品牌联想度、品牌忠诚度等。

品牌本身没有可量化的价值，因此，如果用一种相对不精确的"资产"来表达，它可以逃避许多数学问题。品牌作为一种无形资产，是一个品牌在消费者理性、感性消费过程中存在的所有体验的总和。这种经历是无法衡量的。但也可以通过间接或抽样调查的方式获得意义。基于综合分析国内外学者的研究，我们认为品牌资产是与品牌、品牌名称和标识相关的一系列资产和负债，能够增加或减少企业销售的产品或服务的价值。品牌资产具有以下六个特点。

（1）品牌资产以品牌名字为核心。

（2）品牌资产是无形的，会因市场而变化。

（3）品牌资产依附于消费者，会因消费者的品牌经验而变化。

（4）品牌资产有正资产，也有负资产。

（5）品牌资产会影响消费者的行为，包括购买行为及对营销活动的反应。

（6）品牌资产的维持或提升，需要品牌宣传或营销活动的支持。

二、品牌资产管理

要想让品牌成为资产的一部分，就需要通过不断地对其进行投入来维护和巩固其价值。因此，品牌资产管理也是品牌管理中的重要环节。

（一）品牌资产管理的一般办法

（1）建立品牌知名度。

（2）维持品牌忠诚度。

（3）建立品牌认知度。

（4）建立品牌联想。

（二）提升品牌资产价值的策略

提升品牌资产价值，可以促进品牌声誉的价值溢出，促进品牌资产的扩张，建立有效的壁垒以防止竞争对手的进入。具体来说，可从以下几个方面入手。

（1）提高品牌资产的差异化价值。

（2）通过理性品牌延伸提升品牌资产价值。

（3）通过品牌叙事提升品牌资产价值。

（4）通过品牌联合提升品牌价值。

三、品牌资产价值评估

品牌资产是一种重要的无形资产。其计量不同于有形资产，难以准确计量。因此，品牌资产价值评估是一项非常复杂的技术，需要一系列的指标体系进行综合评价。

（一）品牌价值评估的作用

品牌价值评估不仅可以量化某个品牌的价值，而且可以通过比较各个品牌的价值，直观地了解企业的情况，从某些方面揭示每个品牌的市场地位和变化，揭示品牌价值的内涵和规律。它也为企业以品牌为资本的重组和扩张创造了良好的舆论和社会基础。同时，消费者通过品牌价值的影响来提高对某些品牌的忠诚度，投资者通过参考品牌价值来决定自己的投资方向。

（二）品牌价值评估的分类

与股东权益相关的价值评估，即企业产权变动或使用权扩张所要求的价值量化。这种评价必须根据国家颁布的评价目的、评价标准和方法逐项进行。它专门为委托企业服务，提供企业交易底价参考，是对发表在社会上、服务于社会的研究性质的评价。换言之，它被用来量化品牌价值比较的价值。这种评估必须选择相同的标准、方法和基准进行统一的分组评估。它不是为某一特定的企业服务的，而是为社会咨询提供参考。

（三）品牌资产价值评估的基本方法

1. 成本法

用成本法评估品牌资产价值有两种方法，一种是历史成本法，另一种是重置成本法。历史成本法是根据品牌开发、建设和运营的初始成本来估算品牌资产的价值；重置成本法需要估算重建成本同一品牌，估计品牌资产折旧并剔除，最终得到品牌价值简便易行。然而，采用成本法评估品牌资产价值存在一定的缺陷。品牌资产价值与投入成本的相关性较低。高投入成本并不意味着品牌资产价值大，低投入成本并不意味着品牌资产价值小。因此，用成本法评估品牌资产的价值很可能无法反映品牌资产的真实价值。

2. 市场法

运用市场法对品牌资产价值进行评估，评估结果容易被交易双方接受和理解，但这种方法也有一定的局限性。首先，我国资本市场尚处于发展阶段，品牌股权交易市场并不十分活跃。其次，每个企业的品牌资产都是唯一的，品牌资产的可比性较差，很难找到与被评估品牌资产相同或相似的可比交易案例。最后，市场法价值比的确定和调整具有主观性，品牌资产之间的差异较大。因此，价值比率的确定和调整可能会产生误差，导致品牌资产的价值没有得到真正的反映。

3. 收益法

收益法是根据超额收益原则预测品牌资产在未来可能会产生的收益，根据市场风险、企业经营风险等风险因素确定折现率，将预期收益进行折现，并剔除非品牌资产要素的贡献收益，得到的超额收益即为品牌资产的价值。

4. Interbrand法

Interbrand法是对收益法进行了一定的改进与拓展，其基本模型为

$$V=P \times S$$

式中，V代表了品牌资产的价值；P代表了品牌资产的净收益；S代表了品牌强度乘数。

使用Interbrand法评估品牌资产价值受到企业管理者与有关学者的认可，但该评估方法也具有一定的局限性。

首先，品牌资产的价值是不确定的，因此很难预测品牌资产的回报率，也很难区分品牌权益收入在无形资产收益中的比例。其次，品牌乘数的确定具有主观性，品牌强度所考虑的 7 个因素具有片面性，可能导致评估结果无法全面体现品牌资产价值。

章末案例

如果不玩"互联网+"，如何成功转型

1. 企业简介

MINISO名创优品是一个中国生活百货品牌，于2013年6月28日由叶国富和三宅顺也共同创立。其产品以时尚休闲生活百货为主，囊括创意家居、健康美容、潮流饰品、文体礼品、季节性产品、精品包饰、数码配件等，曾入选2019广东企业500强榜单。

因为传统企业价值转移的效率很低，所以受到了互联网企业强烈的冲击。因为互联网相比起传统企业而言，价值传递的环节更少，所以具有明显的效率优势。而名创优品通过使价值在线下进行有效的转移，向我们展

示了传统行业不向互联网转型，也能提高其传递价值的效率。

2. 通过精准选品、规模采购和买断制来提高供应链效率

在名创优品只开一家店的时候，每个单品的下单都是以万为单位的，可见其产品采购量非常大，单个产品一下单就是10万件。与此同时，在采购产品上，名创优品实行买断制，即产品被供应商送到名创优品的中央仓库的第15天，供应商就会一次性收到货款，同时，就算产品有积压，供应商也不用承担任何责任。

正是向供应商提供大采购量、实行买断制、及时付款等极具诱惑力的采购条件，名创优品被各大供应商定义为优质大客户。这样大批量的采购解决了传统采购的传递价值的效率低下问题，带来了最高的采购效率。供应商愿意薄利多销，通过大幅降低毛利率来满足名创优品最低价格的要求。最终，名创优品的进货价格仅仅是出厂价的一半。

但是大规模的采购必然会带来库存积压的问题，名创优品又是如何解决库存积压的问题呢？

第一，在名创优品，有专门负责打探市场需求的人员，通过每天到京东、淘宝上查数据，看近期大家最喜欢什么商品，什么品类卖得非常好，真正去了解消费者的需求。第二，进行市场调研和严密的产品研发，不盲目推出产品，而是按品类精准推出一两款产品，并致力于将其打造成为爆品。第三，组织严格的评审，只有审核后认为合适现阶段消费者市场需求的产品，才会向供应商下订单。

3. 通过投资直管、少量配货和全球市场来提高渠道效率

除了精细的选品，名创优品还创设了大量的门店来解决大规模采购造成的库存积压问题。短短2年多时间，名创优品已经拥有了1100多家门店。

名创优品快速开店的诀窍是什么呢？

名创优品采用了投资直管店模式来解决大量开店所造成的效率和资金问题。投资直管店模式不同于加盟店模式，在投资直营店模式中，店面的投资人的工作较为简单，只需要进行前期的投入，总共两三百万元，包括

在购物中心租个200平方米左右的店面并且按照标准进行装修，再交100万元作为持续供货、调货的押金。剩余的所有管理都由名创优品来负责，包括后续的运营、具体进货等事务。

名创优品有自己的一套完善的培训系统，建立培训学院，通过培训学院对店长进行持续培训，培训合格后的店长会被派到各地门店，各门店的员工则由店长来进行培训。更为关键的是，名创优品还请专业的公司开发了一套可以对产品的进货、调货、销货及下架等数据进行实时的监控和汇总的ERP系统，所有投资人通过ERP系统实时对其投资门店的各项数据进行查看。

不断增加的门店数量，给名创优品的物流配送带来了挑战。名创优品在全国各区域设有七大中央仓库，供应商会把产品送到中央仓库，再由中央仓库给周边门店直接配货，这样的配送模式使新货从中央仓库到门店通常只需1~2天，大大提高了配送效率，使物流配送慢的问题得到了很好的解决。

在全球庞大的市场体系中，中央仓库和少量配货这种模式解决了物流配送的问题，给货品在门店之间的流通带来了新的思路，这样的方式也有效解决了库存积压的问题。

4. 通过借船出海、购物中心和粉丝口碑来提高推广效率

名创优品推出了"借船出海"的模式来节省钱和时间，用中国超强的制造能力来生产国外的品牌。在日本，名创优品有50多人的设计和经营团队，叶国富每周都会和日本团队就运营问题进行开会，充分利用日本在产品的设计和品牌运营方面的优势；同时，名创优品采用了不同于其他品牌的方式，它注册的是日本品牌，在国内却卖得更加便宜。那么叶国富为什么要注册一个日本品牌呢？

之所以选择在日本进行品牌注册，是因为部分西方人对中国制造的产品有偏见。所以，注册日本品牌能够有效提升名创优品进入全球市场的效率，这给中国企业家开拓一条国际化的道路提供了新的思路。与此同时，在购物中心进行开店推广。这是因为在购物中心的消费者属于中高端群体，当看到一个国外品牌，装修又漂亮，进去后发现价格便宜，会产生强

烈的购买欲望。搞定了中高端消费群体后，通过口碑效应将"产品好、价格低、环境好、服务好"等优势逐步对外传播，在提高客户黏性和品牌知名度的前提下，消费者群体也在不断扩大。

消费者群体的不断扩大，使名创优品的粉丝数量急剧增加，面向粉丝的管理和经营变得十分重要。互联网时代，新媒体的信息推广十分高效，微信是其中最重要的平台之一，于是名创优品将目光锁定于微信平台，推出了"扫码送袋"等活动，随即引起了粉丝量的爆发式增长。如今，名创优品的粉丝数量接近1000万人，其推广效果远远超过几千万元的广告效果。

5. 通过供应链金融、消费金融和粉丝多样化需求提高多元化效率

名创优品中的宝贵资产便是这些年轻化的千万粉丝，其高频消费大大增加了名创优品的价值。所以，借助名创优品的庞大粉丝群进军消费金融和跨境电商等相关产业是一条增加效率的途径。

目前，叶国富正在计划收购一个支付工具，用以深入分析客户信息并对消费金融方面的生意进行开拓。通过这样的方式，名创优品的利润率可以更低，同时做到一家独大。除此之外，还能依靠自身的规模优势阻止供应链给同行业其他品牌的竞争对手供货。名创优品之所以坚持想要做到垄断，是想凭借垄断所带来的消费群体做金融生意，这可以成为它未来获利的最主要的来源。

同时，叶国富也在使用名创优品的模式去做内衣。门店规模也是200平方米左右，提供15~149元的优质内衣，满足消费者全家人的需求。由于内衣的客户群体与名创优品的客户群体的高度重合，则可利用客户资源共享进行内衣事业版图的开发。除此之外，叶国富投资的一个跨境电商公司也与名创优品客户群高度重合，同样是借助名创优品的庞大消费者群体迅速发展的。

6. 发展总结：转型之战的本质是效率竞争

尽管名创优品是属于线下实体店运营模式，但其更高效的手段解决了效率问题，与互联网一起冲击着传统零售业。与互联网用线上高效对抗线下低效不同，名创优品运用线下高效对抗着线下低效。尽管模式不同，但是这两种模式都属于高效率的新经济，它们一起冲击着过去经济模式的低效率。所以最重要的并不是是否使用互联网，而是在于要使用手段去提高效率。

（资料来源：作者根据多方资料整理而成）

本章小结

品牌管理的内容主要包括：品牌传播管理、品牌扩张管理、品牌维护与危机管理、品牌资产评估管理和品牌国际化。这些对品牌价值的有效提升有着不容小觑的意义。品牌传播是指品牌所有者与目标受众之间通过各种品牌传播手段最优化地增加品牌资产的过程。当然，要想传播的效率高，企业要依据自身品牌的特点进行整合传播，持续传递统一的品牌识别，最终建立品牌资产。品牌维护不仅是企业的事，也是全社会的事。它需要调动全社会的力量，包括媒体的维护、社会群体的维护、政府的维护和消费者的法律保护。当企业发生危机时，在保证企业、受害者和公众三方面利益一致的前提下，通过一定手段来为企业恢复声誉形象。

参考文献

[1] 白景坤，张贞贞，薛刘洋. 互联网情境下基于平台的企业创新组织机制研究——以韩都衣舍为例[J]. 中国软科学，2019（2）：181-192.

[2] 陈功宇，顾宏杰，王凌凤，等. 互联网背景下品牌传播的发展研究[J]. 商场现代化，2018（19）：20-21.

[3] 陈晔. 基于5W模式的微信公众平台出行软件品牌传播策略分析——以滴滴出行为例[J]. 新媒体研究，2018，4（6）：40-41.

[4] 陈小凡. 市场经济视域下的企业品牌建设探讨[J]. 技术与市场，2020，27（8）：155-156.

[5] 陈亮. 企业自主创新与品牌建设研究[D]. 武汉：华中科技大学，2008.

[6] 崔译文，邹剑锋，马琦，等. 市场营销学[M]. 3版. 广州：暨南大学出版社，2017.

[7] 曹政姣. 浅谈企业品牌形象的塑造[J]. 大众文艺，2020（10）：104-105.

[8] 蔡文学. 品牌设计与传播的研究与探讨[D]. 哈尔滨：哈尔滨工程大学，2004.

[9] 邓植谊. 新媒体环境下A互联网品牌传播媒介创新分析[J]. 营销界，2019（46）：55+70.

[10] 邓植谊. A互联网品牌的互动特征研究[J]. 品牌研究，2019（15）：95-97.

[11] 董妍，孔清溪，吕艳丹，等. 消费无国界：互联网时代的品牌传播与跨境消费[M]. 北京：中国市场出版社，2016.

[12] 丁琳. 佰草集品牌国际化策略研究[D]. 兰州：兰州财经大学，2015.

[13] 段淳林，廖善恩. 中国广告创意发展的新趋势[J]. 中国广告，2009（8）：116-121.

[14] 付璇. 从功能对等角度看互联网品牌名的英译[J]. 品牌研究，2020（4）：78-79.

[15] 付玉，段艳文. 从"互联网+"到"智能+"：中国报刊融合的纵深化态势浅析[J]. 出版广角，2019（24）：6-9.

[16] 范秀成. 品牌策略的选择与应用[J]. 销售与市场，1997（5）：26-28.

[17] 官税冬. 品牌营销：新零售时代品牌运营[M]. 北京：化学工业出版社，2019.

[18] 郭海潮. 滴滴出行的品牌传播策略研究[D]. 北京：北京印刷学院，2020.

[19] 郭志辉，郭婷. 互联网下半场品牌再造[M]. 北京：电子工业出版社，2018.

[20] 甘露露. 网络舆论下的餐饮企业危机公关研究——以"海底捞"危机公关为例[D]. 海口：海南师范大学，2019.

[21] 高鹤. 益海嘉里网上路演成功举行 金龙鱼持续拓展产业布局[N]. 每日经济新闻，2020-09-28（008）.

[22] 关辉，谢颖. 品牌国际化概念和内涵的界定及模式分析[J]. 黑龙江对外经贸，2006（10）：52-53+101.

[23] 韩冰. 论品牌保护[D]. 长春：吉林大学，2005.

[24] 黄有璨. 运营之光：我的互联网运营方法论与自白2.0 [M]. 北京：电子工业出版社，2016.

[25] 贾冬莉. 浅谈品牌人性化[J]. 经济问题，2004（7）：44-46.

[26] 金艳梅. 基于财务指标的企业品牌价值研究[D]. 兰州：兰州大学，2011.

[27] 孔斌国际网校.让品牌说话：微电商品牌营销8步法[M].北京：人民邮电出版社，2016.

[28] 李信，陈毅文.口碑追加形式对购买意向的影响：口碑方向的调节作用[J].心理学报，2016，48（6）：722-732.

[29] 李明合，王怡，史建.品牌传播创新与经典案例评析[M].北京：北京大学出版社，2011.

[30] 李鑫.中航制动在军民融合市场下营销策略研究[D].西安：西北大学，2017.

[31] 李慧."互联网+"背景下企业营销创新策略研究[D].北京：北京邮电大学，2018.

[32] 刘春明，郝庆升."互联网+"背景下绿色农产品生产经营中的问题及对策研究[J].云南社会科学，2018（6）：92-96.

[33] 刘导.新零售：电商+店商运营落地全攻略[M].北京：机械工业出版社，2019.

[34] 廖雪莲.从国家品牌看企业品牌[J].企业管理，2020（10）：38-39.

[35] 雷程仕.广东中小企业品牌资产管理研究[D].广州：广东工业大学，2008.

[36] 陆巍巍，曹彦栋.品牌资产价值评估方法分析[J].山西农经，2019（18）：18-19.

[37] 罗磊，卫海英.品牌资产内涵和外延的再认识[J].商业时代，2005（21）：30-31.

[38] 鲁凌飞.外资在华并购行为对我国民族品牌价值影响[D].沈阳：辽宁大学，2010.

[39] 莫易娴，洪蔓遥.分拆PayPal的可能性分析及其对支付宝的启发[J].农村金融研究，2014（7）：49-52.

[40] 马艳.家电智能化：一切为了消费者体验[N].中国工业报，2020-05-08（003）.

[41] 马铭霞. 国际酒店集团在华品牌扩张研究——以喜达屋酒店及度假村集团为例[D]. 锦州：渤海大学，2013.

[42] 马茜. 从海尔品牌文化发展看企业营销[J]. 青春岁月，2013（12）：454.

[43] 楠乡. 海底捞的危机管理[J]. 光彩，2017（10）：44-45.

[44] 欧颖峰，孙海英. 基于网络直播平台的企业品牌传播态势研究[J]. 国际公关，2020（11）：375-377.

[45] 欧阳俊. 试论中国电影企业的品牌建设——主要以华谊兄弟为例[D]. 福州：福建师范大学，2013.

[46] 饶俊思. 电商直播营销应用及发展策略研究——以淘宝直播为例[D]. 南京：南京师范大学，2019.

[47] 施杰，卢文军. 浅析品牌扩张的失误、陷阱及其规避[J]. 商业研究，2003（17）：102-104.

[48] 宋佳音. 国际市场的进入策略[J]. 企业改革与管理，2007（3）：71-72.

[49] 唐小飞，张克一，苏浩玄. 互联网虚拟品牌社区产品创新绩效研究[J]. 科研管理，2019，40（6）：215-224.

[50] 汤雨昕. "一带一路"倡议下宁波城市品牌传播策略研究[J]. 全国流通经济，2019（20）：118-119.

[51] 谭新政，褚俊. 企业品牌评价与企业文化建设研究报告[J]. 商品与质量，2012（28）：7-30.

[52] 王瑞华. 互联网+社工：提升社会治理能力的新路径[J]. 浙江工商大学学报，2020（5）：134-143.

[53] 王磊，但斌，王钊. 基于功能拓展的生鲜农产品供应商"互联网+"转型策略[J]. 商业经济与管理，2018（12）：5-17.

[54] 王靖杰. 数字化品牌运营：实战攻略+案例分析+方法技巧[M]. 北京：人民邮电出版社，2018.

[55] 王娟. 在"互联网+"背景下打造行业品牌期刊——以《生活用纸》的实践为例[J]. 编辑学报, 2018, 30 (5): 519-521.

[56] 王纪忠. 市场营销学[M]. 2版. 北京: 北京大学出版社, 2019.

[57] 王建和. 阿里运营实战笔记[M]. 北京: 机械工业出版社, 2020.

[58] 王沫涵, 薛雪. 新媒体推动国产美妆产品品牌营销与发展——以"完美日记（PERFECT DIARY）"品牌为个例[J]. 营销界, 2020（22）: 1-2.

[59] 王西岭. 合生创展: 转型的力量[N]. 每日经济新闻, 2020-09-28（T03）.

[60] 王西岭. 合生创展: 科技赋能 前十月合约销售金额同比上升31.1%[N]. 每日经济新闻, 2020-11-13（007）.

[61] 王秋月, 曹佳玮, 张荟泽, 等. 中老年服装网络消费现状分析[J]. 商场现代化, 2019（23）: 5-7.

[62] 王红玫. 东港市昌平食品有限公司日韩市场营销战略研究[D]. 沈阳: 东北大学, 2010.

[63] 王海明. 中国电子类企业国际市场进入渠道研究[D]. 北京: 清华大学, 2004.

[64] 王克俊. 坚持推进"走出去"战略 多元化开拓拖拉机国际市场[J]. 农机市场, 2004（1）: 21-24.

[65] 王艳红. 中国企业品牌的国际化问题研究[J]. 企业活力, 2009（6）: 49-51.

[66] 王春秀, 贾冬莉. 品牌人性化探析[J]. 求实, 2004（S1）: 115-116.

[67] 王敏杰. 借力"体育强国"梦想 打造百年运动品牌[N]. 国际金融报, 2019-09-30.

[68] 吴志艳. 互联网时代的品牌消费与建设[M]. 上海: 上海交通大学出版社, 2019.

[69] 吴帆. 传统品牌数字化传播策略研究——以百年化妆品企业及其品

牌为例[D]. 上海：上海交通大学，2016.

[70] 武永梅. 社群营销 [M]. 天津：天津科学技术出版社，2017.

[71] 万爽. 华为公司品牌国际化影响因素研究[D]. 长春：吉林大学，2020.

[72] 魏爽. 网络直播的用户体验研究[D]. 成都：电子科技大学，2019.

[73] 伍国华. 浅析中国企业品牌国际化[J]. 现代经济信息，2009（7）：37-38.

[74] 未名. 品牌人性化概论[J]. 中国眼镜科技杂志，2005（4）：41-43.

[75] 许基南. 基于产业链的品牌联合[J]. 经济管理，2008（1）：59-64.

[76] 许立. LT公司品牌差异化战略研究[D]. 哈尔滨：东北农业大学，2019.

[77] 徐蓓. 产品策略中的人性化原则略论[G]. 中国市场学会2006年年会暨第四次全国会员代表大会论文集，2006（4）：1320-1326.

[78] 徐建颖. 青岛啤酒高端品牌营销战略研究[D]. 上海：华东理工大学，2011.

[79] 徐升权，邰玲玲. "双循环"新发展格局下商标品牌作用再认识[J]. 中华商标，2020（10）：16-18.

[80] 徐瑞平，阎东明，孙伟. 基于消费者态度的品牌资产评估方法构建[J]. 长安大学学报（建筑与环境科学版），2003（4）：60-62.

[81] 谢莉娟，庄逸群. 互联网和数字化情境中的零售新机制——马克思流通理论启示与案例分析[J]. 财贸经济，2019，40（3）：84-100.

[82] 肖志平，苏华. 品牌再定位 三思而后行[J]. 中外企业文化，2011（5）：9-11.

[83] 杨琳. 知识变现背景下数字出版平台的商业探索路径——以知乎的整合营销传播模式为例[J]. 出版广角，2020（4）：55-57.

[84] 杨蔚，刘潇. 互联网思维下出版业IP开发路径[J]. 现代出版，2019（1）：17-19.

[85] 杨艳. 基于"抖音"短视频的西安城市旅游营销策略研究[J]. 旅游与摄影，2020（6）：23-25.

[86] 杨媛. 品牌营销中的品牌个性化问题[J]. 兰州工业高等专科学校学报，2004（4）：59-62.

[87] 杨波. 新媒体对企业品牌形象的影响与管理对策[J]. 企业改革与管理，2019（20）：85+96.

[88] 杨帅. 北方彩晶集团国际化营销战略研究[D]. 长春：吉林大学，2005.

[89] 余明阳，朱纪达，肖俊崧. 品牌传播学[M]. 上海：上海交通大学出版社，2005.

[90] 余明阳，舒咏平. 品牌传播刍议[J]. 品牌，2001（11）：8-10.

[91] 余佳佳. 美食类自媒体的社群营销研究——以日食记为例[D]. 开封：河南大学，2018.

[92] 于淼. PSEN公司品牌建设研究[D]. 上海：华东师范大学，2016.

[93] 于健. 电子元器件企业的国际营销策略研究——以烟台A公司为例[D]. 青岛：中国海洋大学，2009.

[94] 姚朔影. 中小食品添加剂企业品牌提升研究[D]. 广州：广东工业大学，2004.

[95] 云小凤. 浅议企业提升品牌资产价值的策略[J]. 当代经理人，2006（21）：183.

[96] 袁兵，郑文哲. 互联网环境下企业家口碑对品牌评价的影响——消费者语言认知视角[J]. 南开管理评论，2019，22（2）：33-44.

[97] 赵亮. 变与不变："互联网+"时代学校效率管理的体系构建与实现路径[J]. 中国电化教育，2019（11）：34-40.

[98] 赵守菊. 中国品牌"短命"现象研究[D]. 大连：东北财经大学，2006.

[99] 赵立敏. 自媒体时代个人品牌的兴起与构建[J]. 湖南大众传媒职业技

术学院学报，2020，20（2）：14-16.

[100] 赵强，梁金凤. 移动短视频背景下城市品牌的传播策略研究——以"抖音"为例[J]. 公关世界，2020（6）：49-52.

[101] 赵业旺. 基于精准营销的新疆南疆果品品牌传播体系研究[D]. 阿拉尔：塔里木大学，2014.

[102] 张翠玲，王强. 移动互联网时代品牌信息传播方法论——评《品牌传播理论与实务》[J]. 新闻记者，2019（6）：97.

[103] 张赟，朱传进，刘欣慧. 互联网银行品牌信任及客户使用意向影响因素研究[J]. 商业研究，2019（3）：1-10.

[104] 张晰. 品牌传播的受众类型与消费心理分析[D]. 武汉：华中科技大学，2012.

[105] 张明立，冯宁. 品牌管理[M]. 北京：北京交通大学出版社，2010.

[106] 张旭. A低压电气公司营销提升与实施研究[D]. 成都：电子科技大学，2011.

[107] 张坤. 企业危机事件网络舆情传播与应对研究[D]. 西安：陕西师范大学，2012.

[108] 张艳丽. X制酒厂的品牌策略研究[D]. 西安：西北大学，2008.

[109] 张晋瑞. 企业国际化战略研究——以海尔集团为例[J]. 中国商界（下半月），2010（6）：216-217.

[110] 周文意，许必芳. 网络视频直播环境下的国产化妆品营销策略分析——以完美日记为例[J]. 营销界，2020（16）：16-17.

[111] 周文慧. 基于智能终端的网络社交媒体对公安队伍建设与管理的影响研究[N]. 湖北警官学院学报，2020，33（1）：141-149.

[112] 朱东梅. 飞科投资纯米 是品牌扩张 还是发现伪黑马[J]. 现代家电，2020（9）：77-80.

[113] 朱飞. 提升效能，从体验出发[J]. 企业管理，2020（10）：35-37.

[114] 朱莉莉. 品牌传播之设计观[D]. 武汉：武汉理工大学，2005.

[115] 朱玉童. 品牌活化，为品牌成长注入活力[J]. 销售与市场（管理版），2020（6）：20-22.

[116] 曾浩. 金瑞科技电解金属锰国际市场拓展研究[D]. 长沙：湖南大学，2007.

[117] 郑佳. 品牌管理——案例与应用[M]. 西安：西安电子科技大学出版社，2017.

[118] 祝俊. 打破魔咒 定制类家居逆市反转[J]. 中国品牌，2019（12）：72-73.